倉富勇三郎夫妻（昭和３年、即位の大礼にて）

右／法服姿の勇三郎（撮影年不詳）
上／朝鮮・京城の官舎にて（大正4年）
前列左から隆（三男）、藤子（長男・鈞の妻）、内子、寛子（鈞夫妻の娘）、鈞（長男）。後列に勇三郎と荒井賢太郎

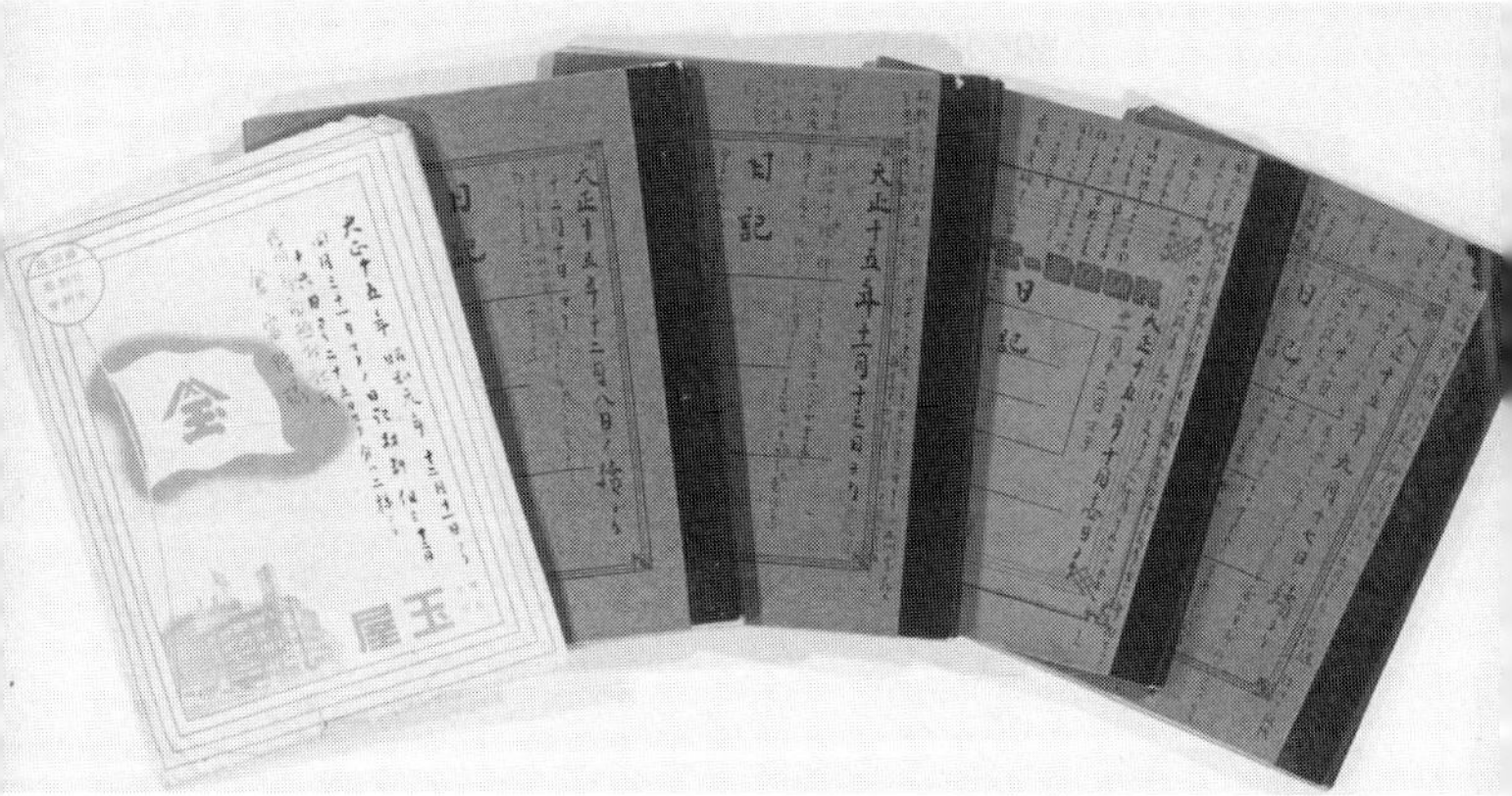

勇三郎の日記（大正15年９月17日～12月31日分）
※国立国会図書館ホームページより転載

従位勲一等倉富勇三郎
依勲功特授男爵
嘉仁
裕仁
天皇御璽
大正十五年十月二十八日
宮内大臣従位勲一等一木喜徳郎

男爵爵記。御璽の上に大正天皇の名（嘉仁）とならんで
摂政時代の昭和天皇の名（裕仁）が見える

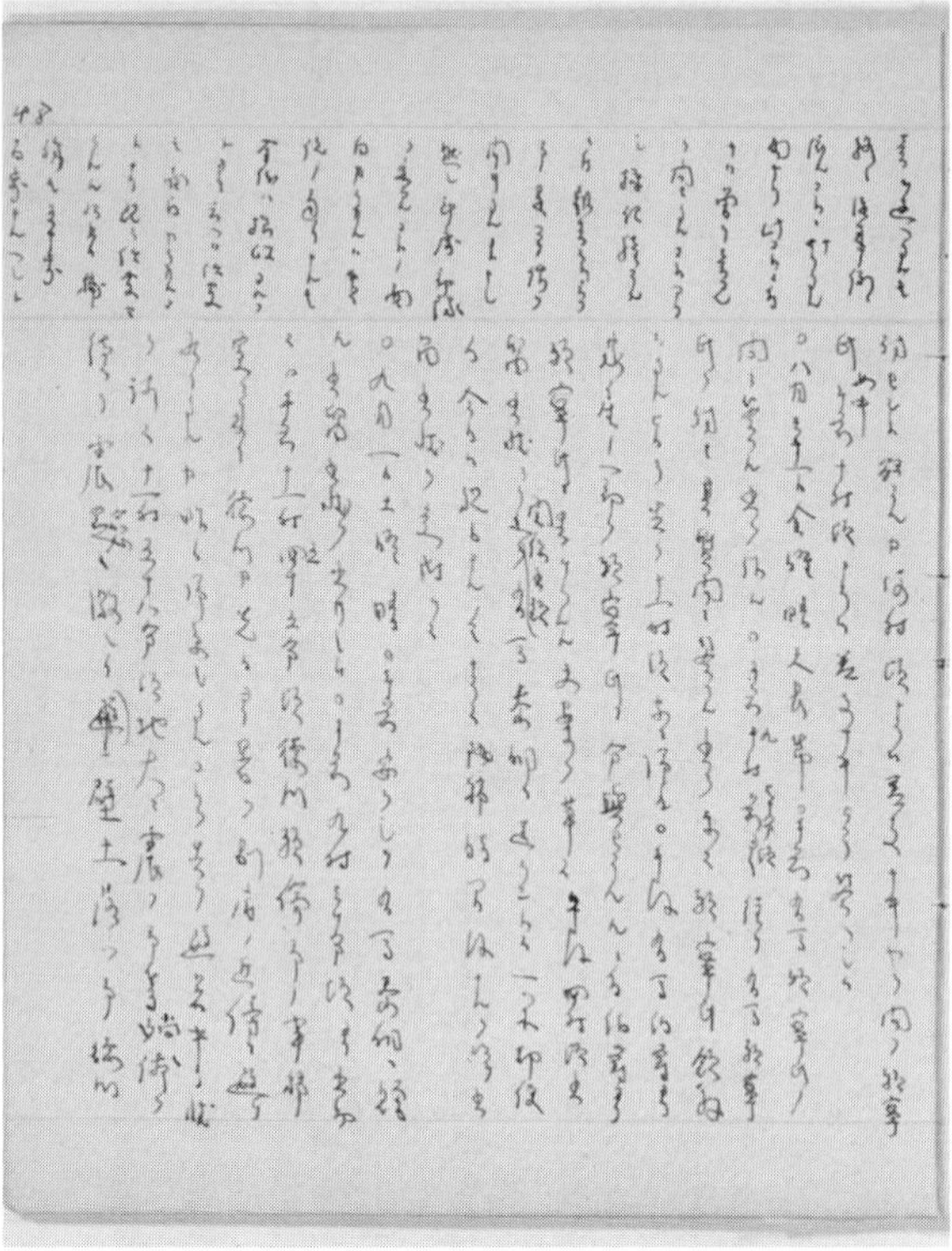

右／関東大震災当日の日記　※国立国会図書館ホームページより転載

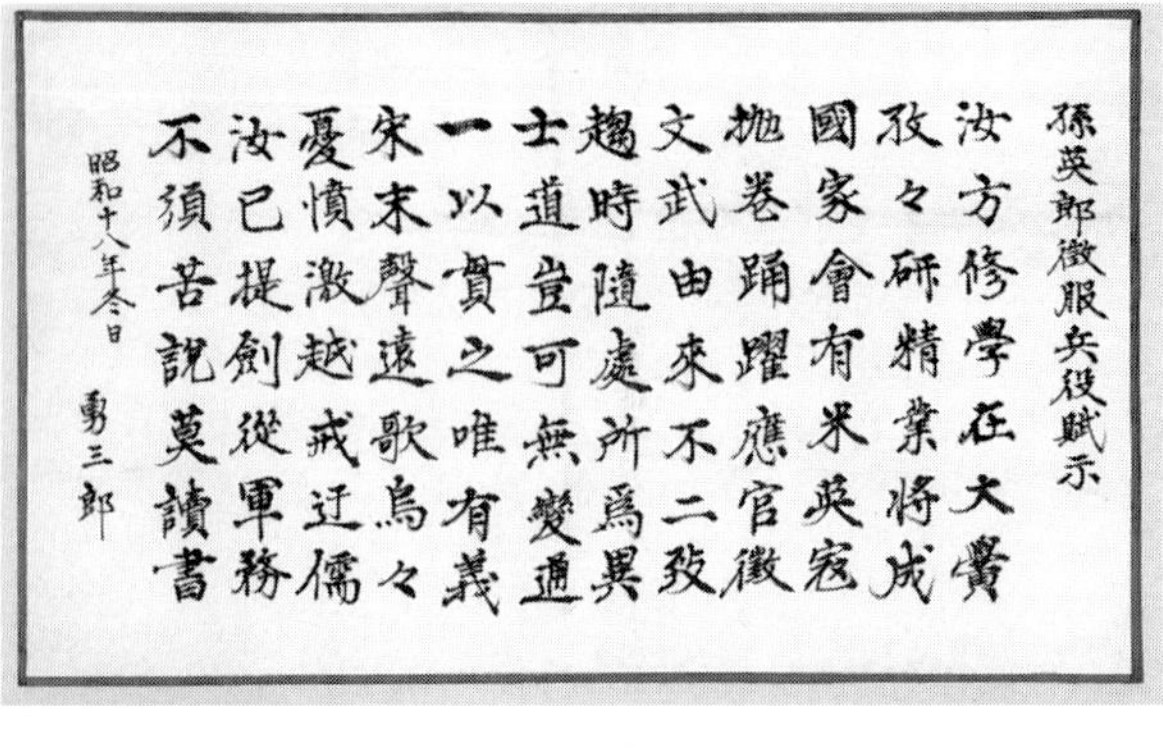

孫英郎徴服兵役賦示
汝方修學在大黌
孜々研精業將成
國家會有米英寇
抛巻踊躍應官徴
文武由來不二致
趨時隨處所爲異
士道豈可無變通
一以貫之唯有義
宋末聲遠歌烏々
憂憤激越戒迂儒
汝已提劍從軍務
不須苦說莫讀書
昭和十八年冬日　勇三郎

下／孫・英郎の出征時に勇三郎がおくった漢詩。このとき数えて91歳

枢密院議長の日記

佐野眞一

講談社現代新書

1911

目次

【凡例】

①「倉富日記」の引用にあたっては片仮名を平仮名に、旧字を新字にあらためた。また、読みやすくするため、句読点、改行をほどこし、会話部分は「　」でくくってある。旧仮名遣いや送り仮名には誤用・混乱が見られるが原文のままとした。「記臆」「絶体に」などの文字遣いについても同様である。ただし固有名詞の明らかな誤記については訂正した。

②日記は大部分が会話で成り立っており、倉富はたとえば〈牧野「自分（牧野）は……」と云ふ〉というように、誰と誰が話しているかを明確にするため、丁寧な注記をほどこしている。この注記と文末の「と云ふ」は煩雑でもあり、適宜省略した。倉富は自分の注記と外来語を（　）でくくっているが、筆者の注記（　）と区別するため〔　〕にあらためてある。

③倉富の漢詩は読み下し文を含めて古賀益城編『元枢密院議長倉富勇三郎博士』から引用した。

④なお原文にはこんにちでは差別表現とされる語句が含まれているが、資料の性格上、そのまま引用したことをお断りしておく。

⑤年齢は原則として数え年で計算した。

序章　誰も読み通せなかった日記

日記に生涯を捧げた男

「ミラノの人、書いた、恋した、生きた」。

スタンダールの墓碑銘には、そう記されている。

これになぞらえて言えば、ゴッホが誕生し、ペリーが浦賀に来航した嘉永六(一八五三)年、久留米藩の漢学者の家に生まれ、明治、大正、昭和の時代を生きて、戦後の昭和二十三(一九四八)年に数えで九十六年の生涯を閉じた倉富勇三郎の墓碑銘は、さしずめこうなる。

「久留米の人、書いた、書いた、書いた」。

倉富は東大法学部の前身の司法省法学校速成科を卒業後、東京控訴院検事長、朝鮮総督府司法部長官、貴族院勅選議員、帝室会計審査局長官、宗秩寮《そうちつりょう》総裁事務取扱、李王世子《りおうせいし》顧問、枢密院議長などの要職を歴任した。

帝室会計審査局は宮内省の会計監査を司る外局、宗秩寮は皇族・華族に関する事務を担当する宮内省の内局である。また、李王世子顧問とは皇族や華族の事務全般を司る日本の宮内省にあてはめれば、李氏朝鮮最後の皇太子の垠《ぎん》殿下を補佐する東宮大夫的立場に相当する。

垠は大正九（一九二〇）年、皇族梨本宮守正《なしもとのみやもりまさ》の第一王女・方子《まさこ》と結婚して日韓皇族の架け橋となった。

倉富は司法官僚として、また宮内官僚として位人臣をきわめた。その倉富の日記が、国会図書館の憲政資料室に所蔵されている。

日記の巻数は小型の手帳、大学ノート、便箋、半紙など二百九十七冊を数え、執筆期間は大正八年一月一日から昭和十九年十二月三十一日まで、二十六年におよぶ。平均すると、ちょうどひと月にノート一冊分のペースで書き綴った計算である。

初期の大正八〜十年は大半が手帳に記され、大正十一年以後は、ほとんどが大学ノートにペン書きで記されている。

一日あたりの執筆量は、多いときには四百字詰め原稿用紙にして五十枚を超えるときもある。まずは世界最大最長級の日記といってもいいだろう。

二十六年分の日記をすべて翻刻すれば、おそらく分厚い本にして五十冊は超える。

正直言って、これほど浩瀚《こうかん》な日記を書きつづけた人物が、本当に仕事をするひまがあったのだろうかと、訝《いぶか》られるほどである。

『国立国会図書館月報』の第一五七号（昭和四十九年四月発行）に、同図書館司書の桑原伸介氏が、倉富日記について書いている。

〈このたび元枢密院議長倉富勇三郎の日記を主とする文書三七八点が、当館憲政資料室に寄託された。日記は大正八年に始まり、退隠後の昭和一九年に至る二六年間にわたって手帳、大学ノートにペン書きされ、その量二九七冊、積めば一小阜をなす大部である。しかも蠅頭《ようとう》の文字をもって記されているのだから内容的には大へんな記事量になろう。

故人は退庁後の余暇をあげて日記記入に充てていたそうで、別に日記材料のメモが用意されていたもようである。

政治家の日記といえば原敬《たかし》日記が想起されよう。原日記が公表を予測して書かれたのに対して、倉富日記はそういうふしは見えない。内容的にもその経歴の相違から原日記の政界の消息を伝えるものとは異質である。

故人がいかなる目的でかかる詳細な日記を書き続けたかは詮索の必要がないように思われる。性謹厳、法律に徹した学級肌と評される人となりのまま存在するのがこの日記であろうから〉

法務官から宮内官僚へ

現存する倉富文書のなかで、日記の体裁をとるのは大正八年からのものが最も古い。だが、これとは別に東京控訴院検事長時代の明治三十八（一九〇五）年七月十二日から九月三日にかけてのメモが残されている。これがいまに伝わる倉富文書の最初のものである。そのなかから一例を引こう。

東京市神田区宮本町一番地
平民　実行教権中教正
早川置造

右に対し、東京市下谷区入谷町百六十六番地平民風間織物工場取締風間久次郎より三十八年七月四日左の趣旨の告発を為《な》したり。

三十八年四月廿八日東京市牛込区東五軒町三十八番地神道実行教本館に於て時局に関する講話会関係の議に付、教師の会合を為したるとき、早川置造は　天皇陛下に対し奉り敬称を用ゐず、御名のみを称したる不敬ありたり。又、施政上大臣を誹毀《ひき》したり云々。

右に付、捜査を尽くすも証拠不十分に付、不起訴処分を相当と思考すれども、指揮を乞ふ。

以下、様々な事件の告発について東京検事正から報告を受けたという記述が続く。

これら備忘録的性質のメモが、一気に日記の体裁をとって長文化するのは、倉富の仕事の内容が法務畑から宮中に関わる業務にかかわったからだと思われる。

倉富は、司法省民刑局長、東京控訴院検事長、日韓併合後の朝鮮総督府司法部長官などを歴任した後、大正五年に宮内省入りして帝室会計審査局長官の要職に就き、大正九年には宗秩寮御用掛となって宮内省の中枢部門を歩き始める。

性謹厳の倉富にとって、宮中は見るもの聞くものすべてが珍しい〝ワンダーランド〟であったろう。法務官時代に鍛えた〝メモ魔〟ぶりは、宮内省入りして一気に開花した。

初めて見る宮中の様子は、倉富の執筆意欲をいたく刺激したに違いない。思えばこの世はすべて、見たもの、聞いたものしか記憶されず、また記録されない。

判読不能のミミズ文字

倉富日記の存在を最初に教えられ、解読することをすすめられたのは、元国会図書館・憲政資料室司書の広瀬順晧《よしひろ》氏（現・駿河台大学教授、日本近代史）からである。

広瀬氏の説明によれば、倉富日記の解読に最初に挑んだのは、倉富の縁戚にあたる作家の広津和郎だったが、あまりにも膨大な日記量と、あまりの難字に途中で投げ出し、次いで挑戦したみすず書房創業者の小尾《おび》俊人《としと》氏も同じ理由で挫折したという。

もしこの話を聞かなかったら、倉富日記の解読などという無謀な仕事にはたぶん手をつけなかっただろう。

『松川裁判』や『年月のあしおと』などで知られる広津は昔から尊敬する作家だったし、『現代史資料』をまとめあげた小尾氏も敬服する編集者だった。二人ができなかったことに挑戦するだけでも、意味あることだと思ったのである。

しかし、現実の倉富日記を目の前にして、途方に暮れた。

ペン書きの文字は、まさにミミズがのたくったようで、ほとんど判読不能だった。これをひとりで読み解くのは、到底不可能である。

そこで倉富日記に興味をもっていそうな在野の有志を募り、広瀬氏の指導をあおぎながら、講談社内で定期的に日記の輪読会を開くことにした。二〇〇〇年のことである。

そして、私と講談社の担当編集者を含めて集まったスタッフ五名の計六名で、枢密院議長を務めた倉富の輝かしき経歴に敬意を表して、〝枢密会〟と名づけた秘密の読書会を断続的に約五年間つづけた。

その結果、大正十年と十一年を中心にした約二年分の日記を、どうにか解読することができた。これ以外の期間は、大正十二年の虎ノ門事件や昭和七年の五・一五事件など重要な事件前後の日記を読み込むことにした。その後の検証作業を含めると、倉富日記とは約七年間つきあったことになる。

それをすべてパソコン打ちし、Ａ４判の紙にプリントアウトすると、枚数にして千四百枚あまりにのぼった。四百字詰め原稿用紙に換算すると、ざっと五千枚、字数では約二百万字になる計算である。

読み下した記述に関しては、専門家が精読したわけではないので、あるいは誤読があるかもしれない。この点については、あらかじめ大方の叱正を請うておきたい。

第一級の歴史的資料

大正十年と十一年に照準を定めたのは、一つには、その時代が、現在にも通じる皇室最大の危機の時代だったからである。

大正天皇のご不例はもはや公然の秘密となり、大正十年十一月二十五日には、病気の大正天皇に代わって皇太子裕仁《ひろひと》（後の昭和天皇）が国事を代行する摂政制が敷かれた。

大正十一年には、明治・大正の政治に多大な影響力を与えてきた大隈重信と山県有朋が相次いで他界し、前年の大正十年には、大正という時代の一瞬の輝きを体現した原敬が暗殺されている。

明治は確実に終わり、大正は行き詰まり、時代は昭和という暗い時代に入る準備にゆっくりと移っていた。

皇太子裕仁と久邇宮良子《くにのみやながこ》（後の香淳皇太后）との婚約に際して〝宮中某重大事件〟が表面化したのも、大正から昭和に移行しようとするこの谷間の時代である。

〝宮中某重大事件〟の内幕は、『原敬日記』や『牧野伸顕《のぶあき》日記』にも詳しく書かれているが、その間の宮中事情を克明に記した倉富日記は、それらの著作を補完して余りある第一級の歴史的資料となっている。

近年、伊藤之雄《ゆきお》（京都大学大学院法学研究科教授）や、永井和《かず》（同大学院文学研究科教授）など、日本近代史を専攻する学者たちの間で倉富日記への注目がにわかに高まっているのも、そのためである。

伊藤の『政党政治と天皇』（「日本の歴史22」講談社・二〇〇二年）も、永井の『青年君主昭和天皇と元老西園寺』（京都大学学術出版会・二〇〇三年）も、倉富日記なしには達成できなかった仕事である。本書を執筆するにあたっても、両氏の研究を参考にさせていただいた。

だが、私はもとより学者ではない。一介の物書きに過ぎない。その立場から言わせてもらえば、そして彼らのように格別の目的意識もなく、ただただこの長い日記をひたすら読み込んだ者の立場から言わせてもらえば、倉富日記の記述は、重複がきわめて多いせいもあって、死ぬほど退屈である。

ただし、油断できないのは、おそろしく冗長な日記のなかに、歴史観を覆すような貴重な証言が、時折不意をついて出現することである。

その都度ハッとさせられて、思わずくずしていた膝を正したくなるような気持ちにさせられる。だが、困ったことに、日記はまたすぐに元の退屈な世界に戻っていく。

例えて言うなら、倉富日記を読む作業は、渺茫《びょうぼう》たる砂漠のなかから、一粒の砂金を見つける作業に似ている。

これを読もうとする後世の人間にひどく難儀な思いを強いるこんな厄介な日記を、倉富はなぜ残したのか。

倉富日記に関心をもつ者は、その資料的価値に注目するより前に、倉富がなぜこれほど退屈で長大な日記を書いたのかという点に、まず大きな興味をもつはずである。

私が倉富日記に関心をもったのも、その資料的価値の高さもさることながら、何よりも、まさにそうした倉富の人間的側面だった。

キラ星のごとき登場人物

倉富日記を通読していやでも痛感させられるのは、倉富の人脈の広範さである。その記述には、さすが司法官僚、宮内官僚のほぼトップに登りつめた男らしく、皇族・華族はもとより、貴顕高官の名前がおびただしく登場する。

大正天皇と貞明皇后、裕仁皇太子と良子妃をはじめとする天皇家、伏見宮《ふしみのみや》、山階宮《やましなのみや》、久邇宮などの皇族、徳川家達《いえさと》、有馬頼寧《よりやす》などの華族、山県有朋、松方正義、西園寺公望《きんもち》らの元老、波多野敬直《よしなお》、中村雄次郎、牧野伸顕らの歴代宮内大臣、原敬、大隈重信、浜口雄《お》幸《さち》、清浦奎吾《けいご》、平沼騏《き》一郎《いちろう》などの政治家、頭山満《とうやまみつる》を筆頭とする大物国家主義者や、田中義一、岡田啓介らの陸海軍出身の宰相、岡喜七郎、正力松太郎などの警視庁人脈、さらには森鷗外、柳田国男など官僚出身の作家、思想家がキラ星のごとく出てくるところは、さながら日本近代史を代表する人物を総覧するようで壮観である。

倉富日記の比類ないところは、こうした人物たちの談話が、まるで向こう三軒両隣の住人の肉声を間近に聞くように書きとめられていることである。

倉富日記には、各界でそれぞれ一家をなしたこれら著名人の述懐が、間接話法としていたるところに挟み込まれている。それが、この日記の最も大きな特徴だといってよい。

その独特のスタイルは、間接話法のなかにさらに別の人物の間接話法が組み込まれた、いわば入れ子細工のような構成になっており、慣れないうちははなはだ読みづらい。

だが、脈絡は最後に落ち着くところに落ち着いているので、必ずしも晦渋《かいじゅう》な悪文というわけではない。

というより、際限なくつづくように感じられるクオーテーション（引用）の連続は、読みようによっては、むしろ巧まざるユーモアを効果的にあげる結果ともなっている。

「某○○と云ふ、予、之を諾す。某々また○○と云ふ、予、之を諾す」といった風雅で重《ちよう》畳《じよう》な語法の多用は、倉富日記にとぼけた趣きと、そこはかとない滋味を醸しだしている。

また延々と続いた会議のあとにきまって出てくる「適宜決すべきことに決す」といったフレーズは事なかれ主義の官僚が書く文章の典型といってよい。「決すべきことに決す」では何も言っていないに等しい。

倉富は感情をほとんど表《おもて》に表わさず、常に冷静な記録者の〝立ち位置〟を崩さない。倉富は考えていることはまったく記さず、自分が言ったこと、相手から聞いたことのみ記す。倉富日記は究極のノンフィクションだともいえる。

だが倉富の記録精神は、やはりこの日記を全体としては砂を嚙んだようなものにさせている。倉富日記を読む者は、益体《やくたい》もない記述の連続に、いやでもうんざりさせられ、必ず途中で投げ出すことだろう。それは困ったことに、倉富日記の信頼性の高さを担保する根拠ともなっている。そこには、皇室や華族に関する規則や礼法がこと細かく書き込まれ、他に類のない資料の集大成となっている。

倉富日記は、皇室にまつわる慣例や決まりごとを繁文縟礼《はんぶんじよくれい》を厭わず蒐集した、奇特な精神の産物ともいえる。

いざ、倉富ワールドへ

こうした味気ない記述を干天の慈雨のように救っているのは、皇室と華族に関する噂話やゴシップの数々である。

倉富は前記の輝かしい経歴や、己の感情をほとんど記さない記録態度からみて、謹厳実直を絵にしたような禁欲的で怜悧《れいり》な官僚タイプだと思われがちである。

しかし、人の噂話をこよなく愛してすべて聞きとり、それを書かずにはいられなかった日記からもうかがえるように、その素顔はすこぶる人間的である。

倉富は健康管理のため、冷水摩擦と朝鮮人参の服用を欠かさず、また無類の愛妻家でもあった。倉富日記を読むと、西洋音楽や活動写真、輸入される自動車などの新風俗にも人並み以上の関心があったことがわかる。

これら私事と世情にわたる記述が、飄々としながら案外俗物でもあった倉富の得がたい人柄を伝えている。

それは同時に、ほとんど無味乾燥なこの日記の数少ない潤いとも、幕末に生まれた高級官僚が、大正モダニズムの風俗と世情をどう見ていたかを知る上で、またとない手がかりともなっている。

幕末期に来日したイギリスの外交官のアーネスト・サトウに、『一外交官の見た明治維新』という名著がある。

生麦事件など血なまぐさい事件の実体験を回想して書かれたこの著書にアナロジーして言えば、倉富日記には、ロシア革命の勃発や、明治元老政治の終焉にともなう皇室崩壊の危機感と、普選運動や政党政治の台頭に象徴される大衆社会のうねりが、冷静な筆致で描かれている。

倉富日記には、その歴史的胎動が高級官僚の日常生活にも忍びよる様子を、権力中枢の立場からいくぶんの緊張感と、それ以上に〝治者〟ならではの余裕の態度をもって綴られており、全体を通して〝一宮内官僚の見た皇室の危機と大正デモクラシーの時代〟といった趣きがある。

庶民がうかがい知れない皇族や華族の動きを宮内省内部から伝え、同時に、役人としてほぼ最高の栄達を手中におさめた高級官僚の世俗的関心の方向を断片的ながら記すことにもなったこの日記は、一種の奇書だといってよい。

幕末に生まれ、明治、大正、昭和と生き、三代の天皇に仕えた倉富は、時代の変遷をどう見つめ、年月の足音をどう聞いて、記録にとどめたのか。

それを凝縮した倉富日記をそろそろ開くときがきたようである。

倉富勇三郎という男の類まれなるパーソナリティーを味わいながら、前人未到の倉富ワールドをじっくり探検していくことにしよう。

第一章　宮中某重大事件

——怪文書をめぐる「噂の真相」

最初の日記

現存する倉富日記は、大正八（一九一九）年の一月一日から始まっている。その日の日記を見てみよう。

〈大正八年一月一日　早起　先づ祖先の霊に拝し屠蘇《とそ》を飲み、餻餅《こうへい》を食ふ。

午前九時より参朝し、天皇皇后両陛下に謁し新年を拝賀し、宮内省に到り判任官の賀を受く。

午前十一時後より山崎四男六《しおろく》、上野季三郎と倶に宮内省の自動車に乗り、久邇宮、山階宮、伏見宮、閑院宮、有栖川宮、東伏見宮、華頂宮《かちょうのみや》、王世子邸、東久邇宮、北白川宮、朝香宮《あさかのみや》、竹田宮、皇子御殿、澄宮《すみのみや》御殿、梨本宮に到り新年を拝賀す。午後二時後、家に帰る。此日、宮城西溜間にて床次《とこなみ》竹二郎より「朝鮮に在勤する水野正之丞が内地に帰ることを望み居り、自分より鈴木喜三郎に嘱する積りに付、君より其性行技倆等を鈴木に話し置呉よ」と云ふ。予、之を諾す。

東伏見宮邸に到りたるとき、自動車破損して動かず。運転手等之を修む。三十分許《ばかり》にして始めて成る。

皇太子殿下に賀状を奉呈す〉

ここには、後に頻出することになる〝倉富イディオム〟が早くも見受けられる。倉富が漢文調で書いている後段の内容を少し嚙み砕いて解説しておけば、宮城の西溜の間で内務大臣の床次竹二郎から、朝鮮総督府に勤務する水野正之丞という男が内地勤務を望んでいる、内地に帰ってきたら司法省次官の鈴木喜三郎に預けるつもりなので、君が知っている水野という男の性格や実力を鈴木に話しておいてもらいたい、と頼まれた、という意味である。なお山崎四男六は内蔵頭《くらのかみ》、上野季三郎は大膳頭《だいぜんのかみ》で、ともに宮内省の幹部である。

これに続く、「予、之を諾す」というおごそかな語法は、床次のその話を自分は了承したと言っているに過ぎない。

適するものなし、空しく帰る

翌々日の一月三日の日記は、宮中の行事と倉富の細々した日常生活が、混在して書かれている。これも、倉富日記の大きな特徴である。

〈午前九時より賢所《かしこどころ》前参集所に到り、元始祭《げんしさい》に参列す。天皇陛下親祭したまはず。皇后陛下親祭したまふ。十一時、拝し終はる。直《ただち》に皇子御殿に至り、高松宮殿下の誕《たん》辰《しん》を奉賀す。殿下引見したまひ、又祝酒を賜ふ。午後一時後、家に帰る。

午後二時前、内子と倶に三越呉服店に行き、将《まさ》に内子の襟巻を買はんとす。呉服店新年の故を以て業を営まず。乃ち白木呉服店に過《よ》ぎる。適するものなし。空しく帰る。

午後六時頃、体温三十六度四分〉

倉富はこの日の日記に、宮中行事に参加した後、帰宅して内子夫人と一緒に三越に行ったが、残念なことに、正月で扉が閉まっていた、仕方なく近くの白木屋に入ったが、ここには内子夫人に似合う襟巻きはなかった、と記している。

それだけのことを倉富は、「将に内子の襟巻を買はんとす。呉服店新年の故を以て業を営まず。乃ち白木呉服店に過ぎる。適するものなし。空しく帰る」と、重々しく記すのである。

内子夫人の気に入りの襟巻きが見つからなかったことは、よほど痛恨事だったのか、倉富は翌四日の日記にも襟巻きについて書いている。

〈午前七時後、体温三十五度八分強。

午前九時より宮内省に行き、御用始を為す。伊東巳代治《みよじ》の家に過ぎり賀年の名刺を投ず。

十一時後、家に帰る。

午後一時頃より内子と倶に三越呉服店に之《ゆ》き、内子の襟巻を買ふ。書斎の雨戸の上端を截《き》り、開閉を便にす〉

倉富のこの日の日記のポイントは、内子夫人が気に入る襟巻きは、やはり高級百貨店の三越にしかなかったと述べていることである。

なお、「白木呉服店に過ぎる」「伊東巳代治の家に過ぎり」の「過ぎる（り）」は「ついでに立ち寄った」という意味で、この日記に頻出する表現である。

二日にわたる襟巻きの記述が粘着質を感じさせず、むしろ春風駘蕩たる風情を感じさせているところが、倉富日記のにくいところであり、余人の筆をもって代えがたいところである。

そういう目で見ると、この間毎日のようにつけている体温の記録も、神経質というよりはお茶目に見えてくる。

大正3年にできた三越日本橋本店の新館。当時、「スエズ運河以東最大の建築」と称された

倉富家の妻と子

一月八日と十一日の日記にも笑わせられる。

〈一昨日郵丁が誤りて他家に配達すべき書状数通を予が家に配達したるを以て、数通を束て之を郵便函に返し置たる処、昨夜更に之を予が家に配達したるに付、今朝更に理由を記して之を郵函に返投す〉（一月八日）

〈午前、内子一ツ木郵便局に行き、恩給金を受取り、隆に金を送らんとす。予、恩給の受領証を書す。恩給年額千七百九円と記すべきを誤て千七円九円と書し、其誤に気附かず。内子、郵便局に到り、受領証を出す。局員誤書を告ぐ。内子帰りて之を告ぐ。乃《すなわち》更に受領証を作る。時に十二時に近し。今日は土曜日にて郵便局にて恩給金を渡すは午前中なるを以て、内子は遽《あわ》てて郵便局に行きたり〉（一月十一日）

性謹厳な倉富には、郵便配達の誤配が、天人倶に許せなかったのだろう。

一月十一日の日記に出てくる隆は、倉富の三男である。

倉富勇三郎の人となりについて最も詳しい現存者は、倉富の直系の孫にあたる倉富英郎氏（大正十一年生まれ、神奈川県大和市在住）である。その英郎氏によれば、英郎氏の叔父にあたる隆は、病弱だったため中学だけで学校はやめ、後年は倉富が郷里に建ててやった家で園芸を営んで暮らしを立てていたという。

大正十年の日記に、一時上京して赤坂の倉富の家に寄宿し、宮内省に勤めてお花の係になった隆の記述が出てくる。だが、英郎氏が言ったように体が弱かったため、宮内省には二カ月ほど勤めただけで、また郷里に戻っている。

ここで倉富の結婚について、簡単に述べておこう。

倉富が元久留米藩士で、明治初期に日朝交渉を担当した外交官・広津弘信の長女の広津能婦《のぶ》（後に宣、宣子）を娶《めと》ったのは、司法省時代の明治十五（一八八二）年、三十歳のときだった。能婦の兄が、明治の文学者の広津柳浪（本名・直人）であり、その息子が序章で少しふれた、やはり作家の広津和郎である。

日記の中で倉富は、夫人の名を一貫して「内子」と表記している。家系図やその他の資料では「宣子」が一般的だが、「内」には通常の読みとは別に「のぶ」の読みがある。漢語の「内子（ないし）」には、中国周代の王の直属家臣に命名された「卿大夫《けいたいふ》」の正妻の意味があることから、倉富は自らを卿大夫になぞらえて夫人を「内子」と書いたのだろう。倉富日記を主題とする本書では内子を名前として用いたことをお断りしておく。

倉富日記には、「広津直人、正に来り居り」「隆、広津和郎を大森に訪《おとな》ふ」「広津直人の妻より電話す」といった広津親子に関する記述が頻繁に出てくる。

倉富が結婚した明治十五年は、明治天皇の名の下に軍人勅諭が布令され、ドイツ、オーストリア、イタリアの三国同盟が成立し、『種の起源』のダーウィンが死去した年である。明治十八年二月には長男鈞《ひとし》が、翌年五月には次男孚《まこと》（誕生して一ヵ月足らずで早世）が、二十三年七月には三男隆が生まれた。

皇室最大の危機

倉富日記の大正十年と翌十一年の二年分を集中的に読んだのは、前にも簡単にふれたが、前年の大正九年にくすぶりはじめた宮中某重大事件が、大正十年になると政府をゆるがすところとなり、皇室がかつてない危機にさらされた時代だからである。

宮中某重大事件とは、皇太子裕仁親王（後の昭和天皇）の妃に内定していた久邇宮良子女王（後の香淳皇太后）の家系に色盲の遺伝子があるとして、久邇宮家が婚約辞退を迫られた事件である。

婚約辞退を主張した急先鋒は、軍部と政界に隠然たる力を持ち、この当時、枢密院議長でもあった元老の山県有朋だった。

これに対して婚約破棄は人倫に悖《もと》る、しいては皇室の権威失墜にもつながると言って反対したのは、東宮御学問所御用掛として皇太子の教育係をつとめた杉浦重剛《しげたけ》や、良子女王の父親の久邇宮邦彦王《くによしおう》らだった。

事態はやがて、山県有朋をボスに戴く長州閥と、久邇宮家をバックアップする薩摩閥の対立にまで発展した。

この情報が漏洩したため、頭山満、内田良平、北一輝ら右翼による山県攻撃も始まり、宮中某重大事件は一気に政治問題化した。

ついにはこの騒動の責任を取る形で、波多野敬直《よしなお》と中村雄次郎の二人の宮内大臣が相次いで辞任するという異常事態となった。

大正十年二月十日、事態を重く見た宮内省は、皇太子妃内定に変更なしと発表したため、一年近くにわたって紛糾をつづけた事態はやっと落ち着きをみせた。

一敗地にまみれて権威失墜が明らかになった山県は、翌大正十一年二月一日、失意のうちに八十五年の生涯を閉じた。

一方、事態収拾に奔走した薩摩出身の大物官僚の牧野伸顕は、山県の死の前年二月十九日に第八代目の宮内大臣に就任し、宮中の空気は一変した。

山県有朋（左）と久邇宮邦彦王

倉富日記に宮中某重大事件に関する記述が初めて出てくるのは、大正九年十二月二十三日である。

〈午前九時前より東京駅に行き両陛下の葉山に幸啓したまふを奉送す。波多野敬直に遇《あ》ふ〉

波多野はこの時点に遡《さかのぼ》る約半年前の大正九年六月十八日、久邇宮家の色盲問題を看過した責任により更迭されていた。

この更迭人事は元老山県の差し金によるものだった。山県は久邇宮良子の皇太子妃内定を取り消すため、波多野を辞任させ、山県系官僚の中村雄次郎（元満鉄総裁）を後任の宮内大臣とした。

だが、倉富はこの時点でそのことをまったく知らない。

ここで最初にお断りしておきたいのは、日記という表現形式の特性である。日記は、論文などと違って、問題を体系的に述べていくものではない。身辺雑記などを交えながら話を進めていくのが、日記体の大きな特徴といえる。それゆえにややもすると問題意識が拡散するきらいがある。だがそれが反面、日記を読む醍醐味ともなっている。

倉富日記はその傾向がとりわけ顕著で、この日記をこれまでなかなか読みこなせてこなかった理由の一半もそこにある。

前にも述べたが、倉富日記にはおびただしい数の人物が登場する。そのことも倉富日記を通読する阻害要因となっていた。しかもその登場人物の多くが、あまりなじみのない大正期の宮内官僚となれば、なおさら厄介である。錯綜した人間関係をたどるだけで、正直、疲労感を覚えた。

これから宮中某重大事件や柳原白蓮《びやくれん》騒動など大正期の宮中を揺るがした事件について、倉富日記を解読しながら述べていくわけだが、これらの事件に関わった人物のプロフィールと、当時彼らが置かれた状況を適宜補足しながら話を進めていくのは、そのためである。少しうるさく感じるかも知れないが、それは読者に倉富日記をより深く味わってもらうための補助知識だと理解してほしい。

良子女王は不妊症なるや

倉富が初めて宮内省に関係したのは、大正五年十月の帝室会計審査局長官就任が最初である。皇族や華族の事務全般を主管する宗秩寮の御用掛となるのは、それから四年後の大正九年四月、さらに宗秩寮総裁代理に任命されたのが同年十二月二十三日だった。

大正九年末の時点までは、宮中の機密に属する情報が倉富の耳に自由に入る環境ではなかった。宗秩寮総裁代理に就任した十二月二十三日の倉富日記を続けよう。

〈午前十一時頃、宗秩寮総裁代理の辞令を受く。返りて宗秩寮に行き披露す。仙石政《まさ》敬《ゆき》出勤せず。酒巻芳男と話して審査局に返る。酒巻来り、仙石は今日出勤せざることを報じ、且つ寮員に面するやを問ふ。予、之に面すべき旨を答ふ。酒巻、寮総裁室を整へて来り報ずべき旨を告げ、少時の後、酒巻の報に因り総裁室に到り寮員一同に挨拶す〉

酒巻芳男は宮内省の爵位課長、仙石政敬は宗秩寮の事務官である。事務官というと位が低そうに思えるかもしれないが、現在の官庁でいえば審議官クラスであり、仙石は後年、宗秩寮総裁を務めている。

新任の挨拶を終えた倉富は、波多野と中村、二代の大臣に仕えた宮内次官の石原健三の部屋を訪れ、そこで思いもかけない話を聞くことになる。

石原はまず「いろいろ難しい案件があるのです」と切り出し、久邇宮家の内情を倉富にレクチャーしはじめた。「一ヵ月ほど前に栗田直八郎が久邇宮の宮務監督に就任しましたが、この人事に宗秩寮は反対でした。ところが、栗田をほしがっていた久邇宮がこの人事に対して宮内大臣に苦情を申し立てたので、自分から、栗田の人物が悪いというわけではなく、栗田はすでに朝香宮家の宮務監督になっており、兼任は好ましくないという宗秩寮の立場を申しあげておいたのです」というのが石原の説明だった。そんな話のあと、次のようなやりとりがあった。

〈石原「良子女王の事も栗田より意見書を出し、果して真の原因あらば已むを得ざることとなるも、単に医師の見込と云ふ丈《だけ》にては不十分なる旨の意見書を出し居れり」

予「女王に付、何か話あることは聞き居れども、其詳細を聞かず。不妊症とでも云ふこととなるや」

石原「然らず。色盲の懸念なり」

予「其事ならば医師の診断にて直に分かるべきことに非ざるや」

石原「本人に色盲ありと云ふに非ず。色盲の系統にて其の子孫に遺伝する懸念ありと云ふことにて、定説にては遺伝すること確実なり」〉

栗田直八郎は一八六〇年生れの陸軍中将である。宮務監督というのは「皇族附職員官制」に「勅任待遇名誉職」と定められたポストで、多くの宮家が採用していた。宮内省高官が兼任することもあれば、栗田のような軍人がその地位を占める場合もある。

栗田はこの年の八月に朝香宮の宮務監督となり、十一月に久邇宮の宮務監督を兼任した。栗田は明治四十三年に久邇宮附武官を経験しており、久邇宮とは深い関係にある。山県有朋の金城湯池《きんじようとうち》である陸軍から宮務監督を迎えることは、「反山県包囲網」を構築しようと必死になっていた久邇宮の悲願だったのだろう。栗田はさっそく婚約解消反対の意見書を提出し、久邇宮の期待にこたえてみせた。

倉富はこの日記の前段で、相かわらずどうでもいいようにしか思えないことを、おごそかな文体で述べている。

だが後段になると、日記は俄然生彩を放ち出す。途中で投げ出したくなる気持ちをぐっと抑えて倉富日記を読み続ける理由は、こういうところにある。

「不妊症とでも云ふことなるや」という倉富の質問に、次官の石原が「然らず。色盲の懸念なり」と答える。宮中にふさわしからざるこの問答を発見したときは、倉富日記の真価をはじめて見せつけられたようで、いい知れぬ感動を覚えた。

人事がらみのジョークが大好き

倉富と宮中某重大事件との関わりについて述べる前に、倉富の人となりがわかる部分を日記のなかからもう少しピックアップしておこう。事件そのものについての記述もさることながら、ある意味でそれ以上に興味深いのは倉富の浮世ばなれしたパーソナリティーである。

大正十年の倉富日記は一月一日から二月七日まで失われているため、同年の日記は二月八日から始まる。この日の日記はかなりの長文である。

く。原文を引用するのは煩雑に過ぎるので、原文を適宜まじえながら、要点を紹介してお

この日の午前十一時過ぎ、東久邇宮附事務官の金井四郎が会計審査局に来た。金井はこの時期、東久邇宮妃に随行して大磯の別邸と東京の間をせわしなく往復している。倉富が東久邇宮妃から鰤《ぶり》を贈られたことに礼を述べると、金井は「お礼状をいただいたことは妃殿下にお伝えしてあります」と答え、続いてこんなやりとりをする。

〈金井「良子女王御婚約のこと新聞に記載する様になりたるは困りたることとなり。（中略）宮内大臣辞職のことも新聞に出で居れり」

予「予は宮内次官に任ぜらるる趣なり」

金井「次官に非ず、大臣なり」

予「否、次官なり」

金井「然らず、昨日の萬朝《よろずちょう》報《ほう》夕刊には大臣と書き居りたり」〉

金井が随行した妃殿下とは、金井が担当する東久邇宮家の聡子《としこ》妃のことである。明治天皇の皇女として生まれた聡子女王は、わが国初の皇族内閣を組閣し、戦後最初の総理大臣となった東久邇宮稔彦《なるひこ》に嫁いだ。

また新聞に辞職を伝えられた宮内大臣とは、宮中某重大事件の責任をとってこの日から

約十日後に辞任する中村雄次郎のことである。倉富は大正十年三月二十五日の日記に、在任わずか八ヵ月で宮内大臣を辞した中村雄次郎には、宮内省から二万五千円の慰労金が支払われたと書きとめている。現在でいえば七千五百万円ほどにあたろうか。驚くべき金額である（貨幣価値は一概に比較できないが、本書では仮に当時の一円を現在の三千円相当として換算した）。

この日の日記からまずわかるのは、倉富が皇族から鰤を贈られ、その謝辞の返書を届けるような信頼関係にあったことである。

それ以上に興味をそそられるのは、倉富が新聞辞令で中村の後任の宮内大臣に擬せられたことを知ったときの様子である。満更でもないといえばそれまでなのだが、倉富は新聞の虚報や誤報のたぐいを妙に面白がるところがあり、新聞記者を煙にまくのは趣味といってもいいほどだった。

「予『予は宮内次官に任ぜらるる趣なり』と云ふ。金井『次官に非ず、大臣なり』と云ふ。予『否、次官なり』と云ふ。金井『然らず、昨日の萬朝報夕刊には大臣と書き居りたり』と云ふ」といううくどいやりとりをわざわざ書きとめているところに、人事がらみのジョークに目がない倉富のうれしそうな顔が見えてくるようである。

元老たちの陰謀

この日の午後一時過ぎ、倉富は宮内大臣の中村の部屋に招かれた。

中村はそこで知人から聞いたという、皇太子妃婚約解消問題に関する噂話を倉富に打ち明けた。その内容は「婚約解消は元老たちの陰謀で、皇太子殿下のご外遊もご成婚を引き延ばすための手段に他ならない。解約反対派はそんなことを言い触らしている。彼らはこの夏にもご成婚があるものと信じていて、ご外遊は何としても見合わせてほしいと願っている」というものだった。噂話は解約反対派の具体的計画に及ぶ。

〈中村「若《も》し夫《そ》れが行はれざれば、御出発の際、自動車の通路に横臥し、之を妨げんとのことも協議し居り、一面には紀元節には何事か為す計画なる由なるも、其計画は分らず。明治神宮に集まりて祈願する計画もありとか云ふことなり」〉

中村はそう話した後、どう処置したらよいと思うか、と倉富に相談をもちかけた。その席には、宮内次官の石原健三もいる。倉富は中村の質問に「以前は（婚約のことを）枢密院に諮詢《しじゅん》されることに反対しましたが、今となっては他に方法がありません」と答え、石原も中村も一応は賛同した。だが倉富には懸念があった。倉富はこの前年の十月に枢密顧問官となっており、枢密院の何たるかをよく知る立場にあった。

〈予「枢密院の決議は何《いず》れになるや逆睹《ぎゃくと》（見通すこと）し難し。諮詢せらるる上は何れになりても其通りに決行する決心なかるべからず。今日は解約すれば大事を引起こす懸念ありとて躊躇するも、枢密院にて解約に決したりとて世間の反対は鎮まる訳に非ず。其時は反対ありても之を決行する決心なかるべからず」

中村「或は大事を起すやも計り難きも已むを得ず。之を決行するより外なし」

予、又「枢密院にて反対に決したらば如何にするや」

中村「自分は官を辞して後任者の処置に任すべし」〉

宮内省高官三人の話し合いは、結局、この問題を枢密院に諮詢するか否かをめぐっての議論となり、甲論乙駁して容易に結論は出ない。

石原は、中村の宮内相辞任には理由が乏しいと言う。石原の言い分はこうである。

〈「色盲は精神并《ならび》に視力に関係なきことを確めざれば後日に至り無責任の譏《そし》りを免れざるべし」〉

これに対して、中村と倉富は反論する。

〈予及び中村、之に反対し、中村は「精神等に異状なきも自分は之を皇統に入ることには反対なり」と云ひ、石原も「然れば已むを得ず」と云ふ〉

議論は堂々巡りとなり、この日三人が一応合意した結論は、以下のようなものだった。

色盲の事実を公表して婚約に反対の立場を明らかにするのは中村にとって好都合だが、後任者が婚約を実行することになれば、妃に瑕瑾《かきん》あることを公表することになり、穏当でない。従って——。

〈中村は官を辞するまでにて始末を公表せざる方、然るべしとのこととなり、又其手段も枢密院への諮詢を奏請せず、単に大事を惹き起すの虞《おそれ》ありとのことに止むることと決し、先づ之を元老に謀り、元老の中にても西園寺、松方は異議あるべしとも思はれざるに付、山県のみに之を謀り、其上にて皇族の承諾を求め、然る上皇后陛下に申上ぐることに決して散会せり〉

連座して辞表提出

二月十日の日記には、皇太子妃婚約不履行問題に対する不穏な動きの情報が書きとめられている。これは、倉富が内務省から受けた報告をそのまま記録したものである。ちなみに文中にある「城南荘」のメンバーは、当時の右翼論壇にあっては錚々《そうそう》たる顔ぶれだった。皇太子の婚約問題をめぐっては、テロも辞さない壮士連中と右翼論客、はては左翼陣営までが総がかりで決起しようとしていたことがわかる。

〈……明日の紀元節を期し玄洋社、黒龍会、城南荘〔支那浪人と称する大竹貫一、松平康国、押川方義《まさよし》、牧野謙次郎、佃《つくだ》信夫、五百木《いおき》良三等が集会所の名〕、労働者、社会主義者及学生等が明治神宮に集まりて天皇陛下の御不例の回復、皇太子殿下の御婚儀御遂行、皇太子殿下の御洋行御止めを祈願する計画あり、又良子女王殿下に色盲の御系統あることは眼科医保利某が第一に言ひ出したることなるを以て、内田良平の子分が保利を殺す計画あることを報じ来りたる趣なり〉

宮内大臣の中村雄次郎が婚約辞退問題の責任をとって辞任する五日前の二月十四日には、これに連座して倉富も辞表を提出したことが記されている。

宮内大臣の中村雄次郎、次官の石原健三を筆頭に、宗秩寮総裁の井上勝之助《かつのすけ》（井上馨の養子）、仙石政敬ら宮内省幹部は全員、婚約解消賛成派だった。倉富も彼らと同じ立場だった。

宮中某重大事件の本筋と直接の関係はないが、いかにも倉富らしいのは、宮内省をもう辞める決意を固めているというのに、その三日前の紀元節（二月十一日）に犬吠埼の伏見宮別邸に伺候して、皇族中最長老の伏見宮貞愛《さだなる》に婚約辞退問題を説明した際の旅費の精算について、馬鹿正直に記していることである。本題とはかけ離れた出来事をくどくどと述べたてているところが、倉富日記のうんざりさせられるところであり、反面、滋味掬《きく》すべきところである。

それにしても、さすがは帝室会計審査局長官である。金銭に関しては鐚《びた》一文たりとも疎《おろそ》かにしない義理堅さは感心するというより、あまりの律儀さに呆れる。なお西野英男は会計審査局の属官で、倉富の秘書役をこなしていた。

〈午前十時後、西野英男を召び、予が十一日に犬吠岬に行きたる旅費請求の手続を総務課に問合することを嘱し、且、之に嘱して辞表を作らしむ。其文左の如し。

私儀

老衰の為職務に難堪候間、本官并御用掛御差免被下度、此段奉願候

大正十年二月十四日

帝室会計審査局長官

宗秩寮御用掛　　倉富勇三郎

宮内大臣男爵　中村雄次郎殿〉

牧野伸顕の慰留工作

倉富の辞表は同年二月十九日に新宮内大臣となった牧野伸顕の預かりとなり、結局、牧野から辞職を慰留されることになった。そのときの倉富と牧野のやりとりが、同年三月十一日の日記に出てくる。

この日の午前十時過ぎ、倉富は朝鮮総督府中枢院顧問で王世子附事務官の高義敬の表敬

訪問を受けた。そこで、李王家が特別に産地から取り寄せた高価な朝鮮人参の話題や、前年四月、李王世子（皇太子）垠と結婚した梨本宮方子《まさこ》の腹帯の問題などについて話し合っていると、牧野から来てほしいという連絡があった。

以下は、牧野の部屋で二人が話しあった内容を倉富が書きとめたものである。牧野は言う。

自分が大臣に就任してすぐに倉富さんから辞任の意向を聞き、そのことはいつも念頭を離れなかった。だが皇太子殿下ご渡欧など緊急のことがあったため、今日までこのことを話す機会がなかったわけだが、辞職のことはどうか再考していただきたい。ご結婚問題については、誰もが皇室のためを思ってのことに違いはなく、ただ意見が異なっていたにすぎない。したがって陛下からご覧になれば、双方の間に区別をなされるようなことではないと思う。だから自分は今回の件に責任を負って辞職したいという人がいても承知しないつもりだったのだ。石原健三次官の辞任を認めたのは、ご結婚問題以外の理由があったからだ……。

諄々《じゆんじゆん》と説く牧野は、倉富のプライドをも巧みにくすぐっている。原文をご覧いただこう。

〈牧野「君の辞職も止め度は右の理由の外に今一つ理由あり。宮内省には如何にも人物乏きことを感ず。今後摂政問題其他、種々なる重大問題あり。是迄《これまで》出合ひたること程の大切なる時節が来るならんと思ふに、此く人物が乏しくしては如何にも心細きことなる故、其為にも是非留任を希望する次第なり」〉

倉富はこの慰留に対し、まずは素直に答えている。

先日お話ししたとおり、私が辞表を出したのは心底おそれおおいと思ったからに他なりません。ご婚約問題に関する私の考えにしても、何ら為にするところがあるわけではなく、自分が信じるところに従ってきたまでです。大臣がそのようなお考えであれば、私も本官である会計審査局長官に留まることは辞さないことにしましょう。

ここまで言って倉富は一転、自分がそもそも宗秩寮総裁代理には向かないのだと牧野に訴える。

〈予「元来、本官としては婚約問題に付ては少しも関係なく、随て其話も聞かず、事実も知らざる位なりしが、宗秩寮総裁代理を命ぜられたる為め、始めて其話を聞きたる次第なり。総裁の職務は皇族華族に関することにて、一時の代理たりとも予には不相応なることに付、此相談を受けたる

牧野伸顕

とき固く之を辞したれども、真の一時のこととなる故、引受けよとのことにて之を受けたり。今日まで続きたることも、実は予想より永き訳なり。尤《もっと》も、宗秩寮御用掛は王世子に関する用を取扱ふ為め命ぜられたるものなるが、偶ゝ《たまたま》総裁代理の必要ありたる故、御用掛の名義を利用し居る訳なり」〉

情報空白地帯に置かれた倉富

牧野は明治の元勲大久保利通の次男である。それに比べ、最後は男爵にして枢密院議長という、宮中序列第四位の高位まで登りつめたとはいえ、倉富には誇るべき家系も係累もない。ちなみに倉富が宗秩寮総裁代理となったのは、井上勝之助が病気療養中だったためである。

突き放した言い方をすれば、倉富は宮中事務屋のトップにいるにすぎない。明治の元勲の威光がまだ色濃く残る大正という時代にあって、皇室の藩屛《はんぺい》たる自覚を強烈にもった山県有朋、西園寺公望、松方正義などの元老政治家たちや、その流れを汲む牧野との格の違いは、明らかだった。

それは格の違いというだけにとどまらず、入ってくる皇室情報の圧倒的な質の差となって現われた。

皇室に関するとびきりのマル秘情報を知り得るのは、彼らインナーサークルにいるごく少数の人間に限られ、倉富は宮内官僚中トップに近い立場にいながら最高機密に接することは容易にはできなかった。

倉富が皇太子妃婚約破棄問題をめぐる不穏な動きを知るのは、前述したように、大正九年十二月二十三日である。このとき倉富は、宮内次官の石原健三に「(婚約者の久邇宮良子女王は)不妊症か」という頓珍漢な質問をしている。

これより半年前の同年六月十八日には、宮内大臣の波多野敬直がすでに更迭されているのだから、少し勘を働かせれば、その時点で婚約破棄問題の火種がくすぶり始めていることくらいはわかったはずである。

だが、倉富は情報空白地帯に置かれたまま、そのことを訝る風でもない。機密情報にあえて首を突っ込もうとしないこの態度は、イノセントといえば、イノセントである。

倉富には少なくとも、入手した皇室の機密情報をちらつかせて自分の存在感を誇示する卑しさはない。その政治的野心のなさが、皮肉にも倉富をとんとん拍子に出世させていったといえる。

知っていることが邪魔になり、知らないことだけが役にたつ。人生にはそんなことが、ままあるものである。

入ってくる情報のクオリティーの高さもさることながら、さすがに牧野の説得は水際立っている。宮内大臣の中村雄次郎ばかりか、帝室会計審査局長官にして宗秩寮総裁代理の倉富まで辞任という事態になれば、宮内省内部が混乱することは必至である。

それを、あなたは宮中にとってかけがえのない人間なのだからと持ちあげて、事態がこれ以上混乱するのを未然に防御する。そうまで言われて辞意に固執する人間はいないだろう。倉富は結局、四月に井上勝之助が復帰するまで、宗秩寮総裁代理も続投することになった。やはり人心掌握術に長《た》けた百戦錬磨の大久保利通の息子（次男）だけのことはある。

牧野の慰留は形だけのものではなく、実際に倉富の実務能力を必要としていた。それは、井上が宗秩寮に復帰して五ヵ月後に式部長官に転じ、倉富を正式に宗秩寮総裁事務取扱に任命したことからも明らかである。

カフスボタン献上問題

大正十年二月十日、宮内省は「皇太子妃内定に変更なし」と発表し、宮中某重大事件は一応の決着を見た。だが、その余波は宮内省内部でまだくすぶり続けていた。

ここからの展開を理解するためには、少々煩雑ではあるが、当時の宮家と宮内省の関係を知っておく必要がある。

「皇族附職員官制」には、「宮号を賜はりたる皇族には宮内事務官一人及宮内属を分属せしむ」と定められていた。要するに、宮家の事務を執務するため、宮内省の役人が宮家に出向していたと思えばいいだろう。事務官はその責任者で、「属」(正式名だが、わかりにくいので以下「属官」と表記する)は実務を担当する職員である。属官には宮内省からの出向者と、もともと宮家の使用人で身分上は宮内省の属官となり、生涯にわたって奉公する者が混在していたようである。数年で異動してゆく事務官と、ほぼ宮家に定着する属官には、当然ながら主に対する忠誠心に温度差があった。

この時期の久邇宮家の場合、宮内省から事務官として赴任していたのは木村英俊という男だった。名誉職とはいえ、宮務監督の栗田直八郎は木村の上司ということになる。属官は七名おり、以下の登場人物としては武田健三と分部《わけべ》資吉の二人をご記憶いただきたい。武田は維新前から久邇宮家に仕えた家柄の出で、属官の筆頭だった。分部も最後まで久邇宮に仕えており、この二人は生粋の「ご奉公組」である。

宮内省発表があってから約二週間後の二月二十五日の日記に、栗田直八郎の話題が出てくる。倉富が書きとめているのは、久邇宮附事務官の木村英俊の談話である。

木村は宮務監督の栗田直八郎らの考えが間違っていることを倉富に訴えている。その例として、良子女王から皇太子にカフスボタンを献上する話があり、木村が反対したにもかかわらず、栗田らが強行しようとしているのだという。

〈木村「自分が伊勢より帰りたる処、皇太子殿下にカフス釦《ボタン》を献上することになり居ると云ふに付、殿方よりの献上なりやを問ふたる処、女王殿下よりの献上と云ふに付、『夫れは不可なり、是非献上なさるるならば、王殿下よりの献上ならば尚ほ可なるべきも、女王殿下よりの献上にては断じて宜しからず』とて、其理由を説明し、属官等は之を了解したる模様なりしなり。夫れより栗田直八郎を訪《おとな》ひ、此事を談じたる処、意外にも栗田は『女王殿下よりの献上にて宜し』と云ふに付、大に協議し、『自分は如何なることありても同意し難し、宮務監督が職権にて取計ひを為すならば致し方なし』と云ふて別れたり。朝日新聞に女王殿下が三月一日に葉山に伺候せられ、同処にて皇太子殿下に奉別し、貴重品を贈らるる旨を記載し居りたるも、栗田より漏らしたるものならんと思はる」〉

これに対し、倉富は「予も其事は同感」と答えている。幕末生まれの倉富にとって、婚約者の女性から将来天皇になる男性にカフスボタンを贈るなど、驚天動地の出来事だったのだろう。

〝カフスボタン〟献上問題は、この頃、宮内省職員に格好の井戸端会議の話題を提供しており、二月二十八日の日記にもこんな記述がでてくる。

この日、悲憤慷慨する倉富の井戸端会議の相手になっているのは、内匠頭《たくみのかみ》の小原駩吉《おはらせんきち》である。

〈(カフスボタンの件を話したところ)此事に付ては小原も非常に驚きたり。予より、「予が東宮大夫ならば釦を返す」との話を聞き、「明日は皇太子殿下が葉山に行啓あらせらるる為め、石原が葉山に行くとのことなるが、果して右の如きことならば、石原は如何処置すべきか」と云へり〉

石原はすでに何度も紹介した宮内次官の石原健三のことである。それにしても、「予が東宮大夫ならば釦を返す」という感情を露《あらわ》にした言葉は、ふだん沈着な倉富らしくもない。

宮中の嫁姑問題

婚約問題が一応の落ち着きをみると、〝宮中井戸端会議〟では嫁姑問題が取り沙汰されはじめる。宮内官僚にとっていわゆる大奥は所管ではないこともあってか、倉富たちは心配そうに話しているものの、口調には好奇心がにじみでている。

仙石政敬がこの問題に関する前年来のいきさつを話したのは大正十年五月十九日のことである。なお、仙石の妻は久邇宮邦彦王の妹であり、久邇宮の内情には精通していた。

倉富に対して仙石は秘密めかして語っている。

貴官は関係があるのでお話ししますが、去年、両陛下が葉山でご避寒中、良子女王に皇后陛下のご機嫌伺いをさせようとしたことがあります。皇后宮大夫を通じてご都合をお伺いしたところ、しばらく見合わせたいとのこと。私からも伺ったのですが同様の答えでした。さらに問い合わせたところ、大夫から「時機をみてお知らせするので、しばらくお待ちいただきたい」とのことだったので、久邇宮では大いに安心されていますが、問題はまだ残っているように思います……。

これに対して倉富も「先ごろ物議をかもした原因（色盲問題）以外にも、皇后陛下にはお考えがあるのではないかと思うことがある」と語り、宮内大臣の中村雄次郎から聞いた話を披露する。

倉富が「皇后陛下の御思し召しは？」とたずねたところ、中村は「何も聞いていないが、（良子女王を）格別お好みにはあらせられないように拝察している」と答え、続けて皇后が「気難しい姑では（良子女王が）困るでしょうね」というような口ぶりだったと中村は漏らしたという。ここで貞明皇后が語った「気難しい姑（原文は舅）」とは、前後の文脈からみて貞明皇后自身のことだと考えて、まず間違いない。貞明皇后と良子女王の間にはまだ御成婚前だというのに、すでに穏やかならざる空気が漂っていたことがわかる。この知られざるエピソードから、いまの皇室の危機にも通じる嫁姑問題の根深さを感じとる読者がいるかも知れない。

いまでも内心は婚約反対派である倉富はそんな秘話を明かしたあと、推進派の牧野に対する皮肉を仙石に語った。

〈予「牧野伸顕は何処までも御内定の通り遂行する考へなる様なり。大奥の模様は熟知せざる訳なるべきや」

仙石「之を知らざる筈なからん」

予「之を知り居らば容易に（宮内大臣に）就職することは出来ざる訳に非ずや」〉

貞明皇后が、娘の皇室入りをなりふりかまわず進める久邇宮邦彦王を嫌っており、良子女王との間も決して良好な関係でなかったことはよく知られている。

貞明皇后（左）と良子女王

色盲以外の懸念とは

極めつけは、大正十一年十月二十八日の日記である。この日、倉富の井戸端会議の相手をつとめているのは、宮内省参事官の南部光臣である。

良子女王に関する話題は、南部がこんな話をするところから始まる。

〈南部「摂政殿下に近侍する人々が無闇に殿下に新しくすることのみを勧め、威厳を損ずる様に為し居る様なり。東洋の君主らしく御輔導申し上ぐることを考へ居る人はなき様なり」〉

倉富がこれに得たりやおうとばかりに答え、南部も遠慮のない意見を披瀝した。

〈予「其事は予も同感なり。此頃にては大分軽々しく御成りなされたる様に思はる。是は他のことなるが、先日、良子女王殿下の将来の御教育方針に付協議したるが、結局、御世辞(事)の稽古をなさるること第一の目的となりたり。皇太子殿下抔《など》はどちらと云へば御気が附かれず、大様にあらせらるる方が宜しと思ふ」

南部「良子女王殿下と云へば、今日は最早彼此云ふべき時に非ざれども、色盲の懸念の外、御体質も十分ならざる様なり。今の皇后陛下選定のとき、伏見宮の女王に決し居りたらば、今日の如く四人の皇子の御繁昌は見ること出来ざりしならん。良子女王の御体格にては心細し。久邇宮妃の体格が悪しきなり」

予「良子女王の体重は十一貫目前後にて、動《やや》もすれば十一貫目以下になるとのこと

なり」〉

ここで出てくる伏見宮の女王とは、皇族中最長老の伏見宮貞愛《さだなる》親王の長女の禎子《さちこ》女王のことである。

明治三十二年三月、明宮嘉仁親王《はるのみやよしひと》（後の大正天皇）の妃候補に一旦決まっていた伏見宮禎子女王との内約が、禎子女王の健康上の理由から取りやめとなった。妃候補として改めて正式に内定になったのは、公爵九条道孝の四女節子《さだこ》（後の貞明皇后）だった。

貞明皇后と体重問答

大正十一年十一月七日の日記には、さらに踏み込んだ発言が書きとめられている。このときの話相手は、前出の小原駩吉である。この日の日記も例によって、

〈一時後、予将に厠《かわや》に行かんとす。小原「大臣官房に行くや」と云ふ。予「否、厠に之く」と云ふ。小原「自分は一寸隣室に過ぎり居る」と云ふ〉

と埒のない会話を重々しく記すところから始まり、「予、厠より返りて審査局に在り。小原来り談じ」と前置きして、やおら本題に入っていく。

〈予「此ことは伝聞に過ぎざる故、虚実は分からざるも、或る一部の人は将来皇后陛

下と良子女王殿下とは円満には行かざるべく、依て女王殿下は外国の事情にも精通せられ、之を以て陛下に対抗せらるる必要あり、其為に洋行せらるる必要あり、と云ふ人もある由。此の如き考より洋行を主張するは誤りたることなり」

小原「夫れは宜しからず」

予「良子女王殿下は体質余り強健ならず、体重も少き由なり」

小原「先頃、女王参内のとき、皇后陛下より体重の御尋あり。女王殿下は十二貫目には足らず、との答をなされたる、とのことなり。実は十一貫目前後なるも、十二貫目には足らずとの答にて済したりとのことなり」〉

良子女王の体重に関する小原談話は「良子女王はウソつきだ」と言っているのに等しい。時に貞明皇后三十九歳、良子女王二十歳。いささか若い嫁姑が早くも火花を散らし、第一ラウンドは良子女王がとっさの機転で切り抜けたことがわかる。

倉富日記には、事件発生前、良子女王と皇后の間に良好な関係があったことを伺わせる記述も出てくる。以下に引用するのは、大正十一年九月十七日の記述である。

この日は日曜日だったので、倉富は終日在宅した。正午過ぎに、栗田の後任として久邇宮家の宮務監督となった国分三亥《こくぶさんがい》が訪ねてきた。国分が言うには、良子女王はこれまで皇后陛下に六回拝謁したという。

〈国分「良子女王は（以前）王殿下（久邇宮）又は妃殿下と共に皇后陛下に謁せられたることもあり、一人にて謁せられたることもありたるが、一人にて謁せられたるときは最も陛下の御機嫌宜しく、澄宮《すみのみや》殿下が傍にあらせられたるに対し、『是は〔アナタ〕の姉さんなり』と云はれ、腕輪を取り出し、『是は昭憲皇太后より賜はりたるものなるが、之を贈る』と云ひて、賜はりたる程なりし由」

予「其時は勿論、問題の起らざりしときなる故、事情が異なるべし」

国分「今日にても、尚ほ多少蟠《わだか》まりがあるには非ざるべきや。是は懸念のことなり」〉

澄宮はのちの三笠宮である。倉富が「問題の起らざりしとき」というからには大正九年夏前と思われるので、母親に「この人があなたのお姉さんになるのよ」と言われたこのとき、澄宮はまだ満五歳にもなっていない。

宮内省の横暴不逞

宮中某重大事件で私が最も興味をひかれるのは、久邇宮家とその支援勢力が婚約を押し進めるためにとった、露骨な策動である。

大正十年一月下旬、久邇宮家を支援する浪人、壮士グループは政界に怪文書をばら撒き、色盲の家系を理由に婚約破棄を主張する山県有朋や、この問題をことさら言い立てて色盲の血統をあげつらう中村宮内相、石原次官らは天下に隠れなき不敬の輩《やから》だとして、一斉に攻撃を開始した。

いま私の手元に、「宮内省の横暴不逞《ふてい》」と題するその怪文書がある。そこにはガリ版刷りでこう書かれている。

〈今回宮内省が突然斯《か》かる横暴不逞の挙を企てたる裏面の消息に就《つ》いては。吾人屢《る》次《じ》奇怪至極《しごく》の風説を耳にせるも。今は之を語る時機に非らずと信ずるを以て姑《しばら》く之を黙々に附せむも。然し亦《また》我国民は現宮内省の背後に○○攪乱《かくらん》常習犯とも謂《いい》つべき○○公の蛇の如き眼光の耀《かがや》けることを牢記《ろうき》せむことを要す。夫れに又中村宮相が由来長閥に阿《あ》諛《ゆ》迎合せる○○的人物たることは市井無頼の徒も三舎を避くる所にして。(中略)陰に陽に御婚約の破却を企てつゝある而已《のみ》ならず。○○公の直属系統たる準長閥児○○子も亦公の意を承《う》けて暗中飛躍し。宮中府中相呼応しつゝ、陰謀の進捗《しんちょく》に没頭しつゝあり。吁噫《ああ》、誰か大義名分の為に身を殺して仁を成す者ぞ〉(○○は原文のまま)

この陰謀の首謀者は○○公と名前を伏せられてはいるが、「蛇の如き眼光」という悪意に満ちた形容から、山県有朋を指していることは明白である。

『原敬日記』の大正十年一月二十四日の項に、この怪文書に関する記述が出てくる。

〈久邇宮王女皇太子妃に御内定の処、色盲云々にて変更の議あるは山県等不忠の所為《せい》なりとの印刷物余《よ》等《ら》及び上院議員等に無名にて送付し来れり、多分久邇宮家関係者の処為と思はるゝも、如此《かくのごとき》事《こと》にては世間の注目する所となり、甚だ妙ならざる次第に付、岡警視総監より宮相に注意せしむる事となしたり〉

〝羽織ゴロ〟の登場

大正十年三月十九日の倉富日記に、怪文書問題に関する驚くべき内容が書きとめられている。この日と翌日の日記は、ふだんとはまったく違う緊迫した筆遣いである。かなりの長文だが、重要な場面なので、原文に沿ってできるだけ多く紹介しておこう。

三月十九日の午前十一時頃、宗秩寮総裁室に久邇宮附事務官の木村が飛び込んできた。木村は開口一番、久邇宮家宮務監督の栗田から大変なことが起きたと聞いた、と言って倉富に説明を始めた。倉富が怪文書のことを最初に知ったのはこのときである。

〈木村「(栗田が)頗《すこぶ》る狼狽し居るゆへ、『何事なりや』と云ひたる処、『昨日、来原《くるはら》某が久邇宮邸に来り、武田健三を訪《おとな》ひたる処、武田が在らざる為め、分部某(資吉)に面会し、高声にて武田が約に違《たが》ひたる事を罵りたるに付、其事情を問ひたる処、来原が先日、鉄筆版の書類を配付したる事に付、武田に対し三万余円の出金を求め、武田は一万五千円を出金すべき事を約し、其約を履行せざる為め、来原は其不都合を詰《なじ》りたるものなり』との事なり。然るに武田は一両日所在を晦《くら》まし、昨夜帰宅したる故、栗田より辞職せしむる事に話し、今朝辞表を出さしむべき筈の処、今朝は亦其家に在らず」

木村がここで言わんとしていることは、要するに、久邇宮家は来原という男を使って婚約反対派に揺さぶりをかけた、しかし、久邇宮家はいまは逆に来原から金銭をゆすられる立場になってしまった、ということである。来原は名を慶助といい、俗に〝羽織ゴロ〟と呼ばれる札付きの壮士だった。

警視総監との密談

木村の話が終わらないうち、会計審査局属官の西野英男が来て、牧野伸顕が倉富を呼んでいるという。牧野は一ヵ月前に新宮内相に就任したばかりである。

牧野の部屋に行くと、牧野はすでに栗田から木村と同様の報告を受けていた。

牧野は来原から武田宛の手紙二通と分部宛の手紙一通を倉富に渡し、「これを読んでおいていただきたい。その上でこの手紙を警視総監または警保局長に見せて、来原が宮邸に行って暴行をはたらくようなことがないように注意を促してほしい」と依頼した。

倉富は審査局に戻り、司法省に行かなくてはならない自分の代わりに、酒巻芳男に警視庁に行くよう指示した。

午後一時三十分頃、刑事訴訟法改正案の特別委員会のため、司法大臣官舎にいた倉富のところに酒巻が来て、警視総監との相談の結果を報告した。

〈酒巻「警視総監に面会したる処、総監より来原の書状を借り度しと云ひたるも、先刻貴官より書状は持ち帰るべき旨命ぜられたるに付、許可を得たる後、之れを借《か》すべき旨を答へ置きたり。又警察にて来原に対し刑事処分でもなす様ならば、其前一応協議を受る必要はなかるべきや」

予「書状は之を借すも差支なし。但し速《すみやか》に返す様告げ置くべし。来原の処分に付ては協議を受る訳には行ざるべきも、成るべく過激なる処置をなして本人を怒らしむる様の事なきことを望む旨を伝へ置くべし」

酒巻「午後四時より六時までは総監は官邸に居るとの事に付、後刻今一度訪ひて其旨を伝へ置くべし」〉

午後二時半頃、警視総監の岡喜七郎から倉富に電話が入った。面会したいことがあるので、何時頃どこに行けば会えるか、という。

倉富は司法省の職員に、後で酒巻がもう一度訪ねるので酒巻と話すわけにはいかないか、と答えさせたが、岡は倉富と直接話したいという。

四時過ぎ、岡が司法省に来た。倉富は会議室に岡を招き入れ、密談が始まった。

〈岡「先刻酒巻より聞きたることは困りたることなり。是は自分が一寸考へたることにて、勿論十分なる考案には非ざるも、来原某は実に始末に附かぬ男なり。依て之を鎮むるには三千円なり五千円なり、武田某をして出金せしむることは出来ざるべきや。一応内務大臣にも話し見たる処、是も幾許《いくばく》か金を渡して鎮むるより外致方なからんと云へり」〉

ここで岡はとんでもない発言をしている。

警視総監の岡は、久邇宮家の意を体した来原の金銭要求を何とか飲んでくれないか、と言っている。これは、久邇宮家が皇后の座を金で買ったことを暗黙のうちに認めてくれないか、と言っているも同然である。しかも、それについては、内務大臣の床次《とこなみ》竹二郎も了解済みだという。

倉富は当然、岡の意見に反対した。

〈予「其事は余程考へものなり。一度金を出せば幾度も強請することとなるべし。殊に幾分にても金を出せば、此方に弱点あることを示す様の訳なり」

岡「宮家よりの出金と云ふべからざるは勿論、宮内省よりの出金と云ふ訳にも行かず。武田一己よりの出金と云ふ外なし」

予「三千円は愚か、千円にても武田より出金すると思ふ者はなかるべく、金の出所は他にありと思ふは当然なり。而して幾度も繰り返す様のこととなるべきに付、予は良策とは思はず」

岡「懸念の点は至極同感なり。然れども他に工夫なし。意《おも》ふに武田は当時は熱心の余り後日相当の心附はする位の事は言ひたるには非ざるやと思ふ」〉

警視総監の提案を無下に却下するわけにもいかないと思ったのか、倉富は「ともかく自分だけの考えでは決められない。宮内大臣に相談した上で返答しよう。どこに連絡すればよろしいか」と訊ねた。

この質問に、岡は「四時までは官舎にいて、そのあとは、接待で赤坂の料亭三河屋に行くことになっています」と、その日のスケジュールを伝えた。

これを聞いた倉富は「とにかく今夜か明朝までには何とか返答することにしよう」と答えて、岡との密談は終わった。倉富はそのあと、司法省の委員会に戻った。

倉富、夜の帝都を奔走す

五時に司法省の委員会が終わると、倉富は宮内省の酒巻に電話を入れ、至急宮内大臣の牧野と面会したい旨を伝えた。そして、宮内省差し向けの車でただちに宮内省へ向った。

ところが、宮内省に牧野はいない。

倉富はあわただしく酒巻に指示をとばす。

「大臣の所在はわかったか」

「先ほど大臣のご自宅に電話したのですが、今夜は外出の予定だそうで、出先は明言しませんでしたが、問いただしたところ新喜楽に行くことになっているようです」

「ではもう一度電話して、倉富が至急面談したいことがあるので出先に行ってよいかどうかを問い合わせ、返答するよう伝えてほしい」

結局は会えるのだから過程はどうでもいいようなものだが、そこは性謹厳な倉富のことである。片言隻句《へんげんせきく》もおろそかにしない。おかげで八十年あまりたった今も色あせない臨場感が生まれるわけで、読んでいてじれったくなるほど冗長な原文を味わっていただこう。牧野にアポイントメントを取るだけのことに、並みの日記なら一日分の分量を倉富は費やしている。

〈酒巻、牧野の家に電話し、予の意を伝ふ。待つこと三十分許、牧野の家より電話せず。牧野の家よりは宮内省総務課に電話することに酒巻が約し居りたる趣にて、酒巻は総務課に行き、牧野の家より電話来りたるや否を問ふ。既にして返り来り、「電話未だ来らず」と云ふ。予、今一度牧野の家に電話すべきことを酒巻に命ず。酒巻復《ま》た総務課に行き、電話の来りたるや否を問ひ、電話来らざることを確め、復た牧野の家に電話す。牧野の家人、「出先に電話したれども牧野は未だ行かざる趣に付、牧野が先方に達したらば早速問合せて返答すべし」と云ひたる由を伝へ、且、牧野の出先は新喜楽に相違なき趣なることを報ず。予、乃《すなわち》酒巻をして新喜楽に電話し、牧野が往き居るや否を問はしむ。酒巻、新喜楽に電話したるも、牧野は未だ来り居らずと云ひ、且、今夕の来会時刻は午後六時三十分なりと云ひたる由を報ず。時に六時頃なり。

予乃ち酒巻に「予は是より家に帰るべし。君、牧野が新喜楽に行きたる後、予が明朝八時頃、牧野の私宅を訪ふべきに付、差支なきや否を問ひ、其返事を予が家に電話し呉よ」と云ひ、宮内省の自動車に乗りて家に帰る〉

そう言い置いて、倉富は赤坂の家にひとまず帰ると、七時に酒巻から電話がかかってきた。

酒巻が言うには、「新喜楽に電話したところ大臣の秘書が出て、明朝大臣の家に行かれてもよいが、今夜こちらに来られるほうが便利ではないかと言っています。どうされますか」とのことづけだった。

倉富はそれを聞いて、「ではこれから新喜楽にいこう。ただちに自動車をよこしてほしい」と言って、宮内省差し向けの車で築地の新喜楽に向った。

新喜楽のトップ会談

〈八時前、新喜楽に達し、牧野に面して、「岡喜七郎に面し、岡より武田をして金を出さしむる必要あるべく、此事に付ては内務大臣〔床次竹二郎〕にも相談したる処、床次も他に工夫なしと云ひたる趣なり。然れども岡も金を出すことは良策なりとは考へずと云ひ居りたり。予の考へにては、一たび金を出せば幾度も之を要求して際限なかるべく、且、之を出せば此方に弱点あることを自認する様の嫌あり。来原等の目的は金を得るに在るに付、之を得ざれば如何なる乱暴を為すやも計り難く、岡等の考も無理ならぬことなれども、予は金は出さざる方宜しからんと思ふ」と云ふ。

牧野「然り。如何様なることありても金は出し難し。内務大臣等は当座の事を考ふるものなるべけれども、宮家に累を及ぼす様のことありては大変なる故、其事に同意し難し」〉

倉富は牧野の意見に同意し、岡にその旨を今晩中に伝えることを約束して、九時頃、帰宅した。そして、自宅から料亭三河屋にいる岡に電話をかけた。

〈予「牧野が外出中なりし為め漸く只今面会し、種々協議したるも、結局、先刻君より聞きたる事は実行し難く、其条件を外にして出来る丈《だけ》不都合を生ぜざる様、取計ひ呉よ」

岡、之を諾し「何事を為すにも警察限りにて処置することは出来難きに付、必ず協議することに致すべし」と云ふ〉

この日の出来事は、一方の当事者の『牧野伸顕日記』には一行も記されていない。というより、三月十九日の記載がそもそも存在しない。慎重な牧野のことだから、この日の出来事は一切記録にとどめなかったのだろう。

『牧野伸顕日記』の欠落それ自体が、その夜に起きたただならぬ出来事を言外に語っている。

内通者は誰か?

翌日の倉富日記も、来原問題の記述が大半を占めている。この日は日曜日のため、倉富は終日自宅にいる。

正午前、牧野伸顕宅にいる宮内大臣秘書官の大谷《おおや》正男から電話があり、一時過ぎ、倉富宅に大谷が訪ねてきた。大谷の用件は、牧野からのことづけを倉富に伝えることだった。

牧野は宮内省職員で久邇宮家の属官の武田健三が来原問題にかかわっていることを耳にして、その調査を倉富に依頼してきたのである。大谷によれば、牧野は栗田から報告を受け、「怪文書問題に関係したのは武田のみで、他は無関係であることを信じる」と栗田に話したものの、内心では疑っているという。

〈大谷「然れども牧野自ら其事実を探索するは栗田を疑ふ様の嫌あるに付、君より木村英俊に対し、夫れとなく事実を問ひ見らるることは出来ざるや、又内務大臣、警視総監が武田に対し若干の金を与ふる必要あるべしと云ひたる事等は早く久邇宮殿下に言上し置く方宜しからんと思ふ、此事は栗田をして言上せしめ置く方宜しくはなきや、此二事が牧野より君に相談せよと命ぜられたることなり」(中略)

予「木村に対し予の考を以て、来原が書類を配付したることに付、武田の外に関係したる者ありや否は早速之を問合はすべし。但、栗田は後刻来訪することの約あり。栗田が書類の配付に関係し居るや否、分らざる内に、栗田をして来原に金を遣はす意見ありたることを言上せしむるは順序上面白からざる様なり」

大谷「如何にも尤もなり。然らば其事は今暫く見合はする方宜しからん」〉

牧野は倉富に調査だけでなく、久邇宮に岡らの意向を伝えるよう依頼した。これは警察が来原と宮家の関係を疑っていることをにおわせて、久邇宮を牽制する意味合いがあったのだろう。大谷は二十分ほどいただけで帰り、三時頃、栗田が来た。

栗田はまず、武田には責任をとってただちに辞職するよう申し伝えたことを報告した。そして「その後は武田に会ってもいませんので細かいことはわかりませんが、武田の親族や知人らが心配し、武田のために金策をして来原に金を渡そうと考えているようです。したがって来原が再び乱暴をするようなことはないと思います。来原の一件に関係したのは絶対に武田のみです。私の監督不行届については恐縮に堪えません」と頭を下げた。

倉富は、警視総監も内務大臣も来原に金を払ってはどうかという意向だったが、牧野の反対で応じないことになったことを栗田に告げ、質問をはじめた。栗田は来原の一件に関係したのは武田だけだと、自分の身の潔白を懸命に証明しようとしている。だがこれに対する倉富の返答は、明らかに栗田もグルと見ている口ぶりである。

S某という切り札

倉富は栗田にこうたたみかけた。

〈予「全体、武田が一万五千円の約束を為したるは如何なる積りなりしなるべきや。推測すれば武田より或は他日相当の挨拶を為す位のことは云ひ居りたるものには非ざるべきや。左もなければ来原の要求も過大にて、武田の約束も過多なり。又分部某も幾分事情を知り居るには非ざるべきや。来原が分部に贈りたる書状中に、S某の符帳あり。事情を知らざる者には解し難きことなり」〉

ここでSというアルファベットが出てくるのは、倉富日記にはきわめて珍しい。倉富が来原の子分であるS某の名前をつかんでいたのは、前日の三月十九日に牧野に面会した際、牧野から示された武田、分部宛の来原の手紙のなかにS某の名前があったからである。来原が「返事次第ではSを連れてお伺いする」と書いていることから、Sは武田、分部にとって旧知の間柄であり、脅迫の切り札となるような凶暴な男だったと想像できる。

さすが元東京控訴院検事長である。証拠は挙がっているといわんばかりの迫り方である。その迫力に負けたのか、栗田は「来原は初め、武田に十万円を要求したそうです」と言い、「あるいは武田が（来原に）何か言ったのかも知れません」と漏らした。来原が武田に最初に要求した十万円という脅迫金は、現在の貨幣価値に換算すれば、三億円という途方もない金額になる。

栗田と話しているとき、宮内省の木村英俊が電話してきた。四時頃、来るという。電話が終わって戻り、倉富は栗田と面談を続けた。栗田は四十分ほどで帰った。

千客万来の一日

午後四時頃、木村が来た。この日は千客万来の一日となった。

倉富は木村に、まずこう切り出した。

「先ほどの電話のときは、栗田がここにいたので委細を告げることができなかった」

倉富は前述したように、来原問題に栗田も関与しているのではないかと疑っている。木村もまた、栗田を信じているわけではない。ここには、宮内省から久邇宮に出向している事務官、属官の婚約問題に対する姿勢の違いが、はっきりと現れている。栗田、武田、分部は久邇宮のためによかれと思って婚約を推進しようとしているが、木村は彼らと違い、あくまで宮内省職員の立場に立って孤軍奮闘している。以下、原文から二人のやりとりの要点を抜き出しておこう。

〈予（これまでの経緯を説明して）「若《も》し武田の外にも関係し居る者ある様のことならば、一概に出金を拒み、事を荒立つる様になりては不都合に付、或は方針を変ずる必要もあらんかと思ふ。尤も是は予一個の考へにて、誰れにも相談したることには非ざるも、一応心得の為め君が何か気附きたることなきやを問ふ為めに来宅を求めたる次第なり」

木村「（中略）先頃来原が書類を配付したるとき、自分は之を見たる後、栗田に逢ひたる処、栗田より『之を見たりや』とて、来原の書面のことを話したり。其時自分は『未だ之を見ず』と云ひたり。其時来原の書類を四五通、一個の封筒に入れて之を栗田に送り来り居り。封筒の裏には発送者の氏名を記しあるを見たり。自分は何人《なんぴと》より送り来りたるものなるかを見んと思ひたるも、距離ありたる為め之を認むることを得ず。而して栗田は遽《あわ》てて之を隠したる為め、終《つい》に之を見ることを得ざりしなり。自分も平常関係の有無には注意し居り、武田が免官せられたる故、同人に同情する様に見せ掛けて内情を探り見んと思ひ居る所なり。一両日の猶予を得ば様子を探りて之を報告すべし」〉

いかにも挙動不審な栗田の様子を報告する木村に、倉富も来原から分部宛の手紙に「S某という符帳」があったことを打ち明け、「武田が何の約束もしていないなら、いくら脅迫されても一万五千円という額を言い出すはずがない。この金を出せる見込みがあったに違いなく、だから私も疑いを持っているのだ」と腹を割って話した。木村も「私もそのあたりは同じ疑いを持っています」と答えている。

極秘の内偵命令

最後に倉富は「内務大臣や警視総監が金を出してもよいという考えであることが漏れて

はまずいので、絶対に秘密にしておき、君が武田らの様子を探る際にも決して彼らに気づかれないよう注意してほしい。警察に探らせれば十分判明するだろうが、今のところそういうわけにもいかないのだ」といって木村への指示を終えた。

倉富は木村の話から、来原に金銭授受の約束をした久邇宮家の武田に内通している宮内省職員がいないかを探り出そうとしている。来原問題に、武田以外の宮内省関係者が関与していたとなれば、事は久邇宮家のためを思ってやった武田の個人プレイとして内々に済ますことはできなくなる。

倉富は最後にこう書きとめ、この日の日記をしめくくっている。

〈午後三時頃、栗田直八郎来訪の時、岡喜七郎、床次竹二郎等が武田健三の名義にて金を出す意見なることを話したるが、栗田に対しても此事は絶対に秘密にすべき旨を注意し置けり。

此日、午前十時頃より烈風吹き、正午頃より殊に甚しく、午前中書斎の前の牆《かき》を倒したり〉

最後の一行に、慌しい一日と疑心暗鬼にかられた倉富の心境がにじみでている。

石が流れて木の葉が沈む

来原、武田問題は結局どう決着したのか。三月二十八日の倉富日記にそれを暗示する記述がある。この日の記述も、例によって宮内省職員との会話体である。

倉富の皇室情報は、いつも井戸端会議で語られる。この日の相手は、木村英俊と仙石政敬である。

倉富はこの日、午前九時半頃に宮内省に出勤した。雑務を済ませ、宗秩寮に行くと、木村と仙石が雑談している。倉富は二人を誘って総裁室へ入った。

〈木村「先日武田健三に面したる処、武田は『此節の事は恐れ入りたり』と云ふに付、自分より『事実の真相を聞き度し、事実を知らざれば宮の利益又は君の利益を図りても、却て不利益の結果を生ずることあるも図り難し』と云ふ。武田、『来原とは先年より懇意の間柄なる故、度々往来して打合を為したり。然るに事の決定したる後に至り、来原より金を請求するに付、之を拒まんと思ひたれども、結局已むを得ず金を遣はすことを約したり』と云ふ。依て自分より『其後如何なる状況になり居るや、円満に運び居るや、又は結局争はざるを得ざるや』と云ふ。武田、『円満に運び居る』と云ひ、『此事に付ては、是以上問ひ呉るるな』と云ふに付、其程度にて止めたり。其後、栗田直八郎に対し、『全体如何様なることとなるや』と云ひたるに、栗田は『牧

野某が心配し居るに付、必ず都合よく決定するならん』と云ひたり」〉
ここに出てくる牧野とは、牧野伸顕のことではない。
倉富も「牧野とは何者か」と尋ねている。これに対して木村は、「多年久邇宮に出入り
し、殿下も近づけられている人です。牧野の長男の妻は前の久邇宮附事務官の娘で、栗田
が媒酌したという関係です。その娘は亡くなりましたが、牧野は栗田とも懇意にしていま
す」と答えている。
この問題をめぐる雑談はさらに続く。木村は、来原事件のあと久邇宮邸内の空気は以前
より悪くなったと言う。倉富が「武田はすでに辞めたのに、誰があれこれ言っているの
か」とたずねると、木村は自分自身が悪者にされているのだと打ち明けた。
〈木村「今日にては武田の免官を遺憾とし居る様なり。此事に付、自分（木村）が今
少し取成せば免官にならずとも済みたることとなり、来原には金さへ遣はせば何事もな
かりしこととなりとて、不平を云ひ居るなり」〉
大正十年三月二十一日の『東京朝日新聞』は、武田健三の辞職を次のように報じてい
る。来原問題はおろか久邇宮家の内情などまったく知らない記者が書いた記事は、武田を
ヒーロー扱いにして、木村に辞職を迫る内容だった。倉富日記を読んで真相を知っている
われわれにとってはまさに噴飯ものの記事である。ただし、木村には気の毒ながら、当時

の興味からいってこれが世間一般から見た宮中某重大事件の真相だった。

〈武田健三氏は予《かね》て事成らば宮家の為に自己を潔くして職を去るべき決心なりしに、事件は国民の奮起に依り無事御落着と為れる為め（中略）御暇を願ひ出で……（中略）某重大事件が円満に解決を見るに至れるは、外に杉浦重剛氏、内に氏の如きがありし為にて、昨今各宮家は同氏を呼ぶに久邇宮の功一級を以てし居れるが、茲《ここ》に仙石事務官と共に其態度に兎角の評判高かりし木村事務官の自決（辞職）を見ざるは一奇怪事として注目され居れり〉

五千円で決着

倉富は木村と話した後、仙石を伴って牧野伸顕の部屋を訪ねた。ここでの話題も、来原、武田問題である。まずは倉富から木村経由の新情報を牧野に報告した。

「久邇宮家では武田に対して年金を支払われる様子もあるとのことです。武田の身分は、宮内省の職員で、宮家に配属されているに過ぎません。宮内省から恩給を受ける上に宮家からも年金を出されるようなことがあっては穏当でないと思います」

仙石は久邇宮本人と面談した内容を伝えている。

「先日、久邇宮殿下に拝謁し、武田は一刻も早く邸から出して京都にでも住まわせるよう言上したところ、事務の引き継ぎもあるので二、三日は出せないと仰せられ、武田には十分ご同情がおありのようでした」

つづいて倉富が栗田と面会したことを話し、「内務大臣、警視総監らの意向を久邇宮に伝えることは、栗田が来原に関係している疑いが消えていないので見合わせました」と報告する。牧野は「もっともなことだが、久邇宮殿下には内務大臣らがここまで考えているほど容易ならざる事態であることは言上しておいたほうがよいと思う」と答え、最後に仙石に対して「来原の性向などは警視庁で調査してもらって、その調書を取り寄せてほしい」と命じ、打ち合わせを終えた。久邇宮家はおろか、皇室、宮内省を巻き込む一大スキャンダルに発展しかねないこの一件を、牧野がいかに重視していたかがわかる。

来原、武田問題はまだ後を引き、三月三十一日の日記にも、牧野とのこんな会話が書きとめられている。この日、倉富が牧野と会ったのは学習院の控え室だった。この当時、倉富は学習院の制度改革委員長を務めていた。

〈牧野「更に栗田直八郎を召びて久邇宮邸の近状を問ひたる処、何も懸念のことなしと云へり」(中略)

予「牧野は栗田等と懇意にて、此節も牧野は武田の為めに金を出し居る趣なり。其額は確かならざれども、五千円とか云ふことなり」

牧野「然らば栗田も武田の事に関し居るとのことなりや」
予「然るにはあらず」〉

そう答える倉富もまだ栗田の関与を完全否定する気持ちになっていたわけではない。ともあれ、怪文書問題は結局、五千円で決着したことがわかる。現在の貨幣価値に換算すればざっと千五百万円である。

大山鳴動して鼠一匹

これを裏付ける話が、四月八日と四月十一日の日記に出てくる。

四月八日の午後二時過ぎ、倉富は伏見宮邸で開かれた余興会場で警視総監の岡喜七郎とばったり出くわした。

岡は倉富を呼びとめ、先日の件はうまく解決した、と言った。倉富がそれは武田と来原のことかと聞くと、岡は「そうだ」と言った。倉富はそれを、武田から来原に金を渡した意味だと受け取った。倉富はもう少し詳しい話を聞こうと思ったが、岡が去ろうとしていたので、そのときはせっかくの機会を逸した。

それから三日後の四月十一日の午前十時過ぎ、倉富は宗秩寮に仙石政敬を訪ねた。仙石が前日に警視総監の岡を訪ねたと聞いていたため、そのときの模様を聞こうとしたのである。だが、仙石は岡には今から面会に行くつもりだという。
以下は、岡との面会を終えて宮内省に帰ってきた仙石と倉富の会話である。
〈仙石「武田健三の事も武田より金を来原に渡し、来原も志士を以て自ら任じ居る者に付、後日更に恐喝する様のことはなからんと思ひ居るが、来原の下には壮士体の者も居ることに付、確かに安心と云ふ見込ある訳に非ず。此事に付ても別に詳細の事情分り居る訳に非ず」
予「武田が渡したる金額は分らざるや」
仙石「五千円なり」
予又「其金の出所は分らざるや」
仙石「其事に付ては却て自分の方より岡等に話し置たり。夫れは牧野某と云ふ者が久邇宮附の事務官たりし角田某と懇意なりし為め、角田の周旋にて牧野も久邇宮に出入することとなり、今日にては殿下にも接近し居り、此節の金も牧野が出し居る様なり。然し其後、牧野の方に何処からか之を償ひあるや否は分からずと云ひ置たり」〉
ここで仙石は慎重に、牧野某から武田を経由して浪人の来原に渡った五千円はどこから出たかわからない、と言っている。だが四日後、仙石はさらに踏み込んだ発言をした。
〈予「牧野某より出したる金を償ひあるや否は分らざるや」

仙石「夫れは勿論償ひあるべし。或は初めより宮より出だし、牧野が出したりと云ふは栗田直八郎等の策なるかとも思はるる位なり」〉

前述の通り、仙石は久邇宮邦彦王《くによしおう》の義弟であるだけに、この推測には説得力がある。だが宮中某重大事件の怪文書をめぐって支払われた金の出所は、結局、不問に付され、うやむやのうちに処理された。事が皇室中枢の重大な問題にかかわるだけに、本当の責任者は追及されず、そんな曖昧な処理方法をとるしかなかったのだろう。

付け加えておけば、この問題に関わった宮内省スタッフのなかで処分されたのは武田ひとりで、久邇宮サイドに立って動いた栗田も分部もお咎めなしの穏便な処置で事は済んだ。

倉富日記の功績

宮中某重大事件について書かれた研究書は少なくない。だが、この問題の行方に重大な影響を及ぼした怪文書に五千円という大金が支払われたという宮内官僚自身の貴重な談話が書きとめられるなど、宮中某重大事件についてこれほど正確かつ詳細に記録されているのは、この倉富日記以外には寡聞にして知らない。

それ以上に見逃せないのは、この怪文書の処理問題が、警視総監（岡喜七郎）、内務大臣

（床次竹二郎）という国家の中枢中の中枢が認めた上でなされていることである。

それを明らかにしたことも、倉富日記の功績である。

皇太子婚約解消に反対して決起しようとしたもう一つの勢力として、当時の右翼論壇の大物が顔をそろえた「城南荘」グループがいたことは前述した。大正十年五月十九日の日記には、久邇宮家が彼らとも密接な連携をとっていたことをうかがわせる記述がある。

〈予「固《もと》より確かなることに非ざるも、宮家より彼の件に付尽力したる者に紋附〔カフス〕を贈られたりとのことなるが、事実ならば面白からざることなり」

仙石「まさか左様の事はなかるべし。若《も》し彼等の労を慰められたるものとすれば、彼の時の運動も宮の指図に出でたることとなる故不都合なり」

予「其通りなるも前後の事情より案ずれば、必要とも思はれざる様なり」

仙石「此ことは是まで聞きたることなし。誰に贈られたりとのことなりや」

予「城南荘の連中なりとのことなり」〉

何かというとカフスボタンを贈りたがる久邇宮家の家風も興味深いが、ここにも宮中某重大事件をめぐる暗闘の底知れなさを垣間見ることができよう。

倉富日記は、超一級の歴史資料といわれる『牧野伸顕日記』や『原敬日記』などと違って、宮中の井戸端会議や立ち話を寄せ集めただけの記録の集大成といえなくもない。

だが、そのジャンクな情報も、八十年以上経ってやっと役にたったということだろうか。噂は時に、真実以上の真実を伝えるものである。

第二章　懊悩また懊悩

——倉富勇三郎の修業時代

武臣命を愛し又銭を愛す

倉富と切っても切れないのは漢文の素養である。倉富の孫の英郎氏によれば、倉富は毎日のように漢詩を作り、生涯に作った漢詩は、二千篇にあまるのではないかという。

英郎氏はそう言いながら、東大法学部に在学中の昭和十八（一九四三）年十二月、学徒動員により海軍に入隊したとき、祖父の倉富が揮毫《きごう》した歓送の色紙を見せてくれた（口絵参照）。そこには、倉富の肉筆で「孫英郎徴服兵役賦示」と題する漢詩が書かれていた。

その冒頭部分を紹介しよう。

〈汝方修学在大黌　汝方《まさ》に学を修め大黌に在り
孜々研精業将成　孜々《しし》として研精し業将に成らんとす
国家会有米英寇　国家米英の寇《こう》有るに会し
抛巻踊躍応官徴　巻を抛《なげう》ち踊躍《ようやく》して官徴に応ず〉

文字は、日記とは打ってかわったみごとな筆運びである。このとき、倉富が九十一歳だったことを思えば、それ自体が驚きだった。

英郎氏は倉富が生涯に作った漢詩は二千にあまるのではないかと言ったが、その後の調べで、倉富が生涯に作った漢詩は七千七百六十一篇にものぼることがわかった。

倉富は一番多いときには、一年間で二百七十五篇の漢詩を作っている。四日で三篇作っている勘定である。倉富にとって、漢詩も日記と同様、メモがわりだったのだろう。

倉富の漢詩の特徴は、花鳥風月や自然景観に詩材をとるのではなく、折々の世相の出来事を織り込んだ、いわば時事漢詩を数多く詠んでいることである。

大正三（一九一四）年、艦船購入をめぐる日本海軍の汚職事件（シーメンス事件）が発覚した。このとき、倉富は「時事有感」と題する漢詩を作っている。

〈嗚呼時事已哉矣　　嗚呼時事已《や》んぬる哉
説之汚口聴之耳　　之を説けば口を汚し之を聴けば耳を……
名教墜地綱紀壊　　名教地に墜ち綱紀壊《こわ》る
不見一人経国士　　見ず一人経国の士を
文臣愛銭事已陳　　文臣銭を愛す事已に陳《ふる》し
武臣愛命又愛銭　　武臣命を愛し又銭を愛す
吏以聚斂為能事　　吏は聚斂《しゅうれん》を以て能事と為《な》し
民以抗官為人権　　民は抗官を以て人権と為す
上下征利無仁義　　上下利を征《と》り仁義無し
能殖貨財愚亦賢　　能《よく》貨財を殖せば愚も亦賢なり

聞説麑南噴火異　聞説《きくならく》　麑南噴火の異あり
人畜焚死地易位　人畜焚死地位を易《か》ゆ
願儆火神及全国　願はくば火神と儆《な》り全国に及べば
頼此再造新天地　頼《さいわい》に此に再造天地を新にせん〉

悲憤慷慨の思いだけは伝わってくるが、素人眼にもよくできた漢詩とは思えない。特に「文臣銭を愛す事已に陳し　武臣命を愛し又銭を愛す」のくだりは、対句仕立ての出来の悪い日めくり格言集を読まされたようで、思わず吹き出してしまった。日記と同様、量だけは膨大に書き残しているが、悲しいことに質は伴っているとは言い難い。

倉富は散文だけでなく、どうやら韻文の文藻《ぶんそう》も備わっていなかったようである。筆号を東濱と称した倉富が文久元（一八六一）年、九歳のとき初めて作った「七夕」という五言絶句が残っている。

〈涼風殊可愛　涼風殊に愛す可し
歩到大江隈　歩して到る大江の隈
明月如弓影　明月弓影の如し
家々宴已開　家々宴已《すで》に開く〉

取柄といえば早熟というだけで、やはり凡作と言わざるを得ない。

倉富が九歳から十五歳までの七年間に作った漢詩は、五言絶句、七言絶句を中心に、五言律詩、七言律詩、五言古詩、七言古詩を含めて三百篇を数える。

倉富家のルーツ

九歳にして老成したというより、やけにひねた感のある倉富の独特な人格がどう形成されたかを知るためには、父親胤厚《たねあつ》の存在を抜きにして語れない。

倉富家のルーツは、戦国時代、島津、大友と並んで九州を三分する勢力を誇っていた有名な戦国大名の竜造寺氏である。

室町時代末期の天文十三（一五四四）年、竜造寺氏は重臣の下克上の策動により勢力を失い、一族郎党を引き連れて福岡県田主丸《たぬしまる》（現・久留米市）付近に落ち延びた。そこに居を定めて竜造寺姓を改姓したのが、倉富家の始まりである。

倉富の父の胤厚は文政十二（一八二九）年に生まれ、数えで十六歳のとき、有名な儒学者の広瀬淡窓《たんそう》が郷里の豊後国日田に開いた私塾の咸宜園《かんぎえん》に入門し、漢学を学んだ。胤厚が後に、篤堂と号したのはこのためである。

胤厚と同じ頃、咸宜園に学んだ有名人としては、大村益次郎、高野長英、写真術の元祖の上野彦馬《ひこま》などが知られている。

胤厚はその後、抜擢されて久留米藩の藩校の教官となった。明治維新後は、福岡県会議員となり、明治二十三年、六十二歳で没した。

倉富勇三郎には恒二郎という二歳年上の兄がいた。恒二郎は、福岡から上京して官界を目指した弟の勇三郎とは反対に、明治維新後、福岡で自由民権運動に加わり、福岡日日新聞の創刊者の一人となって、最後は同社の社長になった。

『実業之日本』の昭和三年一月号に、倉富が口述筆記させた「余が一生の運命を支配した感激すべき父母の教訓」という大層なタイトルの手記が掲載されている。

倉富が父胤厚や兄恒二郎の思い出も含め自分の幼少時代を語っているのは、この手記だけである。倉富がこれを寄稿したのは、朝鮮王公族の家督問題を審議する王公族審議会総裁に就任した七十六歳のときである。

〈私が両親より教訓を受けたる事に就き、何か話せと云ふことであるが、私自ら左様なる事を話すは遠慮すべきものであらうと思ふ。又両親の性格より考へても、斯様《かよう》なる事を吹聴する事は好む所でないやうに想はれる。殊に私が膝下《しっか》に教訓を受けたる事は、今より五六十年前の事であつて、其間に於ける時勢の変遷は、実に著しきものである。従つて之れに伴ひ、人情の変化したることも亦た驚くべきものである。

今日五六十年前の事を話したらば、大概な人は之れを一笑に付し去るべき事のみであらうと思ふ。然しながら貴社は私のやうな老人に対して、其話しを求めらるゝ以上は、其辺の事は勿論承知せられて居ることであらう。又他の一方より考へれば、大多数の人が一笑に付し去る如き事である丈《だ》け、其極少数の人の為には、或は多少の参考になる事もあらんかと思はる。依つて私は是れまで誰れにも話したることはなきも、貴社の望みに任せ、少しばかり話して見ることに致さう〉

年寄り特有のまどろっこしい言い回しや、時代がかった物言いが随所に出てきて閉口させられるところが多々ある文章である。それはそれで、倉富ならではの一点一画たりともゆるがせにできない性格や、それ故にとぼけた味わいを醸し出す薬味となっているといえなくもない。

胤厚の鬱屈

自分の幼少期を語る前置きだけで、もうこれだけの紙幅を費やしている。こうなると、原理原則に忠実なのは、倉富の宿痾《しゆくあ》だと言わざるを得ない。前置きはまだ続く。

〈教訓の事を話すに就ては、私等の幼年時代に於ける私の宗家の状況に就き少し話さねばならぬ……〉

これ以上はとても付き合っている余裕もなければ、酔狂も持ち合わせていないので、その手記のなかから重要だと思われる部分だけ要約して以下に記す。

倉富家は富裕とはいえないまでも、久留米藩の領内に若干の土地を持ち、農業を営んでいた。ところが倉富の祖父の倉富又市の代に領内に百姓一揆が起き、庄屋が打ち壊される事件が起きた。その庄屋は倉富家と縁戚の関係にあったため、連座により家格を剝奪された。

その上、不幸なことに又市が生《な》した男児はすべて早世したため、倉富家は絶家の危機に見舞われた。そこで、数代前に倉富家から出て園田熊三郎と名乗っていた男を、倉富家で唯一人成育した三女の久仁子の婿にとったのが、倉富の父の胤厚だった。以下、原文を引用しよう。

〈父は十六才の時より豊後の広瀬淡窓先生の塾にて漢書を学び、十七才の時より久留米藩の家老某の家来と為りたるが、某は父の学力あるを愛し、其業を大成せしめんと欲し、引続き淡窓先生の塾にて修学せしめ居りたるが、倉富家の事情切迫にして某の承諾を求むる遑《いとま》なく、之を得ずして養子と為りたる為め、某は之を怒り、父に暇を遣はし、且つ他家に奉公することを差止めた。

父は右の事情にて、漢学は中途にて其の修学を停《とど》め、愛護を受け居りたる某よりは怒りを招き、一農家の主人と為り、身を米麦出納の簿書中に置き、田夫と伍すること、なり、心中には不愉快を感じたるべきも、運命は如何ともし難く、已むを得ず其の境遇に安んじ、家事を執る傍ら漢学の研究を続けた様である〉

この記述からわかるのは、倉富家への婿入りが胤厚の勉学の大きな妨げになったことである。こうした胤厚の立場からすれば、没落した倉富家を再興するためにも、また勉学のパトロンだった家老を見返すためにも、わが子に過大なほどの期待をかけたのは、ある意味で自然な成り行きだった。事実、倉富はこう続けている。

〈私の兄が生れたのは父が二十三才の時で、私が生れたのは二十五才の時である。子供が出来たらば漢書を学ばしめようと云ふは、父が当初よりの考なりしと見へ、兄が生れたとき〔文章他日児と共に成さん〕と云ふ詩を作つて居る〉

この頃、胤厚は折にふれて、兄弟に倉富家の家譜を示し、倉富家の祖先は竜造寺氏より出でたるものである、汝等は片時もそれを忘れるべからず、と話し聞かせたという。

六歳で勘当

さてここからが、いよいよ本題である。

〈私は父より叱られたることは度々あるが、私が記臆し居る最初のものは、私が六才の時の事である。事柄は此上もなく耻《はず》かしきことであるが、私としては終身忘るゝことの出来ない事である。

私の村に酒造家があつて、造酒の季節に至れば酒の材料とする為め、毎朝米を蒸して、強飯《こわめし》を作るが、貧家の子供等は之を乞ふて食することがある。

私も隣家に居りたる同年の友達に誘はれて、造酒家に到りたるに、杜氏《とじ》が私にも強飯を与へた。私は其の頃腸胃病に罹《かか》り、飲食物を減ぜられ、空腹を感じ居りたる際とて、其の強飯を食し、其後も数回同様の事を為したるが、医師は下痢の止まざるを怪みたる趣にて、私の乳母は特に注意する所あり、忽ち其事実を発見せられ、乳母より之れを父に報告した。

私は戸外にて他の子供等と遊戯し居りたる時、下婢《かひ》が来りて父の用事ある旨を伝へたる故、其命に応じ何気なく家に入らんとしたる所が、父は大声《たいせい》にて私の座に昇ることを許さず、土間に立たしめ、他家に就いて食物を乞ふ者は乞食である。乞食は座に昇ることを許さず、又家に居ることも許さず、食を乞ふ為め一箇の袋を与ふる故、早々立ち去るべき旨を命じた〉

秋霜烈日を地で行くすさまじい教育方針である。この恐ろしく厳しい躾方《しつけかた》の前では、スパルタ教育などという西洋かぶれの教育方針など、完全に顔色なしである。

この父にしてこの子あり

この時は、母親が何とかとりなしてくれたため事なきを得た。だが、父の厳格な教育はこれだけではおさまらなかった。

胤厚はその頃、生家から一里あまり行ったところにある弘道館という塾の塾頭になっていた。恒二郎、勇三郎兄弟もその塾に通った。

明治三年、胤厚は前述したように、久留米藩に招聘《しょうへい》されて藩校明善堂の教官となり、恒二郎、勇三郎兄弟も明善堂の寮生となった。

ところが、明治維新で藩校が廃止となったため、兄弟は家で勉学を積むことになった。倉富が次に父の怒りにふれたのは、明治五年、数えで二十歳のときだった。

ある日のこと、倉富の親族が上海に遊学するため暇乞いに倉富家を訪れた。父は兄弟に送別の詩を作ることを命じた。ところが、兄の恒二郎は感冒のため頭痛を起こし、詩を作る前に中座した。

〈私は七言絶句を作る積りにて三句を作りたる時、兄が退席したる故、私も作るに及ばずと思ひ、其儘に致し置きたるが、客の去りたる後、父は私に向ひ、如何なる詩が出来たるやと云ふ故、実は未だ完成し居らずと云ひ、三句を告げたる処、父は非常なる不興にて、今日は恒二郎が病気の為め詩を作らざる故、汝のみ詩を作ることは宜しからずとの考にて客に対し、詩を披露せざるものと思ひ、内心其の態度を喜び居りたるに、実際詩を作らざりしとは何事なりや、言語道断の事なり、直ちに勘当する故、早速家を立ち去るべし。但し今後如何なる方針を取る考なりや、五日を限り、自己の考を申し出でよ。勘当を許すや否やは、其の考を聞きたる上の事にすべき旨を命じた〉

このときは六歳のときの勘当とは違い、母もとりなしてくれなかった。倉富は仕方なく、傍らにあった書籍数巻を携え、家を出ようとすると、「其の書籍は誰れの許しを受けて持ち行くや、勘当せられたる者が擅《ほしいまま》に書籍を持ち行く事を許さず」という父の叱声が飛んだ。

〈私は家を出て友人又は親族の家に宿し、期限内に謝罪文と詩とを作り、親族の一人に託して之れを父に提出したるに、父より勘当を免《ゆる》すに付き、家に帰るべき旨を伝へしめ、私が夜に入りて帰りたる処、父は謝罪文に依れば今後尚ほ漢学を修めたしとの事なる故、勘当を免し、其の希望を容れて修学せしむる故、明朝より直ちに出発して、肥前多久《たく》の草場船山《せんざん》の塾に入るべしと云ひ、私が帰りたる時は既に旅行の準備を為しあり、私は命の通り翌朝より直ちに肥前に赴いた〉

父は詩を作らなかったからというだけで、息子を一度は勘当し、息子は父の遺訓を墨守して、生涯に八千になんなんとする漢詩を作った。そればかりか、溜息が出てくるような長大な日記を遺した。この父にして、この子あり、とでもいうほかない。

邪路に踏み込む

倉富が学んだ草場船山は、若い頃江戸で谷文晁《ぶんちょう》らの文人墨客《ぼっかく》と交流があった肥前の儒者草場佩川《はいせん》の長子である。

草場塾の遊学が三ヵ月を過ぎた頃、胤厚から二十余里の道のりを走らせて使いが来た。手紙には、汝をして、東京に遊学せしめんと思うが故、使いの者と帰郷すべし、と書かれてあった。

明治七年六月、二十二歳の倉富は上京し、東京英語学校や東京大学予備門の漢書の教師を務めながら、司法官を目指して勉学を積んだ。

出郷に際しては、言うまでもなく得意の漢詩を詠んだ。

〈丈夫少壮未成名　　丈夫少壮未だ名を成さず
　飄蕩忽為千里行　　飄蕩《ひょうとう》忽ち千里の行を為す
　長剣短衣一肩担　　長剣短衣一肩の担《けんたん》

依然十歳旧書生　　　依然たり十歳の旧書生〉

倉富は前掲の「余が一生の運命を支配した感激すべき父母の教訓」のなかで、出郷に際して胤厚が倉富におくった、いかにも漢学者らしい餞《はなむけ》の言葉を紹介している。

〈……夫れ東京は政教の出づる所にして、而して人文の藪《そう》なり。乃《なん》ちが父兄切に汝が焉《ここ》に遊学することを欲す。乃《なん》ちが母も亦時に道の一端を聞き知るを以て、務めて之を慫慂《しょうよう》す。而して頻年家産傾墜し、祖先の田を鬻《ひさ》ぎ、祖先の木を売るも、猶尚《なおなお》貸借日に積む。汝が遠遊の資を出《いだ》さんと欲するも亦難し。

然りと雖も、青年再び来らず。時機失ふ可らず。今一家心を協《そろ》へ、力を戮《あわ》せ、衣食の奉より薪炭塩醤、凡百の費に至るまで一切節減して以て汝が東行の資と為す。(中略)

汝都下に至らば、花柳遊戯以て目を娯《たのし》ましむ可く、以て心を盪《とらか》す可し。加之《しかのみならず》、右より左より悪友強誘せば、則ち何を以て能《よ》く屹然《きつぜん》として邪路の外に独立せん〉

倉富の上京は実は胤厚に伴われてのものだった。胤厚は上京後、東京英語学校で漢文を教える傍ら、時に時事を諷刺する漢詩を新聞等に発表してひとり愉しんだ。

明治八年十月、胤厚は帰郷の途についた。その二、三日前、倉富は友人数名と料理店に行き、胤厚が言うところの邪路に踏み込んだ。

前記の手記に、父の教えに続いて、そのとき父に激しく叱責された倉富の慚愧《ざんき》の思いが綴られている。

〈其の時父は書を与へて、厳しく私を叱責した。其文中に〔勇汝は乃《なん》ちの父母兄をして懊悩せしむ〕と云ふ語があつた。私は自ら戒むる為に、父が私を叱責したる趣意に依り、懊悩の詞を作つたことがある。

懊悩詞

某月日勇酒失あり、厳君憂へて、曰く勇汝は乃《なん》ちの父母兄をして懊悩せしむと。勇之を聞き、慙悔已まず。乃ち懊悩の詞一篇を作り、以て自ら戒む。

父兮懊悩　寤《さ》めて言《ここ》に寝《いね》られず。予が児頑鈍。加るに放肆《ほうし》を以てす。

母兮懊悩　嗚呼予が児。予が児薄軀。又従て之を傷る。

兄兮懊悩　誰か孝養を共にせん。予が弟濫交直諒《ちょくりょう》を友とせず。

懊悩懊悩　我が過は実に多し、今に迨《およ》んで改めずんば人之を何とか謂はん〉

いかがわしい紅灯の巷に流連荒亡《りゅうれんこうぼう》したならともかく、料理屋で酒を飲んだくらいで大仰に叱責する父親も父親なら、それを聞いて狂わんばかりに懊悩する息子も息子である。

ここには、笈《きゅう》を負って郷関を出でた地方出身者の気負いというよりは、むしろ、鶏を割《さ》くに牛刀を用いるような力みかえったユーモアを感じる。

明治十年、倉富は前年に開設されたばかりの司法省法学校速成科（期間二年）に入学し、フランス人法学者のボアソナードらから刑法、民法、行政法などを学んだ。倉富が入学した司法省法学校は、その後、東京大学法学部に吸収された。

後の日記に見られる倉富の驚異的な記憶力と場面再現能力は、この時代に培われたような気がする。この時代の裁判に公判記録をとる速記制度が導入されていたかどうかは不明だが、たとえそれが導入されていたとしても、公判の様子を頭に叩き込むための基礎訓練は司法官の絶対条件だったはずである。

明治十二年十一月、倉富は司法省の十六等出仕となった。ここから倉富の半世紀以上に及ぶ長い官僚生活が始まった。

村夫子然とした風貌

いま私の手元に、孫の英郎氏が提供してくれた、爵位服に威儀を正した倉富の記念写真がある（口絵参照）。

これは、昭和三年十一月十日、京都御所で行われた昭和天皇の即位の大礼時に、やはり正装した内子夫人と並んで記念撮影されたものである。

内子夫人は前述したように、明治初期に日朝交渉を担当した外交官の広津弘信の長女で、実兄は『今戸心中』などで知られる作家の広津柳浪である。柳浪の息子の広津和郎が倉富日記の解読に挑んで挫折したことは、すでに述べた。

大正十五年四月、倉富は枢密院議長を拝命し、同年十月二十八日に男爵の爵位を授けられた。

爵位服の肩には肩章、袖には金モールの装飾がほどこされ、華やかな綬《じゅ》を斜めにかけた胸には、勲一等旭日桐花大綬章の勲章が吊るされている。

髪をおすべらかしにした内子夫人は、豪華な刺繡入りの小袿《こうちぎ》の下に、袴をつけた古式ゆかしい礼装である。手には檜扇《ひおうぎ》が握られている。

二人が並んで立っているところは、西洋を物真似した近代日本のモデルと、平安時代の宮中絵巻を、歴史の教科書のなかから抜き出して陳列したようである。

それ以上に息をのまされるのは、倉富と内子夫人の雰囲気のあまりの違いである。

面長で口を真一文字に結び、威儀を正した内子夫人の荘厳なたたずまいは、宮中の奥に仕えるいかめしい上﨟《じょうろう》のようである。

倉富の風貌はこれとはまったく対照的に、村夫子《そんぷうし》そのものである。倉富の春風駘蕩然とした表情には、緊張感というものが微塵も感じられない。官僚のエリート街道をこの顔で登りつめてきたかと思うと、本人には失礼ながら、その不思議さに頭が煮えてきそうだった。

旧枢密院を訪ねる

大正十五（一九二六）年四月十二日、倉富は枢密院の第十五代議長に任命された。七十四歳のときだった。ちなみに枢密院の初代議長は、伊藤博文である。

枢密院は、設置当初は大日本帝国憲法の草案を審議し、以後は天皇の諮詢により憲法問題、対外条約、緊急勅令、戒厳令布告などにつき審査するという重要な役割を担ってきた。

明治二十一（一八八八）年に設置された枢密院は、戦後の昭和二十二（一九四七）年五月三日、日本国憲法の施行によって廃止された。同じ時期に同じ理由で廃止された戦前の議会組織に貴族院がある。

貴族院は議員の選出方法が一般選挙によらず、皇族や華族を中心とし、勅選議員や多額納税議員からなる閉鎖的な組織だったが、その役割は議員が一般選挙で選ばれる衆議院と同じ立法機関だった。ちなみに倉富も大正三（一九一四）年三月から大正五年十月まで、貴族院の勅選議員をつとめている。

その立法機関の貴族院に対し、枢密院はあくまで天皇の諮詢に応じて重要国務を審議す

枢密院。倉富が枢密院議長を務めていた1929年撮影（毎日新聞社提供）

る大日本帝国憲法下の最高諮問機関だった。枢密院の議長、副議長以下の構成員は、議員ではなく顧問官と呼ばれた。

枢密院の建物は、いまも皇居内に残っている。桔梗門を渡ってすぐ左手に見える石造りの建物が、旧枢密院である。玄関正面の太い円柱には、エンタシスのふくらみがほどこされ、どこかギリシャの神殿を思わせる。

国会議事堂と同じ矢橋賢吉が設計したこの白亜の建物は、戦後、皇宮警察本部庁舎として使用されていた。だが、老朽化が激しく、長い間廃墟同然となっていた。二〇〇七年夏から本格的な修繕作業に入り、完成後、皇宮警察音楽隊の練習場として再活用することが決まったのは、つい先頃である。

事情を話して内部を見学させてもらった。

枢密院本会議の様子。写真は1946年10月26日、昭和天皇（中央奥）親臨の下、新憲法を最終決定した場面（毎日新聞社提供）

かつて巨大なシャンデリアが吊り下げられていたという天井は高く、窓にはステンドグラスが嵌め込まれている。階段は広く、手摺りはゆったりとしたカーブがかかっている。

フロックコートや燕尾服を着用した貴顕重臣たちが審議するにふさわしい、豪華でシックなつくりである。枢密院は「（大日本帝国）憲法の番人」と言われたが、そう言われただけのことはある壮麗な室内である。

倉富の通勤スタイル

当時、倉富は赤坂の丹後坂に住んでいた。現在の住居表示で言うと、赤坂四丁目界隈である。一ツ木通りからＴＢＳの裏手方面に向って狭い路地を進み、右手の石段を登って突き当たった山脇学園に隣接したあたりである。赤坂丹後坂の倉富の家から、皇居内の枢密院まで直線距離にすると二キロ足らずである。

倉富の出勤経路は、現在の地図に当てはめるなら、丹後坂からまず青山通りに出て、お堀端の道を日比谷交差点まで進み、そこを左折して日比谷通りを北に進み、和田倉門から皇居に入るルートだったと考えられる。倉富はこの道を、人力車か宮内省差し向けの自動車、時には市電で毎日通った。

倉富が皇居内の枢密院に通っていた大正十一年、朝鮮銀行元山支店長の倉富鈞（勇三郎の長男）の次男として朝鮮の元山市で生まれた英郎氏は、大正十五年に一家で東京に移り、倉富の家と同じ町内に住んだため、赤坂丹後坂の家の記憶がかすかに残っている。

「当時の赤坂は田んぼだらけでした。丹後坂界隈は谷間みたいに低くなっていて、小さな家がごちゃごちゃありました。その向こう側に麻布三連隊本部があって、朝の起床ラッパがよく聞こえました」

丹後坂の家は平屋で、家にはお手伝いさんが常時三人くらいいたという。

「でも、枢密院議長の家としてはちっちゃなものでした。建坪ははっきり記憶していませんが、全部日本間だったことは覚えています」

英郎氏が一番記憶に残っているのは、倉富の妻の実家（広津家）の墓がある谷中墓地に墓参した帰りに日本橋の三越に立ち寄って、祖母（内子夫人）から高価な電気機関車の模型を買ってもらったことである。

「当時のお金で二十円くらいしたと思います。枢密院議長の年俸は九千六百円なんです。内閣総理大臣の九千八百円に次ぐ高給取りだった。その上、暮れには皇室から年俸に近い給金が出ましたから、あわせてほぼ二万円の年俸です。だから、二、三十円のオモチャだって買ってもらえるわけです（笑）」

大正末期から昭和初期にかけての二、三十円は、現在の貨幣価値に換算すると、七、八万円あまりである。一般庶民が子どものオモチャに出せる金額ではない。

同時代の倉富評

当時の新聞記者たちは、倉富をどう見ていたのか。

倉富の枢密院議長就任を報じた『大阪毎日新聞』（大正十五年四月十二日）は、倉富は寺内正毅朝鮮総督に従って朝鮮下りをしたことが出世の糸口だったと述べ、その人柄を「重箱楊枝主義で一字一句もおろそかにしない、時計的法学博士である」と紹介している。〝重箱楊枝主義〟も〝時計的法学博士〟も、倉富の人となりを伝えて出色の形容となっている。

枢密院議長に就任してから約半年後の大正十五年十月二十八日、倉富は前述したように、長年の勲功により、男爵の爵位を授けられた。同月九日には、旭日大綬章を受けている。倉富の男爵入りが決まった日、『大阪朝日新聞』(大正十五年十月二十八日)は、倉富のプロフィールを次のように伝えている。

〈古ぼけた箱馬車の中に半白まばらの村夫子髯、唇を「へ」の字に結んだ無愛想なお爺さんを東京で見かけたら、それが新男爵倉富勇三郎氏だと思へば間違ひはない、それほど氏は「超人」で、赤坂丹後町のあまり立派でない屋敷の書斎に閉ぢこもり、法律書の中に埋まつて、公用のない日は朝から晩まで法律の研究に没頭してゐる、「法律即ち倉富」の一語で氏の全生涯の批評はつきる。(中略)新男爵になるといふのに、御当人は他人事のやうに恬淡《てんたん》なもので、女中さんは「赤飯一つ、たきやしません」と物足らなさうである〉

同時代のジャーナリストも、それからおよそ八十年後のわれわれとほとんど変わらない目線で、倉富を眺めていたことがわかる。

『実業之日本』の大正十五年五月号は、「倉富新枢密院議長出世物語」という特集を組んでいる。そのタイトルからもわかる通り、倉富の業績を褒《ほ》め称《たた》える内容の記事である。だが、その称賛が、却って倉富の人柄をいやみなく伝えているところが、倉富の生来の人徳ということになるのだろうか。

〈老《ろう》は天成の法律家で、その頭は絶対の正確さをもつてゐる。実に不思議な頭で、その正確さは、老を知る人達の間に一つの驚異とせられてゐ(る)。老は決して誤魔化しを言はぬ、いゝ加減なことの言へない性分である。老のいふことは絶対に間違がないと信じてよい。数字であらうが、法律の条文であらうが、決して間違はぬ。『さうであつたか』とか、『さうかも知らぬ』などゝいふことは、絶対にない。自分に曖昧と思ふことは口に出さぬとでもいふ主義であるか、一旦口から出たことには間違というものがない〉

これに続けて、倉富には洋学の力はないが、それに代わるものに立派な漢学の素養があると述べている。

〈老から法律学といふものを取除いても尚ほ欝然《うつぜん》たる漢学の大家である。そしてこの漢学の力が立法にかけても、文書を書くにも、ズンズン役に立つて立派な働きをする。記憶がその上また非常にいゝ。記憶のいいものは兎《と》もすると判断力のにぶいものであるが、老のはまた、この判断力が馬鹿に正しく、素ばやい〉

記事は私生活にもふれており、倉富の身辺は「極めて謹厳にして且つ質素だ」という。

〈和服でも、洋服でも、トンと構はない。住居の如きも、赤坂丹後町の一番地に借家住ゐをしてゐるが、これも高々、奏任官の住居と言つた程度のもので、流行を趁《お》はず、新奇を衒《てら》はず、出づるも入るも常に腕車、持ち物とても碌なものはない。衣食住のうちの食の一事にかけては、いささか酒を嗜《たしな》むが、これとて至つて少量、老が愉快さうになるには先づ二合程度である〉

酒も嗜む程度で、辺幅《へんぷく》も飾らぬとなれば、面白みというものがまったく感じられないが、倉富は必ずしも真面目一辺倒の堅物ではない、という。

〈酒にやゝ酔ふと、如何にも愉快な肌合を見せる。芸者買ひなどするやうな柄では勿論ないが、さればとて芸者の前に出て堅く鯱鉾《しゃちほこ》ばるといふほどでもない〉

記事はこれに続けて「気宇頗る濶達で、窮屈一方の人でもなく、又政治家といふが如き権謀もない。如何にも道理心の勝つた、正義一点張りと言つた人である」と述べている。

石の如く、草の如く

これらの記事を読んでわかるのは、わかりやすすぎるほどわかりやすい倉富の人格である。大賢は大愚に似たりというが、修身の教科書にでも出てきそうな倉富の生活からは天才のひらめきも、特異な才能を持つ者が発するアブノーマルな底光りもまったく感じられない。前掲の『大阪朝日新聞』は倉富を「超人」と呼んだが、倉富は超人は超人でもスーパーマンではなく、たゆまぬ努力によって該博な法知識を身につけた超のつく凡人だった。

『現代』大正十五年七月号は、「枢相倉富勇三郎」と題する、横山健堂の人物論を載せている。横山健堂は、黒頭巾のペンネームで維新期に活躍した人々の評伝などに健筆をふるったジャーナリストである。

〈倉富氏は、その謹慎、温和、公平、勤勉、静粛といふ多くの高尚なる徳性を有してゐる。彼は、石の如く、草の如く、嘗《かつ》て自己宣伝をしなかつた。蛍は、声を出さないが、自分で光を発してゐる。彼はそれすらしない。声なく、光なく、黙々たる精進七十年。全く、当世に得易からざる人物である〉

「石の如く、草の如く、蛍のように光も発しない」。褒めているのか呆れているのかよくわからない文章だが、もしこの通りだとしたら、倉富はあらゆる欲望から解脱《げだつ》した高僧のような人物ということになる。事実、横山は倉富を「聖者」にまで例えている。

〈倉富氏の静かなのは、その天性にもよるが、蓋《けだ》し早く悟を開らいて、悠然として自得してゐるのである。故に、あせらず、急がず、その境涯に安んじ、境涯を楽しんでゐる。しかし仕事にかけては、精励、恪勤《かっきん》、その周囲に頓着なく、独往、邁進《まいしん》すること、譬《たと》へば懸軍万里、直前して已まざる精兵の如くである。その有為かくの如く、而してその生活の静かなること、閑人の如く、隠君子の如く、位ます〳〵高うして、多くの人に知られない。名聞《みようもん》を求めず、野心もなく、交際をひろげない。唯《た》だ、その仕事に、専心精進する聖者の如くである〉

まるで仙人のようなこうしたパーソナリティーが形成されたのは、父胤厚が幼少期の倉富に施した鬼のような教育方針にあったことは間違いない。そう考えるなら、一日も欠かさず書き続けられた倉富日記は、厳格な父親から受けたトラウマを倉富なりに癒す逆療法の荒療治であったともいえる。それは逆にいえば、いつまでも追いかけてくる父親の強迫観念を無意識のうちに振り払う必死の防衛策だったと見ることもできる。

孫が見た倉富勇三郎

昭和八年、倉富は赤坂丹後坂の家を引き払い、長男鈞が建てた新宿戸塚の家の敷地に離れをつくって暮らし始めた。

古い電話帳を調べて、倉富が住んでいた家の旧地番がわかった。それを頼りに、倉富の旧宅付近を歩いてみた。

JR高田馬場駅から早稲田通りを小滝橋方面に五百メートルほど進んで左折すると、閑静かな住宅街が見えてくる。昔の地図でいえば、陸軍戸山学校に隣接したあたりである。倉富が住んでいた家はもちろんないが、倉富の旧宅があった旧地番付近に、古い庭木を残した一画があった。かなり大きな桜や楓の木が、倉富の住居跡の名残を伝えているようだった。

倉富が戸塚の家で暮らしたのは、一年足らずだった。

昭和九年五月、倉富は枢密院議長を辞職し、七月には郷里の福岡に帰った。昭和十一年には、家督を長男の鈞に譲って完全に隠居生活に入った。鈞はこれを機に男爵を襲爵し、昭和十六年には貴族院議員となった。

前出の倉富英郎氏は、帰郷して一年四ヵ月後の昭和十年十一月、初孫の結婚式に出席するため、九州から上京した倉富の姿に強い印象を刻まれた。

「僕の一番上の姉（寛子）が、鈴木喜三郎の次男と結婚したんです。初孫の結婚だというので、九州から婆さんとそろってわざわざ出てきた。そのとき、昭和天皇にも枢密院議長を辞めてから初めて拝謁していいます。

びっくり仰天したのは、九州に帰るときです。僕はその頃、学習院の中等科に通っていたんですが、学校からまっすぐ家に戻らないで、そのまま東京駅に来なさい、後は東京駅の駅長が案内するから、と言われた。

駅長室に行くと隣の貴賓室に偉い人が全員そろっていて、そこから、絨毯の敷かれた特別な通路が続いている。そこを進んで、エレベーターをあがると、すぐホームです。驚いたことに、両隣のホームまで一般の人は全員ホームの片隅に追いやられていた。

いまだったら絶対問題になったでしょう(笑)。ホームではみんな『倉富さんだ、倉富さんだ』なんてこそこそ小さな声で言っている。そのとき、うちの爺さんは大変なもんなんだな、と初めて思いましたね」

倉富は官僚として最高の位階を極めながら、村夫子然とした風貌とふるまいは、そんな栄誉栄達ぶりを、同時代のジャーナリストのみならず、家族にもまったくといっていいほど感じさせなかった。

第三章　朝鮮王族の事件簿

——黒衣が見た日韓併合裏面史

日鮮融和のシンボル

皇室が某重大事件に揺れた大正十年代は、朝鮮王公族の存在が、わが国の歴史の表舞台に初めてせりあがってきた時代でもある。

明治四十三(一九一〇)年の日韓併合にともない、大韓帝国の国号は朝鮮と再び改められた。旧大韓帝国前皇帝の高宗(李太王)を含めた皇族一族は「王族」、その近親者は「公族」と位置づけられ、その身分は日本の皇族に準じるものとされた。

大日本帝国憲法下の明治二十二年に制定された皇室典範に、「皇族女子ハ王族又ハ公族ニ嫁スルコトヲ得」という一文が追加(皇室典範増補、大正七年十一月)され、大正十五年には、朝見の特権、任官の特権、受勲の特権などを定めた王公家軌範が制定された。王公族を日本の皇族と華族の間に厳密に位置づける規則である。

王公族の事務を掌《つかさど》るため京城(現在のソウルに相当する市域)に李王職が置かれ、王公族の男子は日本の皇族男子と同様、満十八歳に達すると陸海軍の軍人に列せられた。

大正九(一九二〇)年四月二十八日、李太王高宗と側室の間に生まれた第七男子の李王《りおう》世子《せいし》(皇太子)垠《ぎん》と、梨本宮守正親王の第一王女の方子《まさこ》の祝言がとり行われた。

これが、「皇族女子ハ王族又ハ公族ニ嫁スルコトヲ得」という一文が追加された皇室典範増補によって初めて行われた日本皇族と朝鮮王族の結婚だった。

奇しき因縁というべきか、梨本宮方子は女子学習院時代、その後、宮中某重大事件で世間を賑わすことになる久邇宮良子の一級上だった。皇太子裕仁（後の昭和天皇）のお妃候補が取沙汰され始めたときには、良子と並んで最有力候補とされた。

翌大正十年八月十八日、垠と方子の間には長男晋が生まれ、新聞は「日鮮融和のシンボル」と書きたてた。

新婚時代の李垠夫妻
（李方子『動乱の中の王妃』より）

倉富は垠と方子が結婚した大正九年四月から、帝室会計審査局長官の役職のまま宗秩寮御用掛を兼務して李王世子顧問となり、日本と朝鮮の架け橋といわれたこのカップルの後見人的役割を担っていた。倉富と朝鮮の関係は古く、明治四十年九月、韓国法部次官に任じられたことに始まる。明治四十二年十一月には韓国統監府司法庁長官兼統監府督参与官となり、日韓併合後の明治四十三年十月から大正二年までは、朝鮮総督

朝鮮総督府

府司法部長官という重要ポストにあった。

前掲の『現代』（大正十五年七月号）は、朝鮮総督府時代の倉富について次のように述べている。

〈時の総督寺内正毅伯は、有名な八《や》釜《かま》し屋である。その厳格と、批評眼の鋭利なるとは、非常なもので、気《き》六《む》づかしいことも亦た無類である。随つて、彼に用ゐられた人といへども、彼から一度も叱かられず、また一度も、その六づかしい顔を見ずに済んだといふ者はあるまい〉

その寺内がいつも褒めていたのが、倉富だったという。『現代』の記事は、これに続けて、「『さすがの総督でも褒める人』といふ一言が、朝鮮に於ける倉富氏の声価であつた」と書いている。

李垠と大正天皇

明治四十年（一九〇七）、十歳の李垠は、韓国統監

1907年、大韓帝国を訪問した大正天皇（当時皇太子）。前列右より李垠、大正天皇、韓国皇帝純宗、後列左端に伊藤博文

府督初代統監の伊藤博文に連れられて日本に留学し、純日本風の環境で育った。

『牧野伸顕日記』の大正十年八月九日の項にこんな記述がある。

〈加藤泰通入来。其談話の一節に、過日梨本両殿下〔宮・守正王、同妃伊都子〕、〔李王〕世子〔李垠〕殿下帯同、御用邸伺候の折は、数日前より陛下は特に世子の参内を御待ちあり。世子は御幼少の時代より御承知あり、且つ御自分朝鮮語を話すとの兼ての御抱負もあり、殊に世子は八年下なれば目下に御覧あり、勝手に待遇も出来る等の事より、頻りに御待あり〉

加藤泰通は宮内省の式部官である。牧野は、李垠は大正天皇より八歳年下と書いているが、これは十八歳年下の誤りである。

大正天皇が嘉仁《よしひと》親王と呼ばれていた皇太子時代か

ら李垠を可愛がっていたのは事実で、李垠は嘉仁親王から贈られた机で勉強するのを日課としていた。

この日の牧野日記の眼目は、それだけ心待ちにしていた李垠が伺候しても、まったく記憶にないという天皇の態度に、側近たちがざわめいたことにある。

牧野は先の記述に続けて、「世子は従来時々御逢ひになり、特に年来の御親しみあり、当日御待受なりたるに拘はらず、其時になり御見覚へなしとは余程の御異状と拝する外なし」と記している。大正天皇の病状と異常なふるまいについては、後でまた述べる。

李太王の死の謎

李垠と梨本宮方子の婚儀の日取りは、当初、大正八年一月二十五日と決まっていた。それが一年以上延期になったのは、婚儀が行われる四日前の一月二十一日に、李垠の父親の李太王（高宗）が急死したためである。

李太王の正妃は、有名な閔妃《びんひ》である。嫁いでからまもなく太王に代わって朝鮮王室の実権を握った閔妃は、親露政策をとったため、これをこころよく思わない日本軍を中心とする勢力によって、明治二十八年十月、惨殺された。

乙未《いつび》事件といわれるこの暗殺事件の首謀者は、朝鮮国駐劄《ちゆうさつ》特命全権公使の三浦梧楼《ごろう》といわれている。そのこともあって、太王の急死にも不穏な噂が流れた。

大正八年三月十日の『朝鮮新聞』は、次のように伝えている（括弧内は引用者注）。


〈李王殿下（垠）の御憂慮　今回の鮮人の妄動が馬鹿々々しき流言蜚語に依り勃発し、又たその裏面に一部の煽動者ありたる事は蔽ふべからざる事実にして、而かもその騒擾《そうじょう》が故李太王の国葬儀前後に起りたるは、誠に遺憾千万と云ふ可きなり。之に就き李王殿下の思召如何と、九日、国分（象太郎）次官を李王職に訪へば、次官は曰く。

今回の騒擾につき、李王殿下に於かせられては深く御憂慮あり。斯かる無稽の流言を為して鮮人を迷はし、忌はしき騒擾を起こさしめし煽動は、実に憎みても尚ほ余りあるものなるが、尚ほ故李太王死因に就き「毒殺」云々など称ふるが如きは許すべからざる事なり。父王毒殺を称ふるは、即ち我が李王家を侮辱するものにして、思はざるも又甚しと云はざる可からず〉

ここでいう流言蜚語とは、朝鮮側から見れば、売国奴呼ばわりされていた李太王側近の閔丙奭《びんへいせき》（李王職長官）と尹徳栄《いんとくえい》（同賛侍）が、李太王を毒殺したとの噂である。

当時、帝室会計審査局長官だった倉富は同年十一月一日の日記のなかで、部屋を訪ねてきた宮内次官の石原健三と、この噂の真偽について話している。


〈予「朝鮮にては寺内正毅より長谷川好道《よしみち》をして李太王に説かしめたることあり、太王が之を諾せざりし為め、其口を塞ぐ手段として太王を毒殺したる様に言ひ触らしたる趣なるも、寺内より説かしめたりと云ふ事柄は分らず」

石原「右の如き風説ありや」

予「閔等は毒殺云々の風説の無根なるを明かにすることを望み、辞職は其本意に非ざりしに、予期と違ひ免官となりたる為め、非常に不満を懐き居る趣なり」

石原「或は然らん。然れども閔等を免じたるは好都合なり」〉

寺内正毅は前述したように朝鮮総督府初代総督、長谷川好道は韓国駐箚軍司令官、閔等というのは、李王職長官の閔丙奭のことを指している。

倉富は要するに、李太王の死に寺内や長谷川が関与していなかったかと不審を抱いている。毒殺説を持ち出したものの、倉富は事件のきっかけからして知る立場になかった。ただ、免職となった高官たちにはやや同情的な口ぶりである。この噂自体が初耳だったらしい石原は、倉富とは反対に、閔等が免官になったのは好都合だったと含みのある返事をした。二人の噛み合わない会話からも、この問題がいかにデリケートであったかが伝わってくる。

朝鮮王家をどう位置づけるか

方子女王の母親の梨本伊都子は『三代の天皇と私』のなかで、李太王は日本の総督の陰謀によって毒殺されたと信じられていた、と書いている。

〈それは、パリへの密使派遣の企てが発覚し、典医の安商鎬が紅茶に砒素剤を混入し、年若い侍女が李太王に差し上げたという。だが証拠の茶碗は盗まれてしまったのでした。

王宮のこの秘密は、雑婦の口から世間に伝わり、望哭式にひれ伏した群衆に知れ渡ったのです〉

パリへの密使とは、李太王が国力の挽回を図るため総督府に内密に送った使者のことで、第二のハーグ密使事件といわれた。

もともとのハーグ密使事件とは、日韓併合前の明治四十年、大韓帝国皇帝の高宗がオランダのハーグで開かれていた万国平和会議に密使を送り、自国の利益のみを求める外交権保護を訴えて列強各国から激しい非難を浴びた事件である。韓国統監の伊藤博文はこれを厳しく追及したため、高宗は退位を余儀なくされ、これが三年後の日韓併合の伏線となった。

李太王毒殺説は、朝鮮王家の血塗られた歴史を象徴するような、おどろおどろしい話である。倉富の村夫子然とした風貌とはおよそそぐわない。

しかし、やはり文は人なりである。謀略や妄想の世界には決して走らない彼の謹厳な性格を物語って、倉富が日記のなかで李太王の死の謎にふれているのは、われわれが読んだ範囲に限っていえば、このとき一回だけである。

倉富が日記のなかでひたすら言及しているのは、朝鮮王家と日本の皇室の関係をどう調整するかについてである。それは倉富にとって、朝鮮王家を日本の皇族のなかにどう位置づけ、どう序列化するかという重大な問題をはらんでいた。

この頃の倉富日記を読むと、倉富が垠殿下婚儀の宴席に日本の皇族が出席すべきかどうかという問題や、日本の皇太子の外遊に際し李王家がどこで送迎するかといった瑣末な問題まで腐心していることが、手にとるように伝わってくる。

その重箱の隅をつつくような細かさは、それだけ取り出せば、さすが〝時計的法学博士〟といわれただけのことはある、とからかうこともできる。

だが、事はそれだけでは済まない。

これらの問題は、それから十数年後に満州国皇帝になる溥儀《ふぎ》と日本の皇室の関係をどう調整するかという問題とも密接にからんでいる。

日本が植民地経営に乗り出すのは、ヨーロッパ諸国に遅れること約百年後の十九世紀末からである。少し大げさにいえば、ここで倉富は、いわば日本という遅れてやってきた帝国主義国家の問題と直面している。

殿下の臨場、是か非か

大正八年一月七日の日記を見てみよう。李垠殿下と方子女王の婚儀は、最初同年一月二十五日に予定されていたから、この日記はその直前に書かれたものである。

〈午後七時後より上野停車場に到り、東久邇宮殿下の金沢に赴かるるを奉送す。

予、殿下に対し、「此次は何日頃御上京の御予定なるや」を問ふ。

殿下「今月廿六七日頃なり。方子女王の結婚の為め上京する積りなり」

予「殿下は結婚の祝宴に御列し成さるるのみなりや、又は結婚式に御列し成さるるや」を問ふ。

殿下より「祝宴に列するまでの積りなり」との御話あり。

予「夫れならば結構なり。若し結婚式に御立会ひ游ばさるることならば、或は研究を要することあるべし」〉

東久邇宮は倉富の問いかけに、方子女王の婚儀の祝宴には出席するつもりだが、結婚式まで出るかはわからない、と答えている。倉富はこれに対し、それなら結構だが、もし結婚式まで出るつもりなら研究を要する、と言っている。

第三者には瑣末なことのように思える。だが、倉富にとってこの問題は、今後の日韓関係を揺るがしかねない重大問題だった。

翌日の日記も、この問題にふれている。

〈午後、調査課に到り、王世子結婚式に関する書類を見る。李王職長官閔丙奭の申請に基き結婚式を行ふとき、親王、親王妃、王、王妃、臨場（原文の横には「参列」と書き込んだ跡がある）せらるべき旨の規定を裁可せられたるの記載あり。

予、「此の御裁可は一般に通知せられたるものに非ず。随て皇族を羈束《きそく》するの効力なし。如何にして之を実行する積なりや」

杉栄三郎（宮内省調査課長）「皇族に臨場を願ふ積りなり」

予更に「何人より之を願ふや」

杉「李王世子より之を願ふこととなるべし」

予又「世子より之を願ふも皇族は之に応ぜざるも妨なかるべし。既に御裁可ありたるものにて実行せられざるは不都合に非ずや」〉

倉富は傍にいた宮内省書記官の浅田恵一に結婚式の招待元を尋ねると、「世子から皇族にお願いするのではなく、宗秩寮からの通知になるでしょう」という答えが返ってきた。これに対し倉富は憤然として「世子の結婚は宮内省の主管ではない。宗秩寮から通知する理由はないだろう」と言う。つまり、披露宴ならともかく、結婚式に宮内省を通じて皇族を招待してしまうと、これまで苦労して築こうとしてきた朝鮮王公族の位置づけが崩れてしまうと倉富は言いたいのだろう。日記に臨場と記し、後から「参列」と書き込んだところに、倉富の朝鮮王公家問題への強いこだわりがにじんでいる。怒りのおさまらない倉富は、その書類を持って宮内次官の石原を訪ね、「なぜこのような方式にしたのか」と詰問する。

〈石原「国分象太郎が李王家を代表して成るべく儀礼を鄭重にする為め、皇族の臨場を希望するに付、此《か》く定めたり。皇族全体の臨場（参列）を要する趣意に非ず」

予「東久邇宮殿下は世子結婚のとき更に上京せらるる積りなる処、如何なる振合になさるべきや分からざるに付、様子分かりたらば通知すべき旨命ぜられたるを以て、調査課に就き之を取調べたるに、此の如きことに相成り居れり。予は此の方式は不都合と思ふに付、宮務監督としては殿下の臨場（参列）を止むるやも計り難し」〉

倉富は当時兼任していた東久邇宮家宮務監督として、宮の出席を止めるかもしれない、とまで言っている。あくまで原則にこだわり、融通というものがまったくきかない。周囲の人間は一徹者の倉富の扱いにさぞや困ったことだろう。

会議は踊る

大正九年四月、垠殿下と方子女王の婚儀が無事とり行われると、李王世子の顧問となった倉富の許には王世子附事務官の高義敬が頻繁に出入りするようになる。

大正十年の倉富日記は、朝鮮王家に関する限り、高義敬とのやりとりに終始しているといっても過言ではない。

倉富が宮中某重大事件の責任をとって、帝室会計審査局長官と宗秩寮御用掛の辞職願を提出した大正十年二月十四日、李王（純宗。李垠の異母兄）の使いが倉富を表敬訪問した。

〈午前十時後、高義敬来り、「李王の使として韓昌珠が上京し、今村鞆雄は随行として来り、只今、宗秩寮に来り君に面せんことを請ふ」と云ふ。予、之を諾す。高、将に之を導き来らんとす。予、「総裁室に行きて面すべし」と云ひ、直に行き、之に面す。韓は李王職賛侍にして昨年皇室より李王に三十万円を賜はりたるに付、王の使として奉謝の為上京し、今村は之に随行したりと云ふ。予が京城に在りたるとき韓を識るを以て之と旧を話す。韓は葉山に行き李王の謝を述べんとするに付、日時を問ふ。予、葉山に交渉して答ふべき旨を告ぐ。韓又、皇太子殿下御渡欧に付、王の使として之を奉送することを謀る。予又、東宮職に交渉して答ふべき旨を答ふ。韓は邦語を能くせず高が通訳を為したり〉

ここで話題が出た皇太子（東宮）の欧州外遊は、同年三月三日に出発の途につき、半年後の九月二日に帰国となった。翌二月十五日の日記にも、皇太子外遊の奉送問題に関する記述が出てくる。

〈酒巻芳男に韓昌珠等に対する案内状のことを話したるとき、酒巻より「韓が李王の使として東宮殿下を奉送することに付、総務課に協議したる処、王の使ならば矢張り横浜まで奉送する方宜しからんとのことなり」と云ふ。予、然らば其事を韓に告ぐべきことを命ず〉

これで一件落着といかないところが、倉富の真面目さといえば真面目さである。だが、本音を言えば、ほとほとうんざりさせられるところである。

二月十八日の日記にも二月二十二日の日記にも、この問題に関する宮内官僚の際限のない議論が延々と書きとめられている。

まず二月十八日午前十一時頃、酒巻芳男が審査局にきているとき、宮内省書記官の白根松介が酒巻をたずねてきた。白根は酒巻に「三月三日の皇太子殿下ご出発のときは、皇族方並びに皇族の使いの奉送は東京駅まででよいのではないかと思うがどうか」と問う。倉富はこれを聞いて口を挟んだ。

〈予「先日、韓昌珠が李王の使として奉送し度《たし》と云ふに付、予は東京駅までにて宜しからんと思ひ、其事に付酒巻をして総務課に謀らしめたるに、其時は総務課にては李王の使ならば横浜まで奉送するが宜しからんと云ひたる由にて、皇族方も横浜まで奉送せらるることと思ひ居りたり」
酒巻「先日は総務課にては確かに其通りに云ひたり」
白根「其時は未だ評議を尽くさざりしときなり」
予「予は今日にても東京駅の方が宜しからんと思ふ」
白根「然らば其事に致し度」〉

この日、皇太子の奉送は東京駅までと決まったが、呆れたことに、その決定はわずか四日後にひっくり返る。

〈午後零時後、酒巻芳男来り、「先日、皇太子殿下御出発のときは皇族、王世子及皇族の使等は東京駅にて奉送する方宜しかるべしとのことに話し合出来居りたる処、今日、事務官会議にて、宮内省にて右の如く決するも各殿下に言上せば必ず横浜まで行き度との御意見あるべし、横浜まで御出成され難き理由あらば致方なきも、然らざれば更に評議致し呉よとのことなりしが如何すべきや」と云ふ。

予「予は東京駅までの方宜しと思へども横浜まで御出成され難き理由とては之なき故、各宮の御考に任すより外致方なかるべし」

酒巻「然らば其旨を総務課に通し、更に評議することとすべし」と云ひ総務課に行き、返りて総務課にても別に異存なき趣なることを報ず〉

このやりとりを読んで、宮内官僚という人種はこの世の中で一番事なかれ主義で、なおかつ暇な人種だと思わない読者はたぶん一人もいないだろう。

しかし考えてみれば、彼らが必死で守ろうとしている天皇制は、誰も泥をかぶろうとしない無責任体制の源泉となっているのだから、このような形式至上主義こそが本質なのだとも言える。むしろこうしたやりとりが行われるのは当然の成り行きだった。

倉富日記は見方を変えれば、一種卓抜な日本人論として読めなくもない。

われわれは倉富日記を前にして、やれやれとため息をつく前に、宮中の不毛な論議を忠実に書きとめてくれた倉富の律儀さに感謝すべきなのかも知れない。

朝鮮人参は効能ありや

王世子顧問という倉富の立場は、皇太子垠殿下に関していえば、宮内省の東宮大夫的役職だが、朝鮮王公族全般に関していえば、相談役的立場に相当する。

煩雑さを厭わず瑣末なことまで延々とほじくり返す宮内省の日常の公務とはまた別に、倉富と王世子のスポークスマン的立場にあった高義敬のやりとりが、どこか人間的でくだけた調子になっているのは、倉富が置かれたその立場ゆえだろう。

李王の使いが来た同じ二月十四日、宗秩寮の玄関横のトイレの前で、倉富は高義敬とこんな会話をかわしている。
〈予「君は朝鮮人蔘を服用したることありや」
高「あり。今も服用し居れり」
予「効能ありや」
高「あり。君は服用したることありや」
予「多年朝鮮に在りたるも一度も服用したることなし。然るに先日、人あり、人蔘を贈りたる故、試みに之を服し居れり。未だ其効を知らず。人蔘は一斤三十片位のものなり」
高「人蔘の効能は食慾の進むと手足の暖かなることなり。其他には格別のことを覚へず。一斤三十片位のものは上等には非ず、価は七、八円なるべし」
予「紅蔘の方が上等なる様に聞き居るが然るや」
高「然り。紅蔘ならば一斤八十円位なるべし。入用ならば上等の人蔘を取寄すべし」
予「都合にては依頼することあるべし」〉
朝鮮人参の効用については相当気になったとみえて、それから九日後の二月二十三日、倉富は高に入手方法をたずねた。

〈予「先日君は朝鮮人蔘を服用し居る話を聞きたるが、人蔘は如何なる手続にて取寄するや」

高「李王職の医師に品の良否を鑑定せしめ、便りあるとき持ち来らしむ。紅蔘は開城に限れども、白蔘は慶尚南道某処の品の方宜しとて李王も其品を用ゐ居られ、先日李王の用ゐらるる品を世子に送り来りたる故、其中の一部を梨本宮に贈られたり」

予「格別面倒なくして取寄することを得るや」

高「造作なきことなり」〉

もともと興味津々の倉富は、二斤ほど注文することにした。審査局から宗秩寮に戻ったあと、今度は値段が気になりはじめ、「人参は一斤いくらなのか」と高にたずねている。「十四、五円でしょう」と聞いて安心した倉富が「先日、紅蔘は一斤八十円と聞いたが、そんなに高いのなら考えものだ」と庶民的な感想を言うと、高は「それは中国人が飲むものです」と答える。なぜ中国人は高い人参を飲むのか。穿鑿《せんさく》好きな倉富には珍しいことに、この答えは残念ながら日記には書かれていない。

予の富は憐れむべき富なり

つづいて三月二十五日、人参が無事に届いたあとの日記にはこう書かれている。

〈昨夜、世子邸にて予、李王職会計課長近藤某に、先日予、高義敬に嘱して買ひ求めたる人蔘の代価を問ふ。人蔘は近藤が持ち来りたるを以てなり。近藤、「一斤三十円なり」と云ふ。予、二斤を買ふ故に、今朝高に六十円を渡す。

高「人蔘は如何にして之を貯へ居るや」

予「先日、君が梅雨中に黴《かび》を生ずる恐ありと云ひたる故、硝子瓶に入れて密封し置たり」

高「自分も其通りに致し置けり」〉

こんなやりとりだけ取り出せば、宮内省の高官の発言とは誰も思わないだろう。これではまるで、朝鮮人参をひそかに闇取引する密売人の台詞《せりふ》である。

倉富と高義敬をはじめとする李王職の幹部たちは、やがてこんな軽口を叩き合う関係までになる。以下は、同年二月二十六日、倉富が李王世子邸の晩餐会に招かれ、喫煙室で雑談した場面を書きとめたものである。

〈韓、予が宮内次官たることを拒み居る模様なるが強ひて之を拒まず、就任しては如何、と云ふ。

予「之を拒むに非ず。予も次官たることを欲すれども次官と為さざるなり」

韓又「君を大臣と為すことを望む。君が大臣とならば、李王家も富裕となるべし。

何となれば君の氏が倉富と云ふを以てなり」

予、為めに倉富と称する所以を説明し、「予の富は此の如く憐むべきの富なり」と云ふ。世子も之を聞きて笑ひ居れり。

韓又「先日貴家を訪ひたるに、質素なる家にて奥ゆかしく思ひたり」

予「大廈《たいか》高楼《こうろう》を望めども能はざるなり」〉

着帯式の是非

この頃の倉富の公務上の関心はもっぱら、方子妃の着帯式の服装問題と、将来生まれる世子の子の敬称をどうするかにあった。

倉富は李王職次官の国分象太郎に、こんなことを聞いている（大正十年六月八日）。

「着帯式の習慣は朝鮮にはないのだから、内地の式を李王家に適用するのは穏当でない。朝鮮人の一部には、内地人を妃にしたおかげで、世子が朝鮮人らしくなくなってしまったという声があがっている。着帯式のような些事のために彼らの感情を害するのは無益なので、着帯式のとき、李王（純宗）より世子や妃にお祝いの品を贈られるかどうかは李王家の意向に任せたほうがよいと、たったいま高と話していたところだ。君の考えを聞きたい」

それに対して国分は「本着帯のとき祝いの品を贈る内儀はあります」と説明している。

また、同年四月一日の日記には、こんな記述がある。

午後二時頃、倉富が宮内省の総務課から審査局に戻る途中、南部光臣の部屋に立ち寄った。そこで倉富が、昨日、南部と関屋貞三郎が話していた朝鮮の王公家軌範の話題を持ち出し、何かその件で問題が起きているのかと尋ねた。関屋は石原健三に代わって宮内次官に就任したばかりである。

〈南部「別に問題と云ふ程には非ざるも、現に世子妃の分娩も近《ちかづ》き居り、其出生児は殿下と称することを得ざる不都合あり。朝鮮総督斎藤実《まこと》も朝鮮の統治に関係すとて解決を迫まり居る趣なり。自分は今迄《いままで》は宮内大臣の責任とのみ思ひ居りたるも、内閣総理大臣も其責任を有する訳なり」

予「予は此事は朝鮮統治に関係する程のものに非ずと思ふ。皇室にても、皇太子のある時には皇太孫と云はず、単に皇孫たる資格を有せらるるに過ぎず。然れば王世子の子が殿下の敬称なきも妨なかるべし。朝鮮の公は殿下の敬称あるも、公の子には其敬称なし。優遇は併合の時の詔書に示されたる丈にて十分ならんと思ふ」

南部「朝鮮にては皇太子の在るときに王世孫と為したることありとて、先頃高義敬が朝鮮に行きたるとき之を取調べて持ち来りたるものあり」〉

南部はそう言って、「王世孫の典礼」と書かれた紙袋を倉富に渡し、倉富は研究してみよう、と言ってそれを借りた。

記述の温度差

しかし、方子女王の着帯問題も、これから生まれる世子の子の敬称問題も、南部や関屋など宮内省高官らとの難儀なやりとりとは違って、高義敬との間ではなぜか冗談まじりになっている。

関屋や南部らとのやりとりでは、その発言いかんによっては責任問題にもつながる。だが、高義敬との私的会話ではその恐れはない。倉富日記における記述の大きな温度差は、おそらくその立場の違いから出ている。

演劇に例えれば、宮内省高官とのやりとりは陰鬱な心理劇である。これに対して高義敬との会話は気楽なコント風の味わいになっている。

朝鮮王公族に関する倉富日記の記述には、宮中某重大事件の記述中に登場する宮内官僚以上になじみのない名前が出てくる。にもかかわらず、宮中某重大事件について解読したときのような読みづらさは感じない。それはそのまま、倉富と朝鮮王公族の間に漂う阿吽の呼吸ともいうべき、良好な関係を伝えているように思われた。

大正十年三月十一日の倉富日記を見てみよう。話題はぐっとくだけて雛人形である。

〈高「本月三日には妃の雛を飾られ、自分抔《など》は始めて之を見たるが、家具一切揃ひ居り、珍らしきものなり」

予「雛は日本特有のものなる様にて支那にもなかるべし。妃の雛は梨本宮より持ち来られたるものなるべし」

高「然り。梨本宮より持ち来られたるものなるも、妃の来られたるとき持ち来りたるに非ず。先日持ち来りたり。其事に付、侍女等の話にては嫁時に持ち来れば雛が嫉妬する故之を忘れ、後日に持ち来ることとなり居るとのことなり」

予「二、三年前、景気宜しかりしときは二、三千円以上の雛もありたる模様なり。今年は予も三越に行き見たるが、今年は夫程高価なるものはなかりし様なり」〉

倉富が、例によってお気に入りの三越まで持ち出して気持ちよく高義敬と話しこんでいると、牧野伸顕が呼んでいる、という給仕からの連絡が入った。これが、前述した牧野の倉富辞意慰留工作の場面につながる。

怪しき朝鮮人見参

垠と方子の婚儀が無事終わると、とんでもないことがもちあがった。この結婚をネタに一儲けをたくらむ不逞《ふてい》の輩《やから》が現れたのである。皇族が結婚したり、子どもを出産すると、それを商売のネタにする連中がうごめき出すのは昔も今もまったくかわらない。

この知られざる話は、倉富日記の大正十年三月二十五日の項に出てくる。結婚から約一年経った頃である。

この日の午前十時頃、例によって高義敬が審査局に倉富を訪ねてきた。前夜、世子邸で行われた方子妃の内輪の着帯式のお礼のためだった。

高が「梨本宮殿下は午後九時ころまで世子邸にいて、満足して帰殿されました」と挨拶すると、一緒に来た厳柱益という男が「本月三十一日に李太王の霊の祈廟の儀があるので、明日にも京城に立ちます」と言った。

倉富は厳に対し、李王職次官の国分象太郎と元韓国宮内府大臣の李載克によろしく伝えてほしいとのことづけを頼んだ。厳が辞去した後、高が口を開いた。垠と方子の結婚をネタに一儲けをたくらむ男の話題が登場するのはこの場面である。

〈高「先日話したる韓尹が世子及妃の写真を売却することは、先づ電話にて尹に写真を売ることは承諾し難き旨を伝へ、更に属官をして尹の旅宿に就き、写真を売ることは世子邸限りにて決することを得ず、宮内省に協議したる処、宮内省にて之を許るすべからずとのことに付、願意を聞き届け難き旨を伝へ、折角国分象太郎より添書を持ち来りたるも之を許し難し、と云はしむ。尹は夫れならば致方なしとて即夜出発して神戸に帰りたる由なり。属官が探りたる処にては、尹は種々の事を為し居り、消防用に供する消火器を製する由にて、世子及妃の写真を売りたる上、此写真を焼く様のことありては大変なる故、消火器を買ふことを勧むる積りもある様に思はれたり、とのことなり。夫れならば尚更写真を売ることは許し難し

予「然らば写真にては幾分か損しても、消火器にて益を得る積りなりしならん」〉

世子夫妻の写真を誤って焼失したとなると不敬になるので消火器を抱きあわせ販売する。皇族崇拝者相手の怪しげな商売もここまでくれば立派なものである。しかし、怪しさというなら、それを延々と書きとめる倉富の方も相当の奇人である。

韓尹なる怪しい朝鮮人は、その前々日の日記にも登場している。

この日、高義敬が倉富のところにやってきて、「朝鮮の韓尹という男が世子と世子妃の写真を朝鮮人に売ろうと思いつき、国分象太郎の添え書きを持って神戸から上京してきました。韓は世子夫妻の写真をいただきたいという願書を私に提出しています。どうしましょうか」と指示を仰いだ。

これに対し倉富は、「写真を売ることは許可できない。国分が添え書きを与えたことがそもそもの間違いだ」と回答していた。この問題はそれだけで事なきを得た。

そんな埒もない話題を倉富がわざわざ日記に記録しているところが、この話のミソである。倉富と高義敬の間柄は、それほど気のおけないものだった。倉富にとって高は、反日運動を画策する朝鮮地下組織の高度な機密情報から、朝鮮庶民に関する下々の情報までもたらしてくれるたいへん重宝な存在だった。

世子暗殺の噂

この頃、倉富と高の間で一番の議題となっていたのは、世子の警護問題と、世子の子の乳母問題だった。

大正十年五月二十四日の日記に、高義敬が倉富に打ち明けた憲兵隊の情報が記載されている。高の報告は以下の通りである。

「昨日、憲兵隊の吉田という大尉から、不逞鮮人の李仁浩、徐日歩の陰謀に関する情報を聞きました。その情報は北京発で、二人は朝鮮独立の運動をしており、ロシア領にいる不逞鮮人を千人ほど募って、親日鮮人や間島の日本官民を殺す陰謀を企てているそうです」

間島《かんとう》（現在の中国吉林省延辺朝鮮族自治州）は日韓併合以後も、日本の主権下になかったため、抗日パルチザンの拠点となったところである。

「不逞鮮人問題」は、同年六月十三日の日記にも出てくる。倉富はこのときも、高から報告を受けている。高の情報は関東軍から極秘にもたらされたものだった。高は次のように述べている。

〈高「上海に在る不逞朝鮮人が世子を暗殺することを議決せり。其理由は世子は梨本宮より妃を娶り、朝鮮独立を阻害する犯人なり、朝鮮王家には昔時支那人を娶りたる事実あるのみにて、其他には外国人を娶りたることなし。然るに世子が日本人を娶りたるは独立に対する反逆なり。世子を暗殺する時期は世子は只今陸軍大学校に在り、大学校卒業後は学生一同満洲朝鮮地方に演習旅行を為すが例なる故、其時を窺ひ之を殺すことにすべしと云ふことに決したりとのことなり」〉

世子の警護問題は、それ以前から倉富と高の間の話題になっていた。大正十年四月十日の日記に、高の次のような発言が書きとめられている。

宮内省のほうから大臣に話してもらったおかげで、皇宮警手の四名増派が実現し、十二名となった。減員前は十名だったので、かえって二名増えたことになる。昨日は皇宮警察長が自ら邸内を視察し、六本木警察署からも係がきて、邸外の警戒、世子が陸軍大学校に通う途中の警戒につき打ち合わせをした。陸大への往路は、自転車で護衛する巡査のためにこれまでよりやや徐行運転をすることになり、帰りは陸大から表町憲兵署に電話し、そこから警察署に連絡することになっている。世子の護衛のために巡査二十余人を要することになった……。

ボートバイに三食メヌーつき

同じ日の日記には、高から「六本木警察署の吏員は昨日も世子の警衛を為すには自動自転車〔ボート《ママ》バイ〕が必要なることを云ひたり」との報告があったことも書かれている。

また別の日（大正十年六月八日）の日記には、世子邸にいる朝鮮人の門番について、「朝鮮人が別に不安心というわけではないが、飲食物には特に注意しなければならない」と高に忠告した旨が書かれている。この時期、王世子の身辺がいかに不穏な空気に包まれていたかがわかる。

四月十日に話を戻すと、倉富は世子邸で高と警護問題を話し合った後、書斎で世子に謁見している。このとき、世子は陸軍大学校の演習から帰ったばかりだった。

〈予、其演習地より帰りたることに付挨拶し、且、演習の状を問ふ。妃亦出でて面す。予、女子学習院卒業式の状を話す。予、世子に先日の報知新聞に朝鮮人が世子に対し為す所あらんとする旨の記事を掲げたるも無根のことなりし趣を話す。

演習は大学生徒を数班に分け、実地に就き地理を見て用兵の法を答へしめ、其後に至り教員より答の当否を指示するものなる由なり。話すること十四五分、応接所に来り又高と話す。

高「此節の演習には埼玉にても八王寺（子）にても世子は先年宿せられたることある家に宿せられたるが、両所とも特に優待し、殊に埼玉にては東京より東洋軒の料理人を呼び寄せ、三日間三度とも〔メヌー〕附にて正式の洋食を出し、随行の金応善、警衛の巡査までも食事を給したる上、世子より其家が菓子屋なる故、菓子の注文を為されたる処、是も献上したる由」〉

世子の演習地での食事が、三日間三食とも「メヌー附き」の洋食だったとは恐れ入る。

乳母の選択

世子の子の乳母問題が初めて浮上するのは、大正十年三月三十日である。世子妃方子が晋を産むのは同年八月中旬だから、晋の誕生より半年ほど前のことである。

この日は午前十時ころ高羲敬が審査局にやってきた。高が言うには、そろそろ乳母を選んでおかねばならないが、東久邇宮妃妊娠のときは、事務官から芝、麻布の区長、荏原《えばら》、豊多摩の郡長などに公文を出して乳母選びを依頼している、ただし、世子邸の場合はその前例を踏襲するのは穏当ではないと思われるので、顧問の倉富に意見を求めにきたのだという。

倉富も「依頼はしなければならないが、やり方は変える必要がある」という意見で、「はじめは書面でなく、人を遣わして依頼してはいかがでしょうか」という高の提案に同意した。

高は「まずは一人だけ候補者を決めておけばいいでしょう」と言い、倉富も「妃殿下の乳が出ればそれにこしたことはない。一人選んでおけばよろしい」と応じている。

乳母問題は六月八日の日記にも登場する。このとき倉富と高はこんなやりとりをしている。

〈高「(乳母については)豊多摩郡長外二郡長に人選を依頼する積りなり」とて其依頼の趣意及要件を記したる書面を示し、「実際は人を派して口頭にて依頼せしむる積りなり」と云ふ。

予「之にて宜しかるべし。乳母は一人にて可なるや」

高「小山善に謀りたる処、妃殿下の乳は大概宜しかるべく、念の為め雇ひ置くことに付、一人にて宜しと云へり」

予「妃殿下の乳ありとしても、乳母の乳も用ゐざれば出でざる様になるべし」

高「妃殿下の乳と乳母の乳とを併用することとなるべし」

予「二人の乳を混用しても児に害あることはなきや」

高「小山は差支なき様に云ひ居りたり。尚ほ問ひ見るべし」〉
小山は世子邸担当の御典医で、正式の身分は宮内省の職員である。

駆けつけた御典医

同年七月十六日の日記には、高が乳母候補者を探すため、荏原郡長、豊多摩郡長、北多摩郡長、神奈川県内務部長、麻布区長、赤坂区長、果ては知り合いの産婆にまで声をかけたと書かれている。

乳母の雇い入れが決定するのは、同年八月十日である。この日の日記に、「(乳母の)給金は矢張り六十円位は出さざるを得ざる模様なり」とある。現在の貨幣価値に換算すれば、約十八万円である。

世子妃方子はそれから八日後に、長男晋を出産した。倉富はこの日の日記に、「予、男子の誕生を賀す」「生児の体重は八百四十目(匁《もんめ》)ありと云ふ」と書いている。

大問題が持ちあがるのは、それから五日後のことだった。発端は王世子附御典医の小山善からかかってきた早朝の電話だった。「至急面談したい」という小山に倉富が用件を聞くと、「電話では話せません」という。小山は八時にやってきた。

〈小山「困りたること出来《しゅったい》せり」とて、一通の書状を出し、「是は大磯の巡査の書状なり。初め、自分が世子邸に在るとき、巡査某より電話にて、先日世子邸に雇ひ入れたる乳母の血統に悪疾ある旨を告げ来りたるに付、電話にては尽くし難し、書面にて申越し呉よと云ひ、其の為に此書状を送り来りたるなり」と云ふ。

予、之を見るに、「先日、乳母を索《もと》むるとき、某〔乳母〕の家系三代前までは調査したるに不都合なかりし処、其後の調査に、四代前の者に悪疾ありとの事を発見せり。加之《しかのみならず》、某〔乳母〕の母方の血統も宜しからざることを発見せり。右に付ては、郡長、町長等、只管《ひたすら》恐縮し居れり。右の都合に付、世子の子には某〔乳母〕の乳を呑ましめず、某〔乳母〕は乳質適せずとの理由にて雇を解かれ度」との趣意を記し居れり〉

世子の子の乳母の血統について、乳母の出身地の巡査を使って三代前まで遡って調べたという話だけでも驚きだが、その後の調査で四代前の血統に問題があることがわかったという話は、さらに驚きである。

乳母の乳質に問題ありという理由で解雇せよ、という郡長らの判断も、この時代の雰囲気を伝えてなかなかのものである。だが、「乳質」を解雇の理由とするには、いくらこの時代でもさすがに無理があった。

〈小山「此の如く申し来りたれども、一たび乳質を検して雇ひたるものに付、今更乳質宜しからずと云ふ訳に行かざるに付、某〔乳母〕の方より親の病気と云ふ如き名義にて、解雇を求むる様に為す様取計ふことを、昨夜書状を以て申遣はし置けり。其方が本人の為めにも瑕《きず》が付かずして宜しからんと思ふ。某〔乳母〕は一度生児に乳を呑ましめたり。時間は二分間許《ばかり》なり」〉

授乳したのは二分ばかり、という記述がやけに生々しい。その後、倉富と小山の間で乳母を穏当に解雇する方法についての議論がつづく。

〈予「本人より解雇を求むることにする方が上策なり。此方より解雇することとなせば、其理由を云はざるべからず。然れば他の者も事実を知ることとなり不都合なり。但、表面は本人より解雇を求むることとしても、実は此方より雇を解く訳なり。而して某が雇はるるに付ては、其家にては代人を雇ふ様のことも聞き居る故、相当の手当は給せられざるべからざるべし。然れば、高義敬丈《だけ》には其事情を告げざれば、処置し難かるべし。故に高には君より之を話すことに致す方宜しからん」

小山「然らば其事に取計ふべし。高は善人なれども矢張り朝鮮人にて猜疑心深く、自分が直接に君に話しては疑心を生ずるに付、自分は常に何事も先づ高に話し、高より君に相談することと為し居れり。此節のことも、今朝君に話したることは之を秘し、高に話すこととすべし」と云ふ。予、之を領す〉

「高は善人なれども矢張り朝鮮人にて猜疑心深く」云々という小山の言葉も、日韓関係の難しさを率直に語って、胸に響く。

それほど乳質が悪しきや

乳母問題については、事の重大さに鑑み、倉富自身が高義敬に指示している。小山は倉富との打ち合わせどおり、倉富には報告済みであることを隠して高に説明したので、高は乳質問題が倉富にとって既知の情報であることを知らない。その該当部分を、同年八月二十五日の日記のなかから、抜き書きしておこう。

高の倉富への報告は、小山が倉富に語った内容よりも、さらに詳しくディテールに富んでいる。

例の巡査が村を巡回しているとき、村人に「この村から世子邸の乳母を出したのは名誉なことだ」と話したところ、土地の古老が「名誉には違いないが、あの家の血統が不純なことを知っている人もいるからなあ」と洩らした。驚いた巡査が調べてみると、はたして古老の談話は事実だった。四代前の悪疾を理由に解雇されると地域全体の責任問題になりかねないので、郡長や町長も困りはてている。乳母の出身地としては、できることなら「乳母の乳質は検査済みで問題はないが、産まれた子と乳母の相性が悪かった」ということを表向き解雇の理由にしてほしい。

この報告を高から受けて、倉富は次のように書く。

〈予は既に之を知り居りたれども、小山の話ありたる故、始めて之を聞きたる為とし、「夫れは困りたることとなるが、此事は絶体に秘密にし、他の理由にて解雇するより外に致方なし。事実を譌《いつわ》るは悪事なるも、場合に依りては致方なし。既に二三回は乳母の乳を生児に呑ましめたりとのことなれば、之を明かにすれば、世子幷《ならび》に世子妃の痛心は非常のこととなるべし。而して、其痛心は何の効もなきことなる故、寧ろ之を秘し、乳母の方より家事の都合とか、家に病人出来ありと云ふ如き理由にて解雇を乞ひ、世子邸にても、乳質も適当ならずと云ふ様なることにて解雇せらるるより外、適当の方法なかるべし。乳母の為めには、自ら解雇を請ふ方が好都合なる訳なり」と云ふ〉

九月十九日の日記には、世子邸で演じられた愁嘆場が、高義敬の報告によって活写されている。

乳母にはその前夜、実家から手紙が届いた。その内容は、郡長から乳母の実家に「乳質が少々不適当に付暇《いとま》を乞ひたらば宜しかるべき旨」通知があったことを知らせるものだった。

その手紙を読み終わると乳母は突然号泣し、同情した世子邸の老女らも「乳質はあらかじめ検査したのではなかったのですか。それほど乳質が悪いのですか」としきりに小山善を責めたてた。ついには弱気になった小山が高にだけ「多少は事実を明かしたらどうだろう」とこっそり本音を打ち明けたが、高はあくまで倉富との約束を守って、「どんなことがあっても事実は明かせない。老女らが騒ぐのなら自分が談判を引き受けようではないか」と大見得を切った。

なかなかの名場面である。小山を責めたてる老女たちの言葉を、倉富の原文からあらためて引用しておこう。

「乳質は予め検したるに非ずや、夫れ程乳質が悪しきや」

倉富日記を途中で放り出せないのは、心臓をわしづかみされるようなこうした破壊力ある言葉が、思わぬところに地雷のように埋め込まれているからである。

朝鮮への旅

王世子家に関する倉富日記の記述は、この乳母問題でひとまず終わる。次に王世子家の話題が大きくクローズアップされるのは、翌大正十一年四月二十日からである。

この日、倉富は宮内大臣の牧野伸顕を宮内省の官房に訪ねた。間もなく朝鮮出張に出かける挨拶のためだった。

「私は二十三日から朝鮮にまいります。何かお聞きしておくべきことがあるでしょうか」

倉富はこう前置きして、世子妃の服装問題を牧野に説明した。

「世子妃が李王（純宗）に観見《きんけん》するときは洋装にすることに決定済みですが、朝鮮貴族の中には反対する者が多いようです。李王家の内祝事でもあり、強いて洋装にこだわる必要はなく、朝鮮服に変更するのはやむを得ないことと思われます。他にもどんな問題が出てくるか予測できないので、臨機応変に対応するしかないでしょう」

牧野はこれに同意したと記して倉富はこのくだりを終えている。だが、朝鮮では、倉富が夢想だにしなかった事件が一行を待ち受けていた。


大正十一年四月二十三日の午前八時過ぎ、倉富は宮内省差し向けの自動車で、東京駅に到着した。王世子夫妻と前年八月に産まれた晋、それに高義敬、小山善らの朝鮮訪問団一行は、東京駅からまず京都に向かい、その日は京都ホテルに投宿した。

翌日、桃山御陵を参拝した一行は、四月二十五日の早朝五時に京都ホテルを出発し、馬関（下関）から汽船新羅丸に乗船して釜山を目指した。

倉富はこの日の日記に「前日風あり。今朝馬関を発して釜山に向ひたる壱岐丸（倉富が乗船した新羅丸の前便）は往航に堪へず、中途より馬関に返りたりとのことにて、今夜も浪大に船揺ぎたり」と記している。

倉富ら一行の朝鮮訪問は、五月二十日に東京駅に帰り着くまで約一ヵ月間の長旅となった。

この期間の倉富日記には大きな特徴がある。記述がきわめて簡潔なことである。一日の出来事が多くても三十行程度でまとめられ、少ない日は二行程度のこともある。

ふだん冗長な上にも冗長な記述が極端に短くなった理由は、朝鮮旅行中の日記を読んだだけではわからない。

朝鮮旅行から帰国して一ヵ月以上経った大正十一年六月三十日の日記の末尾に、その謎を解く記述がある。

〈大正十一年七月三十一日午前十一時五十分頃にて六月三十日までの日記を追記し終はる。追記は大正十一年四月四日以後の日記にて、追記を始めたるは六月二十七八日頃よりなり。追記の資料は極簡短に廉書し置たるものに依りたるものあり、或は全く資料なきものあり。追記の完《まった》からず、或は誤あるは免がれ難き所なり〉

わかりにくい文章だが、よく読むと大正十一年の六月二十七、八日頃から、同年四月四日から六月三十日までの日記の追記を書き始めた、書き終わったのは七月三十一日の午前十一時五十分頃だった、と言っていることがわかる。倉富の朝鮮行きは大正十一年四月二十三日から同年五月二十日までだから、あとから追記した部分にすっぽり含まれる。

この追記の細かさ自体が、倉富の異様な〝記録魔〟ぶりを語っている。倉富は誰に読まれるあてもない日記の追記を、一体誰にあてて書いたのだろうか。ただその期間の日記が完全なものではない、という倉富の悔しさだけは強く伝わってくる。

容体急変

朝鮮旅行中の倉富日記の白眉は、五月八日から五月十一日までの記述である。歴史的にも貴重な記録なので、要点をかいつまんでなるべく多く引用しておこう。

〈五月八日月曜

午後二時後、昌徳宮に行き、李王同妃に謁し、別を告ぐ。本月五日頃の贈を謝す。午後三時後、王世子同妃と倶に総督府医院を視る。又昌徳宮後苑に動物及植物を観る。午後七時、李王同妃の晩餐に会す。

夜、晋殿下、今日下痢二三回、嘔吐数回ありたることを小山善より聞く〉

昌徳宮は李氏朝鮮時代からの宮殿で、垠の父親の李太王（高宗）はこの宮殿に住んでいた。

世子一行は、翌五月九日に帰京の予定だった。ところが、この日の早朝、倉富が泊まっていた朝鮮ホテルの部屋をノックする者がいる。すぐに高義敬のところに来てほしいとの連絡だった。

倉富が世子夫妻と晋、それに高が宿泊している石造殿に駆けつけ、高に面会すると、高は「昨夜来、晋殿下の具合がたいへんにお悪い。今日の出発は到底無理でしょう」と顔をくもらせた。これを聞いた倉富はすぐ東京の牧野伸顕に電報を打ち、帰京の延引を伝えた。

この日の様子を、李方子本人が著書『動乱の中の王妃』のなかで、次のように記している。回想の記述は、お別れの晩餐会が終わり、石造殿に車が到着する場面から始まっている。

〈やがて、車はすべるように石造殿へ到着。その車がまだ停車しきらないうちに、つぶてのように車窓へ体当たりしてきた桜井御用取扱が、ほとんど半狂乱のようになって、

「若宮さまのご容体が！」

ついいましがたより、ただならぬごようすで……というのを、みなまでは聞かず、殿下も私も、無我夢中で晋のもとへかけつけました。私たちが晩餐会へ出る直前ま

で、あんなに機嫌がよくて、なにごともなかった晋が、息づかいも苦しげに、青緑色のものを吐きつづけ、泣き声もうつろなのを、ひと目みるなり、ハッと思い当たらずにはいられませんでした〉

消化不良か毒殺か

翌日、倉富は石造殿で終日すごした。晋の病状は一向に回復しなかった。夜は朝鮮ホテルに戻ったものの、さすがに眠りが浅い。

〈五月十一日木曜　午前三時頃、眠覚む。褥中にて晋殿下の排洩物を分析するの必要あることを思ひ、急に起きて石造殿に電話し、自動車を遣はさしめ、直に行く。小山善に対し、「晋殿下は中毒の症状なきや、此事は昨日も問ひたることにて、君は其症状なしと云へり。固より其通りに相違なかるべきも、排洩物は調査し置く必要ありと思ふ」と云ふ。

小山「其都度検査し居るが、勿論異状なし」

予「如何なる方法にて検査するや」

小山「之を視るのみ」

予「予の考にては夫れ丈けにては不十分なり。化学的に分析し見る必要ありと思ふ。是非其手続を為し置き呉よ」

小山、之を諾す〉

十一時ごろ、側近らのはからいで、それまで晋の治療にあたっていた朝鮮総督府病院長の志賀という主治医とは別の開業医が来た。

診察の結果は、「体中の水分欠乏し居れり。只今にては滋養物を注入されても腐敗するのみにて効なし。飲むことは吐気ありて出来ずとのことなるも、胃部に氷嚢を当て、吐気を鎮めて少しでも水分を送るより外手段なし。既に肝臓も乾き居り、非常なる重体なり」とのことだった。

倉富は梨本宮に重態の電報を打とうとしたが、主治医の志賀らが「まだ重態という段階ではありません」と言うので、電文は食塩水の注射をしたという事実を伝えるだけにとどめた。晋の容態を軽視した志賀の態度は謎だが、開業医の診断が正しかったことは直後に明らかとなる。

〈午後三時前に至り、晋殿下危篤なり、来り視るべき旨を報じ来る。乃ち寝室に入る。世子夫妻、侍女、医員等あり。酸素吸入を為し居りたるが、少時の後、終に絶へたり〉

李方子は前に紹介した『動乱の中の王妃』で、わが子晋の死をこう記している。

〈石造殿西側の大きなベッドに、小さな愛《かな》しいむくろを残して、晋の魂は神のもとへのぼっていったのです。父母にいつくしまれたのもわずかな月日で、何も罪もないのに、日本人の血がまじっているというただそのことのために、非業の死を遂げねばならなかった哀れな子……。もし父王さまが殺されたその仇が、この子の上に向けられたというのなら、なぜ私に向けてはくれなかったのか……〉

李方子の母親の梨本伊都子は、前掲の『三代の天皇と私』のなかで、この不審な死の原因を疑って、晋の死は毒殺以外には考えられない、とまで述べている。

〈方子が結婚するについて、李王朝に関する資料を読んだ時、この毒殺が恐ろしかったのです。婚約するや、嫌がらせの電報電話が後を絶たなかったのも改めて思い出すのでした。

八ヵ月の初孫、晋が東京を出発する時、その因縁の中に巻き込まれなければよいがと、この心配をどうすることもできなかったのです。帰国の前日にして、消化不良の自家中毒という電報ではありましたが、毒殺以外には考えられませんでした〉

最悪の事態に直面しながらも、長年鍛えぬかれた倉富の観察眼と筆の運びは、さすがに抜きんでている。次の記述など、現地の混乱ぶりを伝えて、どんな情報も凌駕している。

〈此朝、内地の婦人にて気合術を以て病を療する者あり、水野錬太郎の妻も其治療を受け居るとのことにて、之を呼び来りたるものあれども、病人の身体に触れざれば治療を為し難しと云ふに付、治療を為さしめずして之を返したり。又、侍女中、大神宮に祈願することを願ふ者ありたるを以て、世子附武官金応善と桜井某〔御用取扱〕を大神宮に遣はし、神官に祈願を依頼せしめたり〉

水際だった采配

晋殿下の薨去を確認した倉富は、すぐに葬儀の準備に入った。肉親の深い悲しみをよそに、淡々と仕事を進める手際のよさは、さすがベテラン官僚である。以下、帰京するまでの倉富の行動を日記から見ておこう。

まずは葬儀の日取りである。倉富は桜井御用取扱を呼ぶと「晋殿下は当地に葬るしかないだろう」と告げ、世子妃の意向を聞くよう命じた。妃に異議がないことを確認すると高義敬、李王職次官の上林敬次郎に対して「葬儀は可能な限りすみやかに行い、世子ご夫妻は一日も早く帰京されることを望む」と指示している。

葬儀日程については朝鮮貴族の意見も問い合わせたところ、最短で五日目、以降は七日目、九日目ならば、その日の吉凶は考えなくともよいことがわかった。それ以降になると吉凶を調べねばならない。何とか五日目にしようとしたがさすがに準備が間に合わず、葬儀は七日目と決まった。この夜は倉富も十一時まで通夜に列している。

翌十二日、晋の遺骸が殯所《ひんしょ》に移された。それが済むと、世子妃は御用取扱の桜井を通じて、晋の守刀とおもちゃを棺に入れてよいかどうか倉富の意向をたずねてきた。これに対して倉富は、細やかな気配りを見せている。

「もちろん棺にお入れになっても差し支えないでしょうが、殿下を当地に葬ると東京ではお参りするところがなくなります。墓でなくても、何かお参りできるような場所を設けて、そこに守刀などを納めることにしてはいかがでしょうか」

この提案は妃の心をずいぶん慰めたようで、その反応も倉富は書きとめている。

〈其後〔其日なりしか其翌日なりしか記憶せず〕桜井来り、「守刀のことは妃殿下に話したる処、大層喜ばれ、是非其通りに致し度と云はれたり」と云ふ〉

いかにも倉富らしいのはこの日の最後の一行である。

〈午後六時、晋氏の殯所に行き、小斂式《しょうれんしき》を観る〉

せっかく貴重な朝鮮紀行日記でありながら、惜しいことに倉富はほとんど情景描写をしていない。手続きやプロセスにはあくまでもこだわるのに、セレモニーそのものにはいっさい興味を示さないのである。ついでに述べておけば、ふだん連日のように晩餐会の類に招かれていように、食べ物の記述はゼロに等しい。ひたすら会話とエピソードを拾い続けるのが倉富流の記述スタイルだった。

葬儀は朝鮮風に

五月十五日には葬儀の際、会葬者が墓に行くまでの交通手段が議論された。もともと徒歩で棺の後に従うことに決定していたが、朝鮮貴族がこぞって反対し、人力車に乗ることを主張したのだという。結局、棺に従う者の人数を制限して人力車を使い、他は自動車や馬車で先回りして墓で待つこととなった。倉富ははっきり書いていないが、日本側が朝鮮貴族の顔を立てる形にしたのだろう。

葬儀が行われたのは五月十七日だった。倉富の記述はやはりそっけない。帰国してから書いた部分だとはいえ、以下が全文である。

〈午前九時五十分、晋氏の梓室《しつ》を拝礼場に遷す。午前八時、予、牧野伸顕の嘱に依り、牧野に代はりて晋氏の霊に拝し、後又自ら之に拝す。午前十時より柩に随て高陽郡崇仁面の墓所に行き、埋葬の儀を観る〉

葬儀が終わると、世子夫妻が悲しみにひたる余裕もなく、一行はあわただしく帰国の途についた。

〈五月十八日木曜

午後昌徳宮に行き、李王及妃に謁して別を告ぐ。
午後八時三十分、世子の一行と共に臨時汽車に乗り、南大門駅を発す。朝鮮貴族其他世子を送り、釜山に到る者多し〉
〈五月十九日金曜
午前六時三十五分、釜駅に達し、七時四十分、景福丸に乗り釜山を発し、午後五時後、馬関に達す。馬関の鉄道ホテルにて晩餐を喫し、七時後汽車に乗り東京に向ふ〉
〈五月二十日土曜
午後七時後、東京駅に達し、宮内省の自動車に乗り王世子邸に行き、九時頃家に帰る〉

李王家の必要性

倉富が朝鮮から戻った後、李王家が話題となったのは大正十一年十月二十八日である。その話題が出たのは、宮内省参事官の南部光臣と雑談中のことだった。

〈南部「王世子が東京に来られたるときは、生長後は永久東京に住せらるる積りなりしなるべきや」

予「伊藤公〔博文〕は韓国を併合する積りには非ざりし様なるに付、当初の考へは永久東京に住せしむる積りには非ず、単に日本に親善なる韓国君主と為らしむる趣旨なりしならんと思はる。然れども韓国併合後の考へは必しも伊藤公の考へと同様には非ざるならん。但、朝鮮貴族等は今日にては李王百歳の後は固より新李王即ち世子は当然京城に住せらるべきものと思ひ、又一同之を望み居る様なり。今日にては李完用にしても矢張り其考へになり居る様に思はる」〉

李完用は日本の朝鮮植民地化に大きな働きをした元大韓帝国総理大臣である。韓国統監の伊藤博文に同調して日本に反抗的な高宗皇帝に退位を迫ったため、韓国では売国奴の代名詞となっていた。倉富は、その親日派の李完用でさえ、いまは李垠が京城に帰ってくることを望んでいるという。

南部が続けて「世子が朝鮮に帰られることは、朝鮮人にとってどんな必要があるのでしょうか」と聞くと、倉富はこう答えた。

「一般の朝鮮人、特に独立を唱えているような者にとって李王家は眼中にない。しかし、やはり貴族などには李王家を中心とする考えはなくならないだろう。そのうえ独立派にしても、手段として李王家を利用することはあり得る。先年、李堈《りこう》公を上海に誘致しようとしたことなどはその見本だ。独立派は当初、露骨に共和制などを主張していたが、それでは儒教を奉じる者たちの賛成を得られないので、李王家を利用しようという考えを起こしたようだ。私は一昨年顧問になったとき、世子に対して、朝鮮人の中に李王家をいただくようなことを露骨に言う者があっても、それは利用しようとしているだけなので、そのような甘言に惑わされないように忠告しておいた」

高宗の庶子で李垠の異腹の兄にあたる李堈（義親王）は、一九一九（大正八）年、朝鮮独立運動の一環として上海臨時政府首班就任のため国外に脱出し、満州の安東で逮捕された（大同団事件）。倉富は、それは李王家を利用する手段だったという。

南部は「あなたのように親身になって李王家に忠告をする人が必要です」と倉富をおだて、「世子が朝鮮に帰られても、今の李王と同じく、することもなく暮らすしかないでしょう」と続けた。二人はその後、こんな会話をかわした。

「世子が無為に暮らしておられれば格別のこともないだろうが、現王のようにはいかないし、何かされても政府は困る。とはいえ王となられれば朝鮮の宮殿などはやはり維持しなければならないだろう」

「世子が帰ると言われれば、政府は世子の希望に任せるのでしょうか」

「韓国の主権は併合により移ったが、李王家についてはもちろん違う。東京に住むことを強制するわけには行かないだろう。だが、私の推測では世子妃はもとより朝鮮に住まわれることを好まれないだろうし、世子にしても同じだろう。それは好都合だと思っている」

倉富はこのやりとりのあと、李王家の賜邸（現・赤坂プリンスホテル）は世子の邸というわけではなく、江戸時代の大名が参勤交代のため江戸に屋敷を持っていたのと同じと考えていいだろう、などと述べている。

このあと、倉富と南部は例によって、李王職次官の上林敬次郎の評判が朝鮮人の間できわめてよくない、といった〃井戸端会議〃にふけっている。だが、それは本筋には関係がないのでカットする。

ただその話の中に出てくる李垠の甥について後で調べると、陸士、陸大を卒業後、陸軍大佐になり広島で原爆により戦死したことがわかった。それを知ったとき、運命に弄ばれた朝鮮貴族の悲劇をまざまざと見せつけられたようで胸つかれた。

この日の倉富と南部の会話を紹介したのは、この話とも通底しているからである。

二人の四方山話《よもやまばなし》のなかには、日韓併合という特殊な状況で生きざるを得なかった朝鮮王公族の家に生まれた夫と、日本皇族の家に生まれた妻の、海峡を隔てたがゆえの深い悲哀が端《はし》なくもあぶりだされている。それだけではない。そこには、倉富自身の朝鮮認識も素直に述べられている。

李垠夫妻のその後

最後に、李垠夫妻のその後の人生について簡単にふれておこう。

倉富が南部と雑談したときから四十年あまり、李垠夫妻は朝鮮には帰らなかった。

李垠は陸軍大学校を卒業後、宇都宮の歩兵第五九連隊長を振り出しに、近衛歩兵第二旅団長などを歴任して、最後は中将まで昇進した。

敗戦にともなう王公族制度の廃止により、李王の資格を失った李垠は帰国を試みるが、日本と韓国の間の国交はまだ樹立しておらず、敗戦後十八年は、夫人の方子とともに、在日韓国人として日本にとどまった。

李垠が死んだのは、故国の土を再び踏んでから七年後の昭和四十五年のことである。

一方、韓国に帰化した方子は知的障害児の救援活動に取り組み、平成元（一九八九）年、八十九歳で他界した。葬儀は韓国の準国葬として行われ、日本からは三笠宮夫妻が参列した。

第四章　柳原白蓮騒動

――皇族・華族のスキャンダル

皇居侵入事件

『原敬日記』の大正十年一月二十二日の項に、次のような記述がある。

〈皇城内に侵入したる少年の処分に付、検事の見込は長期刑を課して改悛せしむるを可と云ふ由にて其上申書を大木法相余に示して意見を求むるに付、余は長期は不可なり、可成《なるべく》は教戒する様ありたし、但皇后陛下有がたき御内意もありと大森大夫内話せし由に聞けば、一応は同大夫に相談する方然るべしと云ひ置けり〉

原敬は一月二十六日の日記でもこの事件についてふれ、皇城内に侵入した少年の名を松山吉五郎と明かした上、司法当局に改めて寛大な処分を求めている。

また、一月三十一日の日記でも、皇后陛下直々からも有難き思し召しがあったので、不起訴処分にすべし、という意見を述べている。

宮中に少年が侵入して一時は大騒動になりかかったが、皇后のありがたい温情で寛大な処分になった。『原敬日記』は、そこに力点を置いてこの事件を記している。

だが、大方の読者が知りたいのは、事件そのものについての詳しい情報である。松山吉五郎とはいかなる少年であり、どんな目的で皇居に侵入したのか。だが、『原敬日記』をいくら読んでも、その点についてはわからない。

『原敬日記』とは打って変わって、こうした宮中ゴシップに関して誰よりも目がなく、腕によりをかけて綴っているのが、倉富日記の素晴らしいところである。

ところが、残念なことに大正十年一月一日から二月七日にかけての倉富日記は失われているため、最初この皇居侵入事件の記述はないとばかり思っていた。

しかし、さすがはわれらが倉富勇三郎である。この皇居侵入事件は、やはり大正十年二月九日の日記にきちんと書かれていた。情報源となっているのは、おなじみの南部光臣である。

この日、倉富は午前十時頃から学習院の制度改革についての会議のあと、仙石政敬、南部光臣らの〝宮中井戸端会議トリオ〟と、例によってとりとめもない雑談に興じていた。

その雑談の途中、南部が昨日は深夜まで仕事をさせられたとぼやき気味に語った。

倉富は、宮中で起きた異変は針一本落ちても絶対に見逃さない男である。南部が何気なく言った言葉が、倉富の好奇心を強く刺激したのだろう。南部に話の続きを促した。

以下、原文を引用しよう。

〈南部光臣、昨夜深更迄執務したることを話す。

予「帝室制度審議会の会議なりしや」

南部「然らず。懲戒問題なり」

予「侵入事件なりや」
南部「然り」
予「予は侵入者の名を知らず、先日、某事件と云はれ之を解することを得ずして困りたり」
南部「自分も氏名は確記せず。松永吉五郎なりしならん」
予「彼の件は司法処分に付せざることに決したりや」
南部「然り。起訴猶予の処分を為し、小笠原島に送りたり」〉
倉富はこの事件によほど興味を引かれたのか、同じ日の日記には、こんな記述も残っている。思い出したら、記述の整合性はひとまず放っておいて、すぐに書きとめるのが倉富流である。
〈午前、南部光臣と話したるとき、南部より松永吉五郎は大正九年十二月一日夜、竹橋通りの塀を越へて侵入し、同月三日に至り捕へられたること、吉五郎は御沙汰に依り学資でも頂戴し度様《たきよう》のことを申述べ居るも、当てにはならざることを話したり〉
これで事件の様子がだいぶわかってきた。
事件は昨年の大正九年十二月一日の夜に起きたこと、犯人の少年は起訴猶予処分となって小笠原送りになったこと。ただ、『原敬日記』では犯人の少年の名前が松山吉五郎となっているのに対し、倉富日記では松永吉五郎となっている。この事件を三ヵ月後に報じた大正十年二月二十四日の『東京朝日新聞』にも少年の名は松山吉五郎とあるので、倉富の誤記と思われる。

小僧の動機

この事件の記述が最初に出てきた日から十日後の二月十九日の日記には、この事件の続報が微に入り細を穿って書きこまれている。

この日、倉富は午前十時頃から、皇居侵入事件の情報源となった南部光臣の部屋で、宮内省の人事問題についてとりとめない雑談をしていた。

南部が宮内省の近況を論じて、「あなたが宮内次官になるべきです」と水を向けると、倉富は、「自分はすでに宗秩寮総裁代理の辞表を提出している」と打ち明けた。南部が「それはあまりに潔癖すぎます。辞表を撤回してください」というやりとりがあって、やおら本題に入っていく。いきなり本題に入るのではなく、もったいをつけた話題をふってから、やっと本題を切り出すのも、倉富のいつもの流儀である。

倉富が吉五郎事件の続報について尋ねると、南部はその背景から語り始めた。

——吉五郎は奈良の生まれで、大阪あたりで活版職工となり、東京では実業之日本社で小僧となっていた。何とかして学校に行きたいと思っていたが、社主はそれほど親切でない。吉五郎は、皇后陛下は慈愛深く、病院で貧しい子どもに衣類を賜ったという新聞記事を読み、陛下の仁慈によって修学しようと思って皇居に侵入した。

南部の長い報告はここから佳境に入る。これが一日の日記のほんの一部であることを思い出していただきたい。まるで速記録のような詳細な記録ぶりに、あらためて感動を覚える。

〈南部「初め代官町の塀を越へて構内に入り、其後も塀を越へて御寝所に近《ちかづ》き、内塀を越へて飛下りたるとき大なる音響ありたる為め驚きたるが、是は正午の礮声《ほうせい》なりしと云ひたる由なり。既に殿内に入り居りたる処、女官に使はれ居る子供が之を見て大《おおい》に驚き、自室に駈込み其話を為したる処、女官某は其子供を叱り、男子の入るべからざる処に男子が居りたらば何故に掛りの人へ之を告げざりしやと云ひ居りたる処、其室の障子を開きて伺ひたる者あり。是が即ち吉五郎にて、女官も大に驚き、小供と共に大声を発し、子供は啼き出す如き噪《さわ》ぎにて、皇后陛下其声を聞きて何事なりやとの御尋あり。事状を言上したる処、陛下より掛の者に告げよとの御指図に依り、皇后宮職の者に是を報じ、三十歳計《ばか》りの者が之を捕へたるに、捕に就くや否、御願ひがありと云ふ故、之を問ひたる処、空腹に堪へざる故、食物を下され度と云ひたる由にて、侵入するとき食物の用意は為し居らざりしものと思はる。本人は刑事処分は為さず起訴猶予と為し、感化院入として小笠原嶋に送りたる趣なり」〉

ここには新聞報道をはるかに上回るおびただしい事実が、しかもふだん絶対に窺うことができない宮中の奥の院の様子が、まるで見てきたようにして語られている。

宮中の奥に女官に使われている子どもがいたということも驚きだが、もっと驚かされるのは、女官の大声や子どもの泣き声に皇后陛下が気づいて、「何事か」と尋ねたという話である。これは視点をかえれば、少年は皇后の肉声が聞こえるようなところまで、宮中の奥深く闖入《ちんにゅう》したということである。時の総理大臣の原敬がこの事件をわざわざ日記に記した理由も、これでわかる。

小笠原の感化院送り

警備陣の受けたショックも大きかった。皇宮警察長の田中次郎が「引責ではない」としながらも免官となり、主殿頭《とのものかみ》の市来《いちき》政方は譴責処分を受けた。警備陣の面目は丸つぶれである。

事件から三ヵ月後に『東京朝日新聞』がこの事件について報じたことは前にふれた。それによれば、吉五郎は「日本評論社の給仕」とあり、同社の関係者の証言も得ているので、南部情報の「実業之日本社の小僧」は誤りと思われる。ただし、皇居内での吉五郎についての新聞の記述は曖昧な伝聞に頼っており、南部情報の生々しさには到底及ばない。「怪少年宮城に闖入」という見出しに合わせた『東京朝日新聞』の講談調の怪しげな記事を引用しておこう。

〈一説に依れば吉五郎は食パン一週間分を携へ、某工事に従事中の土工に紛れ込んで宮中に忍び込み、昼は御苑内の樹木の闇に身を潜め、或は樹々の枝に上つて発見されぬやう努め居たが、女官に発見され終に逮捕されたものであるが、吉五郎は逮捕された時、前記の食パンを容れた風呂敷包を後に背負つて居たとも伝へられて居る〉

朝日の記事には、後述する華族スキャンダルに関連して倉富日記に登場する警視庁刑事課長の正力松太郎が事件の取り調べにあたった、皇居に侵入したのは無邪気な美少年だったとも書かれていて思わず目がとまった。

だが、それ以上に興味をそそられたのは、皇居侵入少年は一週間分の食パンを背負い、昼は木の下陰に身をひそめていたという記述である。少年を夜陰に乗じて皇居の小暗い木々の間を飛び回る怪しい猿《ましら》か、宮中に厄災をもたらす不吉な鵺《ぬえ》扱いしたこの報じ方は、明らかに読者の俗情に阿《おもね》って、立川文庫さながらである。

皇后陛下の仁慈にすがって奨学金の恩賜にあずかろうとした出版社の小僧を内務省管轄

の小笠原感化院送りとしたのは、司法省案件となって裁判にかけられれば、皇居の内部をある程度明らかにしなければならず、それを恐れた当局が極秘のうちに行った配慮だったのだろう。

ちなみに皇居闖入少年が送られた小笠原の感化院は、戦前、手のつけられない不良少年だった詩人のサトウハチローも収監された自立支援施設である。

二重橋前爆死事件

宮中を震撼させた事件といえば、大正十一年三月十七日の二重橋前爆死事件も忘れるわけにはいかない。

午後二時十分頃、小原駐吉がやってきて、いきなり「お聞きになりましたか」と切り出した。倉富が「何も聞いていないが、何事か」と応じると、小原が息せききって事件について話しだした。

〈小原「午後一時頃、労働者風の男にて齢四十歳許《ばかり》の者、二重橋の正門目掛けて奔り来り、巡査は其跡より追ひ来り、哨兵は之を誰何《すいか》したる処、『上奏なり』と云ひ、其者の腹の辺より烟《けむり》が出で居り、哨兵は『上奏ならば此処に来るべきものに非ず』と云ひ、尚ほ進みて正門内に入らんとする故、正門の小門を鎖《とざ》したる。其男は其儘俯倒したると同時に轟然爆発し、胸腹部は何も留めず即死したる由にて、自分は其報を聞き、大木彝雄《つねお》（宮内省文書課長）等と共に現場に到りたるも、血痕肉片等門扉石垣等に飛散し居り、実に不潔を極め居れり。依て蒸気ポンプにて之を洗ひ清め、土は之を掘り取りて新なる土を入るることとなし置たり」〉

小原からこれを聞いた倉富は礼を言うと、庶務課から関屋次官の部屋へと回り、田中次郎の後任として皇宮警察長となった市村慶三の報告を聞いた。市村の説明によると「自殺者が持っていた上奏書は十枚ばかりで、読む暇もなく警視庁に届けました。後から写しを届けてもらうよう約束してあります。『慨法（邦の誤記か）改革』というような文字がありました」とのことだった。

労務者風の男はおそらく浮かばれない自分の境遇を嘆き、時局を憤るあまり二重橋前で爆死するという挙に出たのだろう。この事件を『東京朝日新聞』は、「爆弾を懐にして二重橋上に惨死　労働者風の一怪漢」「直訴だ〳〵と叫びながら橋上に俯伏した　途端に轟然たる爆音」と、相変わらず読者の好奇心を煽るだけ煽って報じている。

嫉妬に狂ったお殿様

倉富日記には、宮中のトピックスばかりが書きとめられているわけではない。

前にも少しふれたが、大正十年代は皇室最大の危機の時期にあたっており、倉富は宮中改革の仕事に忙殺される日々を送っていた。詳しくは後で述べるが、この頃倉富は毎日のように摂政制度導入や宮中改革に関する秘密会に出席している。

そんな重大な密命を帯びていたにもかかわらず、倉富日記に皇族や華族にまつわるスキャンダルやゴシップの噂話が満載される結果となったのは、ひとえに倉富の旺盛な好奇心ゆえである。

大正十年十二月八日の日記から見ていこう。この日、倉富は柳原燁子《あきこ》（白蓮）の異母兄の柳原義光（伯爵で貴族院議員）の責任問題について宮内大臣の牧野伸顕と話し合いをもっていた。この頃、宮中は後述する柳原白蓮のスキャンダル事件で大揺れに揺れていた。

その途中、徳川慶久《よしひさ》の話題が出た。徳川慶久は第十五代将軍徳川慶喜の七男である。

〈牧野「徳川の家庭に関することを聞き居るや」

予「何も聞く所なし。但、徳川より庶子出生届を出したるは妙なことなりと思ひ居るのみ」

牧野「徳川が赤十字社の用務を帯び、洋行して帰りたる頃よりのことなりとか云ふことなり。夫婦の間調和を欠き、慶久は其の為極度の神経衰弱を病み居るとのことなり。徳川の不在中夫人が待合に入りたることあり、又芝居観に行きたることありとか

云ふこととなり。名家の家庭に此の如き風聞あるは実に困りたることとなり。此事は誰にも話さず、君一己の含に留め置呉よ」〉

それから約二週間経った十二月二十日の日記にも、徳川慶久の話題が出てくる。倉富が牧野との打ち合わせを終わり、部屋を出て行こうとすると、牧野がまだ話したいことがあると言って、倉富を呼びとめた。

徳川慶久

〈牧野「徳川慶久が一昨年頃、西洋より帰りたる後嫉妬を起したり。其原因は不在中其妻が待合に行きたること、家扶と私したることありと云ふこと等なる由。慶久は一度は離婚を言渡したるも妻之に応ぜず。或時は妻を厳責したるも服せざる為、終に刀を以て其髪を切りたるも、僅に切りたるのみなりし由〔昨年五月頃〕。其後妻は葉山の有栖川別邸に行き居る由なり。慶久は近々洋行する由なるが、其女（娘）を伴ひ、其侍者の名義にて妾を随行せしむる由にて、妻は異見なきも、女が悪感化を受くることを気遣ひ居るとのことなり」〉

このあと、牧野は慶久に忠告するには渋沢栄一あたりが最も適当な人物だろう、と述べている。渋沢栄一は、慶久の父親の徳川慶喜を生涯主君と仰いだ男である。

慶久と険悪な関係になった夫人は有栖川宮家の第二王女で、慶久と夫人の間に生まれた次女喜久子《きくこ》は高松宮に嫁いだ。非の打ち所がない家系である。それだけに牧野はスキャンダルの発覚を恐れて、倉富に「此事は誰にも話さず、君一己の含に留め置呉よ」と固く釘をさしたのだろう。

徳川慶久は貴族院議員のなかでは屈指の中国通として知られ、将来を嘱望される存在だった。柔道二段、ビリヤード、乗馬、ゴルフ、鉄砲などスポーツ万能で、囲碁、油絵もかなりの腕前だったという。容貌も眉目秀麗といってよく、人気抜群の貴公子だった。

だが、人は見かけによらないものである。離婚を迫って妻の髪を刀で切るとはただ事ではない。これでは多芸多才にして人格円満どころか、まるで江戸時代の〝殿ご乱心〟である。

某男爵の老いらくの恋

倉富の情報源は宮内省内部だけではなかった。皇族、華族の事務全般を取り扱う宗秩寮総裁代理という立場から、倉富には外部からもディープスロート情報が寄せられた。

大正十年四月十三日の日記に、松本重敏という男が午前八時半に自宅を訪ねてきたという記述がある。松本は『忠君論』などの著作をもつ法学博士である。

松本が来訪した目的は、某男爵の意を受けてのものだった。

松本が言うには、某男爵は妻を娶ろうとしているが、相手は十六、七歳のころ、しばらく紅葉館で酌婦をしていたことがある。二人の間には七、八歳の男子がいて、その女性を正妻にしたいのだが、宮内省では許可されるだろうか。もし許可されないなら、本人はすでに六十歳以上でもあるので隠居して籍も移し、華族をやめた上で結婚すると言っている……。

そう相談を持ちかけられた倉富とそんなに年のかわらない老いらくの恋である。無類の愛妻家で色恋沙汰とは生涯無縁であったろう倉富は、事務的に話を進めた。

〈予「先例を取調べたる上に非ざれば何とも云ひ難し。返事は電話にて通知すべし。其男爵は誰なるや」

松本「都筑馨六《つづきけいろく》なるが、是は秘密にし置き呉よ」

予「都筑には妻あるに非ずや」

松本「不都合のことありて離婚したり。内縁の妻を正妻と為すことに付ては、先頃井上勝之助が都筑の家に来りたるとき之を話したるに、井上は夫れは出来難きことと云ひたる趣なり」〉

都筑馨六は井上馨《かおる》の義弟で、伊藤博文、山県有朋など有力者に仕えた功績で男爵にとりたてられた明治の政治家である。また都筑がその前に結婚問題について相談した井上勝之助は井上馨の養子で、都筑とは叔父と甥の関係になる。前述の通り、井上は当時宗秩寮総裁のポストにあったが、病気療養中のため、倉富が総裁代理となっていた。この経歴からいっても、都筑が井上に最初に相談を持ちかけたのは当然のことだった。

その都筑が妻として娶ろうとしている元酌婦がいた紅葉館は、現在、東京タワーが立っている芝公園内にあり、尾崎紅葉や巌谷《いわや》小波《さざなみ》など硯友社の文士たちがサロンとしてよく利用した高級料亭である。

倉富は高級官僚には珍しい骨身を惜しまない男だった。その日のうちに都筑男爵と紅葉館元酌婦の結婚問題を調べ、結果をすぐ松本に知らせている。

〈十二時前、予、宗秩寮に到り、酒巻芳男に面し、「華族が妻を娶るとき、妻と為るべき者が賤業を為し居たりとの理由にて其結婚を認可せられざることとなり居るや、又、其女が相当の家の養女と為りても同様なりや」と云ふ。

酒巻「其通りなり。不認可の事例はいくつもあり。後刻までに取調べて之を示すべし」〉

午後二時には酒巻が先例を調べてやってきた。そこで倉富は初めて、依頼の内容が都筑馨六の結婚問題であることを打ち明けた。そして都筑には内縁の妻との間に子どもがいることを伝えて、都筑がその子を認知しているかどうか調べておくよう改めて酒巻に依頼した。倉富は「何か疑わしい点があっても、そのままにしておいてほしい」といい、酒巻は「このまま調べると目立つので、四、五日たってから調べてみます」と答える。二人とも都筑に同情的であることがわかる。

ただし前例を何より重んずる宮内省のことである。結婚をすんなり認めるかといえばそうも行かない。その日の午後八時過ぎ、倉富は松本に電話して不認可の旨を伝えた。松本は礼を述べ、「事実は秘密にしてください」と念を押している。

男爵家姉妹ドンブリ事件

倉富日記の大正十年十月二十日と翌年二月六日、七日には、千家から毛利家に嫁いだ華族の国子という女性が寡婦となって、妹の夫の尾崎某という男と不義密通の関係を続けているというスキャンダルが書かれている。下品な言い方をすれば、尾崎某という男は〝姉妹ドンブリ〟のタブーを犯したことになる。

大正十年十月十日発行の『面白倶楽部』は、このスキャンダル事件をいかにも講談社発行の雑誌らしい講談調で伝えている。張扇の音が聞こえてきそうな名調子である。

「国子未亡人除籍事件」と題するこの記事によれば、ここに登場する国子未亡人の父親は男爵、記事ではM家と書かれた嫁ぎ先の毛利家は子爵、国子未亡人の不倫相手で記事ではOと書かれている尾崎某は男爵と紹介している。まずは、大正華族の乱倫ぶりをすべて濃縮したような大スキャンダルだったことがわかる。

記事は徹頭徹尾おどろおどろしい美文調である。

〈国子夫人が四人の愛子《いとしご》を捨てるは愚か、あたら名門の流れを汚して、父祖の名まで地に委《い》して顧みぬ処為に出《い》でた裏面の消息こそ、実に止むに止まれぬ強烈な性の執着と富貴に惑はされた婦人の深い苦悩がある。一方国子未亡人を此窮地に誘ひ堕したO男の行為は、恋と云ふには余りに不純で、寧ろ色魔と呼ぶに相応しい処に呪はしい非難がある〉

驚くのは、その尾崎某の素行調査を依頼するため、宮内省式部官の松平慶民《よしたみ》が警視庁官房主事の正力松太郎に面会していることである。警視庁官房主事は警視総監の懐刀ともいうべき職責にあり、政治、思想、労働、外事などの重要情報を収集する一方、政界の裏工作を一手に握るポジションだった。正力が前年の大正九年末に起きた〝怪少年皇居侵入事件〟の取り調べ責任者になったことはすでに述べた。

正力は〝姉妹ドンブリ事件〟の内偵捜査から二年二ヵ月後の虎ノ門事件の警護責任をとって警視庁を辞職した。その後、内務大臣の後藤新平の援助で読売新聞入りし、今日の読売の隆盛の礎を築いた。
〈午後三時後、尾崎某の所行に付、更に取調を為さしむべきことを酒巻芳男に告ぐ。酒巻「松平慶民は未だ警視庁の正力某に面会したることなき故、旁《かたがた》、松平が警視庁に行き取調を依頼することとすべしと云ひ居れり」〉（大正十一年二月六日）
大正十一年二月二十三日の日記には、牧野伸顕の談話として、「聞く所に依れば妻は一人にては耐へ難き故、姉との関係を喜び居るとのことなり」という、およそ宮内大臣とは思えない品のない発言が記されている。

婦人関係にて健康勝れず

皇族、華族のゴシップを書くときの倉富の筆致は、くどい上にしかつめらしいふだんの文章とは別人のように、心から楽しげである。それが自然に流露しているところに、誰の目も気にせずに書かれた倉富日記の無類の価値とおかしみがある。

次にあげる大正十一年十一月十七日の西園寺八郎とのやりとりは、倉富日記のなかでも出色のユーモアシーンとなっている。西園寺八郎は元老・西園寺公望の娘婿である。このとき宮内省の式部職次長で、後に主馬頭《しゅめのかみ》などを歴任した。

〈午前十時頃、西園寺八郎来り、「東久邇宮のことを聞きたりや」と云ふ。

予「聞かず」

西園寺「東久邇宮附武官某より陸軍大臣に対し、東久邇宮殿下は婦人関係にて健康勝《すぐ》れざる故、早々帰朝せらるる様取計ひたらば宜しからんと申来り、陸軍大臣より之を宮内大臣に転報したりとのことなり」

予「婦人関係にて健康を害すと云ふは解し難し。如何なる病状なりや。精神病でも起りたる訳なりや」

西園寺「然るには非ず。詳《つまびら》かなることは分らず。或は神経衰弱とでも云ふ訳なるべきか。神経衰弱位ならば何も遽《あわ》てて帰朝せしむるには及ばざることなり」〉

明治天皇の皇女の聡子《としこ》内親王（大正天皇の妹）を妃にして昭和天皇とは叔父、甥の関係になった東久邇宮稔彦《なるひこ》は、型破りの皇族として知られている。

東久邇宮稔彦

大正九（一九二〇）年、フランスに留学して自由奔放な暮らしを謳歌し、帰国したときはすっかり自由主義者となっていた。倉富と西園寺がここで話題にしているのは、東久邇宮のパリでの奔放な生活ぶりについてである。

東久邇宮稔彦は『文藝春秋』（昭和二十六年四月号）に、「青春巴里記」という手記を書いている。しかしそこに書かれているのは、通り一遍の海外見聞のみで、当然のことながら「婦人関係にて健康を害す」類のエピソードは一行も書かれていない。

倉富のみならず、大臣以下、宮内省はこぞってこの問題を深刻に受け止めた。以下の記述からも、東久邇宮が皇族の中でいかに期待される人物であったかがわかる。

〈予「是は大切なることとなり。帰朝せらるるにしても、殿下自ら進みて帰朝せらるる様にせざるべからず。最早松平（慶民）も巴里に行き居る訳に付、宜しく取計ふことならん。処置を誤らば殿下の終生を誤ることとなる、云はば殿下を殺すか活かすかの界《さかい》なり。夫れも元来無能の方なれば致方なきも、殿下は然らざる故、之を殺す様のことありてはならず。此ことに付ては宮内省は十分に犠牲を払ひても致し方なし」

西園寺「一時の脱線位のことにて一生をなくする様のことは決して為すべきことに非ず。いづれ次官（関屋貞三郎）より話すならん」〉

松平慶民は幕末の福井藩主、春嶽の号で知られる慶永《よしなが》の息子である。イギリス留学の経験をもち、宮内省きっての海外通として知られた。昭和二十一年、最後の宮内大臣に就任し、宮内省が廃止されたときは初の宮内府（現・宮内庁）長官となった。

昼食の後、今度は次官の関屋貞三郎と倉富が東久邇宮問題について協議した。

〈関屋「宮内大臣より東久邇宮殿下婦人関係にて健康宜しからざるに付、帰朝せらるる様取計ふ方宜しかるべき旨、附武官より陸軍大臣へ申来り、陸軍大臣より其旨を宮内大臣に通知したる趣にて、松平慶民に対し殿下の状況及其処置に関する見込を通知すべき旨申遣はすべき旨、申来りたり。松平は十分呑込み居ることに付、特に申遣はす必要なしとは思ひたれども、念の為昨日電信を以て松平に其ことを申遣はし置きたり」

予「婦人関係にて健康勝れずとは如何なることとなるべきや」

関屋「夫れは分らず。花柳病位ならば何も搔《さわ》ぐ程のこともなかるべし」〉

「婦人関係にて健康勝れずとは如何なることとなるべきや」。こんな珍妙な台詞を、あの村夫子然とした顔でおごそかに言ったかと考えるだけで、思わず微笑がわいてくる。

西園寺の秩父宮批判

西園寺八郎は、大正天皇の第二皇子の秩父宮雍仁《やすひと》（幼名・淳宮《あつのみや》）についても苦言を呈している。書かれているのは、大正十二年一月十日の日記である。

西園寺は秩父宮のスキー旅行に随行し、数日前に帰ったばかりだった。西園寺は秩父宮の性向をはじめて身近で見聞し、その性格の狷介さを痛感して閉口したという。

〈西園寺「殿下は余程難物なり。殿下は何事も一と通に出来るが余程御高慢にて人を侮らるる風あり。彼の老人が何かと云ふ様なる御体度あり。殿下は能あるも之を韜《つつ》みて人に知らしめざる様になされ、夫れが自然に発露する様になれば非常に貴き宣伝なるも、自ら衒《てら》はるる様にては決して宜しからず」〉

なかなか手厳しい批判である。西園寺はまた、秩父宮の行動には野卑なことも少なくないと述べ、その原因は、年下の軍人などと一緒に暮らしたりするから、自然にその感化を受けているようだ、と分析してみせた。後年、二・二六事件を起こした青年将校たちと秩父宮の関係を想起せずにはいられない貴重な証言である。西園寺の発言はさらに続く。

〈「此ことは実に大なる問題なり。大臣が病気回復したらば、此事は是非とも協議せざるべからずと思ふ。殿下は才気はあるも十分に研究なさるる熱心はなし。是も殿下の短所なり。殿下のことを人が誉むれば、夫れで自分〔殿下〕は真にえらきものと思ひ居らるる様なり」〉

西園寺が「大臣が病気回復」云々と言っているのは、宮内大臣の牧野伸顕がこの頃、体調を崩していたからである。これより二日前の日記には、小原駩吉の談話として、牧野は先日嘔吐したとき胆汁まで吐き、黄疸の症状を起こしたが、いまは床から起き上がっているからそう心配することはないだろう、と記されている。

倉富は西園寺の秩父宮批判に同感し、「近ごろ新聞などがしきりに平民主義とか何とか書き立てるので、殿下方もいくぶん影響されている嫌いがある。私は同じ皇族でも秩父宮殿下などは決して一技一能に達せらるる必要はなく、人に上たる徳望さえお備えになればそれでよいと思う」と答えている。

それに比べて、と倉富は続けた。

「王世子は実に立派な人だ。軍隊で年少の尉官の中にありながら、その悪習にも染まっていないのは賞賛すべきことではないか」

西園寺は「その通りです。世子は謙遜しながらも威を失わない態度がおありです」と応じ、倉富が「宮内大臣が最初に世子に感心したのは、英国皇太子殿下が来日されたとき、東京駅で大変な混雑の中で人ごみをかきわけ、大臣に丁重な挨拶をなされたことだったそうだ」と世子のエピソードを披露すると、西園寺はふたたび秩父宮批判をむし返した。

〈西園寺「秩父宮殿下は県庁の警察長か知事が態々《わざわざ》電車に来りても、来なくてもよきものと云ふ様なる体度を現はさるる故甚だ宜しからず。其点

秩父宮雍仁

に付ては皇太子殿下は内心は御気に入らざることにても非常に御動になり、賤しきものにても自分〔皇太子殿下〕の為に来りたるものとて御引見遊ばさるる様のことなり。秩父宮殿下は皇族中の年少にて品性宜しき方及華族中にて適当なる人を選して御仲間と為し、御品性を陶冶し成るべく早く洋行せしめ、厳格なる家庭に入れて高尚なる方になすが宜しからん」〉

興味深いのは、西園寺八郎が秩父宮と比較する形で皇太子の人となりにふれていることである。その皇太子は天皇に即位してからも、スポーツ万能で国民に人気があった弟君の秩父宮に内心穏やかならざる感情をずっと抱いていたといわれる。

無免許運転で報道管制

倉富日記は、一般には伏せられた皇族の事件、事故についても書きとめている。小原駩吉から牧野伸顕の病状を教えられた同じ日（大正十二年一月八日）、倉富はやはり小原から竹田宮家の交通事故について聞いている。

〈小原「竹田宮某の自動車が終に人に負傷せしめたるに非ずや」

予「予は何も聞かず」

小原「酒巻〔芳男〕より君には疾《と》く告げ居ることならんと思ひたり。本月三日、司法省の前にて竹田宮の侍女を載せたる自動車が三人に負傷せしめ、一人は足を敷き、一人は刎《は》ね飛ばされて頭部を打ち、一人は擦過傷を負ひ、二人は築地の林病院に入り居り、其自動車には宮の御紋章を附け居り、大坂の新聞には一寸此ことを書きたるも、東京にては一切掲載を禁じ居る由なり。而して警視庁にて取調べたる所にては、運転手は警視庁の免許を受け居らざるものなる由なり」〉

小原が最初に「竹田宮某の自動車が終に」と述べていることからもわかるように、竹田宮家が自動車事故を起こしたのは、おそらくこれが最初ではない。

それにしても三人を負傷させた上に、調べたら無免許運転だったというだけでもひどい話なのに、東京の新聞にはすべて報道管制を敷いたというのだから、開いた口がふさがらない。

御猟場の出来事

皇族がらみのスキャンダルといえば、宮内省御猟場での事故も二つ報告されている。竹田宮家の自動車事故と同様、二つとも内々にもみ消されたらしいことがわかる。

一件目は、その昔は乃木希典《まれすけ》や東郷平八郎も訪れたことがある福島県矢吹御猟場での猟銃事故で、大正十一年十一月四日の日記に出てくる。

この日、倉富は午前九時に枢密院事務局に出勤し、国際連盟規約改正議定書の審査委員会などに出席したあと、宮内次官の関屋貞三郎が戻ってくるのを待って、関屋の部屋に駆けつけた。

〈予、乃ち行きて関屋に面し、先づ矢吹御猟場にて弾丸の為人を傷《きずつ》けたる事実を問ふ。

関屋「未だ分らず」

予「皇族の過失なるやの噂あるが、如何」

関屋「夫れも分らず」

予「今日の官報に、博義《ひろよし》王博忠《ひろただ》王両殿下が矢吹に行かれたることは掲載し居れり。御猟場に行かれ居ることは事実なり」

関屋「然り。猟銃も未だ熟せられざる故、間違あるやも計り難し。何処よりも報知なし。昨夜国民新聞より何とか云ひ来りたる話は聞きたり」〉

博義王は伏見宮博恭《ひろやす》王の嫡男、弟の博忠王はわずか三歳で華頂宮《かちょうのみや》の家督を受け継いだ。この当時は、二十六歳と二十一歳になったばかりの青年皇族だった。

二日後、矢吹御猟場の事故について倉富と話しているのは、お喋り仲間の酒巻芳男である。話し相手をかえて、事の真偽を質していくのはいつもの倉富のやり方である。

〈酒巻「矢吹御猟場に於ける事件は聞きたりや」
予「聞きたり。石川某の過失と云ふことと為したるに非ずや」
酒巻「然り」
予「被害者に対しては如何なる取計を為したるべきや」
酒巻「即夜、西園寺八郎の取計ひにて見舞金百円と石川の名刺を持たせて属官を遣はし、翌日石川自身が見舞に行き、被害者は二十歳前後にて模範青年と云はるるものなる趣。其親抔《など》も被害者を病院に入るるなど手厚き取扱を為したることに付、厚意を喜び居り、加害者に対し訴を起す様のことは決してなき模様なり」〉

酒巻によれば、被害者の指にはまだ銃弾が入ったままであり、解熱してからでないと抜き取れない上に、どの程度の後遺症が残るかもわからないという。

かなりの事故だが、酒巻は猟銃事故は石川某の過失ということで済ました、と言っている。これは石川某を博義王の身代わりにたてたということである。石川某とは誰か。翌日の倉富日記にその正体が明かされている。

その日の昼食後、食堂で倉富は小原駩吉と談話中、周囲に人がいないことを確認した上で「さぞ気疲れしただろう」と声をひそめた。小原は実は、この猟銃誤射事件のとき博義王と一緒に御猟場にいた。小原が答える。

〈小原「御猟場に於ける猟に必ず主猟官を出張せしむることと為し置たるは、此の如きことある場合を慮るより出でたるものにて、此節も全く石川成秀の過失と為し、被害者に対して主猟官が職務上の過失より出でたることとして、宮内省より相当に慰藉する積りなり。西園寺八郎の取計にて、即時に見舞金百円を贈りたる趣なるが、自分の考にては、是は贈りて勿論悪しくはなきも、他日相当の手当を為せば強ひて贈るにも及ばざりしものならんと思ふ」〉

この話から、石川某は石川成秀という主猟官だったことがわかる。

驚くのは「御猟場における猟に必ず主猟官を出張させることにしておいたのは、このような場合のため」という冒頭の記述である。小原のこの言葉は、天皇を頂点とする身分制度の本質を自ら言い当ててすさまじい。

弁当配達夫を射殺

一件目の矢吹御猟場に於ける猟銃事故はケガ程度で済んだらしいが、二件目の雲畑御猟場に於ける猟銃事故は、表沙汰になれば傷害致死事件になることを免れられない重大な人身事故だった。

杉林が鬱蒼と繁る京都の北部にあって、京都市街への薪炭の供給地だった雲ケ畑には古くから天皇家の御猟場があった。

大正十二年一月二十三日の日記に、小原駐吉の談話を引用した記述がある。

今回の被害者は、数年前から御猟場で弁当配達夫をしている男だった。御猟場のことは熟知しているはずだが、事件のときは弁当箱を路上に置き、「数十間を隔てたる処」に棒を持って立っていたところ被害に遭ったものだという。小原は「本人にも過失はある」と言っているから、不注意もあったのだろう。しかし相手が悪かった。男の父親は短気者で、加害者に暴行を加えるほど怒ったものの、元来が淡白な性質ですぐに収まったらしい。問題は被害者の叔父で、村の助役ながら性格が悪く、兄（被害者の父）が旅館を経営するのに資金を出しており、その回収問題もあって最初から賠償金のことを持ち出してきたという。

第一報から宮内省は混乱していた。

〈小原「大谷正男より第一番に自分の処に電話にて出来事を報知したるが、大谷は余程狼狽したるものと見へ、天城御猟場にて射殺したりと云へり。是は天城御猟場の監守長某が云々との電信を見て即了したるものなり。西園寺〔八郎〕は初より此事件の為には宮内省より五千円は出し呉れざるべからずと云ひ、次官〔関屋貞三郎〕は過失の程度も分らず、左程多額を出す必要なからんと云ふ様なる考なりしも、大谷も其位は致方なからんと云ひ、結局五千円までは出すこととなり、其外に関係人より二千円を出し〔井上勝之助が千円、西園寺八郎が五百円、加害者が百五十円、其他の職員にて二千円の残額〕合計七千円にて折り合ふこととなりたる様なり〉

大谷はすでに何度も紹介した通り牧野宮内大臣の秘書官である。御猟場の弁当配達夫を誤って射殺してしまったというのだから、大谷が慌てふためくのも当然である。

なによりすさまじいのは、射殺された弁当配達夫に七千円、現在の貨幣価値にしてざっと二千万円を払って示談で済ましたという話である。加害者の名前は明らかにされていないが、御猟場である以上、皇族かそれに準ずる地位の人間であることは間違いない。

徳川家達の秘め事

実名をあげたとびっきりのスキャンダルは、大正十一年二月七日の日記に出てくる。

俎上《そじよう》にあがっているのは、公爵にして従一位大勲位、貴族院議長、ワシントン軍縮会議首席全権大使、日本赤十字社社長などの要職を歴任した徳川宗家十六代当主の徳川家達《いえさと》である。

この日の正午前、倉富は牧野の部屋で打ち合わせをしていた。

倉富がまず「華族を監督する方法を検討するため、主だった華族を招いて協議したらどうかと思うのですが」と提案した。牧野はこう言って、倉富の意見に大いに賛同を示した。

「それは私が大臣に就任した当時から考えていたことだ。明治の初め、岩倉具視《ともみ》公が宗族規約を設けて、お互いに戒めあったことがある。そのころはいくらか効果があったようだ。しかし何も具体策がなくてはまとまらないだろうから、酒巻にでも命じて概略の案を作らせておこう。それと、近年起こったことで、華族の体面を損なうような事実を集めておきたい。箇条書きでもいいから、それを華族監督案の材料にしようと思う」

倉富が「事実を集めるといっても、結局は新聞や雑誌の記事になってしまいますが」と応じると、牧野は「それでよい」と言って、自ら具体例を披瀝しはじめた。

〈牧野「鍋島直虎《なおとら》の娘が運転手と奔《はし》りたることの如きは風説に非ず。立派なる事実なり。君は徳川家達の隠事を聞き居るや」

予「聞かず」

牧野「宗秩寮総裁が知らずしては困る」と云ひ、次の話を為せり。

「徳川は華族会館に宿泊することあり。四五年前のことなりし様なり。会館の給仕を鶏姦《けいかん》し、其事が度重なり、給仕より荒立てたる為、一万円を出金して落著したることあり。然るに本人は左程之を悪事と思はず、改むる模様なし。先年、徳川を学習院

徳川家達

〔男女の学習院〕の総裁と為すの内儀を定めたる処、松浦某が強硬に反対し、『若し之を遂行するならば鶏姦の事実を訐《あば》く』とまで主張したる為め、終に其儘に為りたりとのことなり。此事は自分より当時の宮内大臣波多野敬直に問ひたるに、『事実なり』、と云へり。徳川頼倫《よりみち》抔《など》も、『兄〔家達〕は恥《はじ》を知らず、今尚ほ公職を執り隠退の考なきには困る』と云ひたることあり」〉

徳川家達の人物論を『中央公論』（明治四十四年四月号）が特集している。執筆しているのは、渋沢栄一はじめ、東京市長や大蔵大臣などを歴任した阪谷芳郎《よしお》、評論家の三宅雪嶺《せつれい》など錚々たる顔ぶれである。これを読む限り、家達はいつも「威望堂々」として、「公平無私」かつ「品行厳正」な人物だった。

明治、大正、昭和と貴族院議長を三十年にわたってつとめあげた家達は、人倫を踏みにじる身持ちの悪さをほとんど誰に知られることもなく、華族中有数の「貴公子」として晩年までふるまった。そして日本赤十字社社長という名誉職の肩書きのまま、ドイツ軍がパリ総攻撃を開始した昭和十五（一九四〇）年六月五日、七十八歳で没した。

大正天皇謁見の衝撃

倉富日記にはもちろん、皇族、華族のスキャンダル情報だけが書き連ねられているわけではない。大正十年、十一年の日記に最も頻出するキーワードは、「摂政」と「秘密会」である。

大正十年十一月二十二日の『牧野伸顕日記』に以下の記述がある。大変有名な箇所なので、少し長いがほぼ全文引用しておこう。

この日、牧野は午前九時に高輪御殿に伺候して皇太子に拝謁し、その帰途、内大臣の松方正義を伴って天皇に拝謁している。

〈帰途内府を訪ひ登城を依頼し、同伴聖上へ拝謁。内府より、御容体捗々《はかばか》しからず、此上は尚一層御静養を必要とするに付政務は皇太子殿下、摂政として御代理遊ば〔さ〕るゝ事とし、今後は何等御煩ひ不被在、御気儘に御養生遊ば〔さ〕るゝ様願上度し、而して幸ひ御快復被為在る時は元の如く御親裁遊ばさるゝ次第なり、此事に付ては皇族方も御心配遊ばされ、夫々適当の手続を御調らべ相成、皇族会議を御開きになり、次いで枢密顧問の会議をも開く事に進むる事と致度、誠に恐懼限りなき事ながら此段申上御許を願ひ奉る旨言上に及びたるに、聖上陛下には唯々アー〳〵と切り目〳〵

に仰せられ御点頭遊ばされたり〉

陛下は御容態がまだよろしくないようですから、ゆっくり御静養していただき、政務は皇太子殿下にお任せになってはいかがでしょうか、（宮内大臣の牧野が進めてきた）摂政制度については皇族会議を開いてきちんと決めますので御安心ください。

内大臣の松方が思い切ってそう奏上すると、天皇は唯々、アー〳〵と言いながら、頭を小刻みに振って切れ目切れ目に頷くのみだったという。

大正天皇の病状がもはや回復の見込みのないところまできたことを伝える衝撃的な描写である。牧野は続けている。

〈事如何にも重大なるに付、宮内大臣は改て、只今内大臣より言上仕りたる通り愈々《いよいよ》御手続等取運びても別に御思召不被為在るや念を押し奉伺したるに、矢張アー〳〵と御点頭せられたり。臣子として実に堪へざる事ながら、皇室、国家の為め万止むを得ざる事情に動かされ、今日の上奏に及びたる次第なるが、恐れながら両人より言上の意味は御会得遊ばされざりし様我々両人共拝察し奉りたる〉

牧野は、宮内大臣の自分からも重ねて摂政制度の導入について説明したが、天皇はやはりアー〳〵とうなずくばかりで、牧野の言葉の意味は理解していないようだった、と記している。

大正天皇の病状はこの日まで四回発表されている。五回目はその日から三日後の十一月二十五日に発表され、この日、皇太子が摂政に就任した。

翌日の『東京朝日新聞』は、侍医頭池辺棟三郎を筆頭とする五名の連名による「聖上陛下御容体書」を掲載している。後述するように、「御容体書」は摂政制度を導入する手続き上、倉富が最も重視した文書だった。

〈天皇陛下に於かせられては稟賦《ひんぷ》御孱弱《せんじゃく》に渉《わた》らせられ、御降誕後三週日を出でざるに脳膜炎様の御疾患に罹らせられ、御幼年時代に重症の百日咳、続いて腸チフス、胸膜炎等の御大患を御経過あらせられ、其の為御心身の発達に於いて幾分後れさせらるゝ所ありしが、御践祚《せんそ》以来内外の政務御多端に渉らせられ、日夜宸襟を悩ませられ給ひし為め、近年に至り遂に御脳力御衰退の徴候を拝するに至れり。目下御身体の御模様に於ては引続き御変りあらせられず、御体量の如きも従前と大差あらせられざるも、御記銘、御判断、御思考等の諸脳力漸次御衰へさせられ、御考慮の環境も随て狭隘《きょうあい》とならせらる。殊に御記憶力に至りては御衰退の兆最も著しく、加之《しかのみならず》御発語の御障碍あ

大正天皇

らせらるゝ為め、御意思の御表現甚御困難に拝し奉るは洵《まこと》に恐懼に堪へざる所なり〉

牧野の宮中改革案

牧野伸顕は近代皇室始まって以来といってもいい危機的状況のなかで、宮内大臣に就任した。

牧野が宮内大臣に就任してわずか半月足らず後の大正十年三月三日には、まだ摂政になる前の皇太子が外遊に出かけている。

大正十年という時代は、天皇不在のまま、万一のことがあれば日本がどうなってもおかしくない、危急存亡の状況に置かれた時期だった。

このとき牧野が最も頼りにした実務官僚が、倉富だった。倉富は前述したように、宮中某重大事件で婚約解消賛成派に与《くみ》したとして、辞職の意思を固めている。牧野はそれを実に手際よく撤回させている。

この問題で宮内大臣の中村雄次郎と宮内次官の石原健三は辞職したが、前に述べたように、井上勝之助、小原駩吉などの婚約解消賛成派は全員、牧野の卓越した人心収攬術によって辞意を慰留されている。

牧野が倉富を買ったのは、老練な法律家でありながら皇室のことも熟知しているという点だった。法務と宮務がクロスする点にいる人物としては、倉富をおいて他にいなかった。

この頃牧野の頭にあったのは、摂政制度の法的根拠を整備することと、宮中改革を積極的に進めることだった。

皇族は放っておけば分家してどんどん増殖する。華族の数もインフレ化の傾向に歯止めがかからない。ところが予算の方は、第一次大戦後の不況の中で次々と削られ、皇室経済は破綻に向いつつあった。

牧野が構想した宮中改革とは、皇室財政の建て直しにほかならなかった。

摂政問題にとりくむ

大正十年七月二十日の日記に、牧野と倉富が摂政問題について話し合う場面が出てくる。かなり長いやりとりに加え冗長な部分も目立つ記述だが、大切な箇所なので、適宜要約を交えて、できるだけ多く引用しておこう。

〈午後零時後、牧野伸顕に会する為に食堂に行く。牧野正に食す。食し終り、其官房に返るを待ち、予亦之と倶に官房に行き、「先刻、明日会談の必要ありとのことなりしが、予は明日は司法大臣官舎に行くべき必要あり。明後日にて宜しかるべきや」と云ふ。

牧野「今日にても差支なし。今日は書類を持ち来らざりしも、大体は記臆し居るに付、之を話さん」

予「先日、予が草したる摂政問題のことなりや」〉

「然り」と答えた牧野は、倉富が書いた摂政問題に関する意見書について質問をはじめた。

まずは手続き論である。倉富案では摂政を置くことについて、通常の諮詢の例にならい、枢密顧問会議で決定したあと皇族会議にかけることになっていた。牧野は「非常に重大なことなので、ご親族である皇族の会議を先に開いたほうがよいのではないかと思うが」と倉富に疑問を呈している。牧野は、天皇が執務可能かどうかを臣下が判断するのはおそれおおいと考えたのである。

倉富は、枢密顧問会議を先とした理由をこう説明している。

〈予「此事は、予の意見書にも記し置たる如く、法規上先後を定めたるものなり。考へ様に因りては、皇族会議を先きにする方、宜しき様なれども、予は皇族は御親族にて、摂政たるべき順位に在る人が会議を召集すべき手続なるに付、旁ゝ《かたがた》、枢密顧問を先きにして、顧問の請求にて皇族会議を召集せらるる方が宜しからん。皇族会議を先

きにすれば、矢張り、枢密顧問の会議を召集する手続の規定なし」〉

倉富の懸念はこう解釈できる。第一に、摂政となる権利を有する者の集まりである皇族会議を先にするとそれが前例となり、当事者の利害が摂政制度を左右する可能性がある。そして、皇族会議から枢密顧問会議の開催を求める規定がないというのが、第二の懸念点だった。倉富得意の手続き論である。

天皇は執務可能か

これを受けて牧野は、枢密顧問側から皇族会議を請求する手続きをたずねた。倉富によれば、請求するには枢密顧問会議を経なければならないが、そこで最大の問題は「御容体書」だという。つまり、天皇が執務可能かどうかを判定する基準が必要になるわけだが、もちろんこれには前例などない。牧野の次の質問は「御容体書を作成するのに、裁判に使うようなもので参考になるものはないか」というもので、ここでも牧野は倉富の法律知識に頼っている。

倉富「裁判所では主に鑑定書を作成させますが、これは医師に本人を十分に診察させて作成させるもので、この場合は不適当でしょう」

牧野「やはり鑑定書というわけには行くまい。何か雛型があればいいのだが……」

ここから話題はさまざまに広がってゆく。摂政問題と一口にいっても、制度として実施するとなると、すべてが手さぐりの状態だった。

牧野「貴官の意見では、摂政を置くことは天皇の諮詢に基かないことになっている。私も同意見だが、このことについても議論の余地がないわけではない」

倉富「その通りです。ただし、摂政を置くことについて、天皇から諮詢せられるほどのご認識があるくらいなら、皇室典範第十九条第二項の規定に適合しないとの決定を見ることになるでしょう」

これには牧野も同意した。皇室典範第十九条第二項には「天皇久キニ亙ルノ故障ニ由リ大政ヲ親《みずか》ラスルコト能ハサルトキハ皇族会議及枢密顧問ノ議ヲ経テ摂政ヲ置ク」とある。なるほど、牧野や倉富を悩ませるだけのことはある曖昧な条文である。

このころになると、世間でも摂政問題は大きな関心を呼んでいた。中には新たに「摂政府」が設置されるといった臆測も乱れ飛んでいたが、これについては牧野も倉富も一蹴している。

倉富は「摂政のために別の機関を設ける必要はないでしょう。東宮侍従の人員を若干増やすくらいで足りるはずです」と述べ、それよりも、「もし天皇が回復したとすれば、どのような形式で摂政をやめるか、それに関する会議を含めて何の規定もありません」と指摘した。倉富は最後に、「要するにさまざまな疑問がありますが、先日の意見書は誰にも語らず、誰の意見も聞かずにまとめたものです」と苦労の一端を語っている。

牧野も「重大なことなので、物議を醸すようなことがあっては申し訳が立たない。万遺憾なきを期したい。それなのに他人に相談できないのは困ったことだ」と答えた。倉富は「さらに熟考してみましょう」と言って、この日の会談は終わった。

大正十年十一月九日の倉富日記には、こんな記述もある。

〈午後五時前、修正したる秘密書類〔摂政を置かるることに関するもの〕を牧野伸顕に交す。予、此時、秘事の漏れ易きことを談ず〔本月二十五日午前と午後とに重大なる事件の会議ある趣、新聞に掲載し居ることを指す〕。牧野より侍従武官長及侍従長より提出したる御容体に関する報告書、文字修《なお》り居らず、修正する方宜しかるべき旨を談ず〉

ふくれあがる御所建設費

倉富日記にはこれ以降、「摂政を置かるることに関する秘密書類を作る」「秘密書類を浄書す」といった文言が多出する。

また「宮中北溜の間で秘密会」といった用語も目立つようになる。これは牧野構想の二番目にあげた宮中改革に関する記述である。

倉富日記が皇族予算の削減に関連して具体的にふれている箇所がある。いくつか例をあげよう。

まずは大正十年三月十四日の日記である。東宮御所問題につき、倉富が小原駩吉に質問している。

牧野の経費節減方針は徹底していた。小原は半ばぼやき気味に語っている。

〈小原「先日、東宮御所問題に付、始めて大臣に話したる処、大臣は皇室経済の困難なることを余程他より説かれ居ると見へ、金の問題に付ては中々承知しそうもなき模様にて、内匠寮《たくみりょう》の事務は当分無駄なりと考へ、其趣は寮員にも話し置けり」〉

部下に労働強化を告げざるを得なくなった小原の渋面が目に浮かぶようなコメントである。

皇太子と良子女王の結婚をひかえた東宮御所について、小原はこう説明している。

「赤坂の東宮御所に日本風その他の増築をして、半分は東宮御所、半分を貴賓館にする設計をしています。この計画には八百万円を要するでしょう。それとは別に、東宮殿下ご結婚の時期に間に合わせるため、高輪御所を増築する計画をも立てました。こちらの見積もりは三十万円です。大臣は経費がかかり過ぎるとおっしゃっていますが、皇室の工事は使用人を選ばなければならないし、工期の制限もあるので、普通の建築より非常に高価になってしまうのです。高輪御所にしても、廊下一坪八百円くらいの見積もりもあります。これについては大臣は賛成していないようです」

皇族は経済観念ゼロ

次に同年四月七日の日記をあげる。この日の倉富と牧野の話題は伏見宮家の邸についてだった。倉富の長広舌をまずはかいつまんで紹介しておこう。

中村雄次郎の宮内大臣在任中、伏見宮の別当から博義王の住まいについて相談があった。博義王は華頂宮（博義王の実弟、博忠王が華頂宮を継いだ）と同居されているが、華頂宮も成年に近くなられ、博義王の地位も高いので同居ではすまないので検討してほしいとのことだった。そう言われても博義王は独立の方ではない。皇族一人ごとに邸を賜ることは到底できないと考え、大臣の意向を聞いたところ、大臣にも異議はなかった。伏見宮附事務官に倉富から「邸は伏見宮のほうで何とかしてほしい。場合によっては幾分かの補助くらいなら検討できるかも知れないが、何とも言えない」と伝えておいた。

その後、建築計画がふくらんでいくことになりそうだという噂が倉富の耳に届いた。事務官を通じて、なるべく小規模にして経費の節約を図ること、公式なことは本邸を使えばすむこと、今回の邸はいわば仮の住まいなのだから、日常の用が足りればすむことなどを伝えておいた。ところが宗秩寮に提出した概算では、規模も広大で二十五万円以上かかるという。別当を呼び出して問いただしたところ、「伏見宮では一部分でも支払う余裕がなく、大半は補助を得て、宮家から支出する分も一時立て替えていただき、年賦で償還せられるようにしていただきたい」とのことだった。倉富は聞きおくにとどめたが、現在の設計では到底二十五万円で収まらず、三、四十万円はかかるだろうと思う——。

「どういたしましょうか」と尋ねる倉富に、牧野の返事は「考えようもないことだ」とにべもない。まるで現実を見ようとしない皇族のわがままに、牧野は呆れはてた様子で、過去の臣籍降下のことまで槍玉に挙げている。

〈牧野「萩麿王降下の時、資金百万円、建築費三十万円を賜はりたりとのことなるが、其理由を問へば、年に五万円の生計費は必要ならんとの見込より出でたりとのことなり。其方より考ふれば相当の様なれども、十人降下せらるれば千三百万円を出さざるべからず。到底支出出来ることに非ず。皇族に皇室資産の詳細を開陳し、其実状を承知せられたる上、無理なる希望を起さずして皇室の維持を図らるる様に致すより外なからんと思ふ」〉

経済観念がゼロに等しい皇族に対する不満は、同年五月二十四日の牧野と倉富の会話にも登場する。倉富が「皇族であっても少しは自分の責任を感じてほしいものです。経済のことその他のことも、何でも宮内省で引き受けすぎる嫌いがある」と水を向けると、牧野も「皇族には十分に皇室経済の実状を説明し、理解を求める必要がある。さもなければ、皇族ならずとも皇室には無限の資産があると思ってしまう」と答えた。だが宮内省幹部がいくら愚痴を言い合っても、皇族の経費節減はなかなか実現しない。

皇族が洋行したがるわけ

手厚く保護されてはいても、立場上、日本にいてはなかなか羽を伸ばせなかったのか、皇族はこぞって洋行を希望している。

東久邇宮がフランス滞在中だったことは「婦人関係にて健康勝れず」の件ですでに述べた。北白川宮の洋行費用が問題となったのは大正十一年一月八日である。この日、倉富は「皇室経済は非常に困難な状況で、北白川宮殿下のご洋行費用は東久邇宮殿下と同様には支出されないことになった」と発言した。

この問題の詳細が決定するのは同年二月十日である。

〈松平慶民、北白川宮洋行費の額を決する案文を示し、捺印を求む。予、後刻之を観るべし、とて牧野の室に行き、書類を交し、直に宗秩寮に返り、書類は牧野に渡し置たる旨を告げ、北白川宮の洋行費に関する書類を観、北白川宮の費用と東久邇宮の費用との差額を問ふ。

酒巻「五万円許なり」

予「東久邇宮の洋行は三年にて、北白川宮は二年なり。五万円にては少きに過ぐ」

酒巻「北白川宮は二年四ケ月なる故、八ケ月の差に過ぎず」

予、尚ほ之を疑ふ。精査の結果、十万円許の差あることを知り、之に署名し、松平をして先づ山崎四男六（内蔵頭）の同意を求め、然る後、大臣次官の決を求めしむ〉

ここでは差額しか出てこないが、では実際の東久邇宮の洋行費用はいくらだったのか。大正十二年一月六日の日記には、滞在延長で減額された結果、「年額十五万円」となったことが記されている。現在の貨幣価値に換算するとざっと四億五千万円になる。皇族が洋行を希望するはずである。

凶服か平服か

前述したように、皇太子が摂政に就任するのは大正十年十一月二十五日である。

この日の倉富日記には、苦労して作成した摂政制度への感慨は一行も書きとめられていない。倉富が没頭するのは、あくまで法律づくりのプロセスであり、結果についてはほとんど何の関心もなかった。その意味で倉富は規律を重んじる実務官僚でしかなかった。
後の話になるが、大正十五年十二月二十五日、病弱な天皇が葉山御用邸で薨去《こうきょ》した。四十八歳という若さだった。この日の日記にも感想らしきものは書きとめられていない。その記述は事務手続きに終始して実にそっけない。

〈十二月二十五日土曜晴　午前一時後に至り御容体愈〻《いよいよ》重らせたまふ。御用邸に控へ居りたる東郷平八郎、西園寺公望、井上良馨《よしか》、上原勇作及平沼等、皆附属邸に来る。一時二十五分に至り、侍医十余人の報告に基き、一木喜徳郎《いちききとくろう》より崩御の旨を報告す。次で伊藤博邦より剣璽《けんじ》渡御《とぎょ》の式に参列すべき者は尚ほ此処に留まるべき旨を告ぐ。三時二十分頃に至り、剣璽渡御の式を行はせらる。予は枢密院議長として其の儀に参ず。儀は六七分間にて終りたり。予は復《ま》た御用邸に行き、元号建定に関する枢密院会議のことを協議す〉

一木喜徳郎は牧野伸顕の次の宮内大臣である。伊藤博邦は井上馨の甥で伊藤博文の養子となり、当時は宮内省の式部長官を務めていた。井上良馨、上原勇作は共に幕末に生まれ、井上は海軍、上原は陸軍で元帥にまで登りつめた明治期の軍人である。
倉富が天皇の危篤を知らされて葉山に駆けつけたのは、薨去九日前の十二月十六日である。倉富はその間、無政府主義者の大杉栄が愛人の神近市子《かみちかいちこ》に刺傷されたことで有名な日蔭茶屋（現・日影茶屋）に連宿する。

この間の倉富日記を読んで思わず目を疑うのは、凶服（喪服）の準備をしてこなかったのが礼を失するか、逆に凶服を準備してきた方が礼を失するかの議論が、宮内官僚の間で延々と続けられていることである。倉富はこのときすでに宮内省を離れ、枢密院議長の要職にあったが、相変わらずセレモニーには関心を示さず、手続き論に熱中している。倉富の場合、地位が人を変えることは一切なかった。いっそ見事というべきだろう。

殿下はアインスタインをご理解

宮中改革に最も熱心だったのは、病状重い天皇に代わって摂政となった皇太子（後の昭和天皇）自身だったといってよい。皇太子が摂政になってすぐに決めたのは、側室制度を廃止することだった。

大正十一年一月二十八日、皇太子は宮内大臣の牧野伸顕を呼び寄せ、これまで「奥」に住み込んで暮らしていた女官を通勤制に切り替えることを提案した。この日の『牧野伸顕日記』に、次の記述が見える。

〈摂政殿下御召に依り拝謁。

殿下仰せに、自分の結婚も其内行ふ事とならんが、夫れに付特に話して置き度く考ふるは女官の問題なり、現在の通り、勤務者が奥に住込む事は全部之を廃止し日勤する事に改めたし、今の高等女官は奥にて育ち世間の事は一切之を知らず、実に宇〔迂〕闊なり、現に過日沼津と葉山が何れが東京より遠きかも弁《わきま》へざる話しを直接聞きたる事あり、今の生活状体にては無理からぬ事なり、一生奉公は人間が愚鈍になるばかりなり〉

皇室近代化に積極的で開明的な皇太子は、宮内官僚からおおむね好意的に迎えられた。倉富日記の大正十一年十月二十五日の項に、こんな記述がある。

〈午前、枢密院控所にて穂積陳重《のぶしげ》より「本月二十三日、東宮御所にて殿下が〔アインスタイン〕の相対性原理の講話を聴かせられ、自分等も宮内大臣〔牧野伸顕〕等と共に陪聴したるが、自分の観たる所にては聴講者中にては殿下最もよく御理解遊ばされたる様なりし」との話を為したるに付、午餐のとき予より此ことを牧野伸顕に話したる処、牧野は笑ひ居り、牧野は「自分の考にては東宮武官長奈良武次が一番よく分かりたる様なり。自分等も初めの中《うち》は分かる様に思ひ居りたるが、後は全く分らざる様になりたり」と云ふ〉

〈午前十時後、枢密院控所にて穂積陳重が「〔アインスタイン〕の相対性原理は東宮殿下が一番よく御理解遊ばされたる様に思ふ」と云ふ話を為したるが、其理由として

帝国学士院の歓迎会で歓談するアインシュタイン

は、「殿下は数学を御学び遊ばされたる後、時日の経過が少なき故、御記憶が確かなる為めならん」と云へり〉

アインシュタインは、大正十一年十一月十七日から十二月二十九日までの四十三日間日本に滞在し、一大ブームを引き起こした。

穂積陳重は当時、枢密顧問官を務めると同時に帝国学士院院長に就いており、東京の小石川植物園で開かれた帝国学士院主催のアインシュタイン公式歓迎会にも出席している。

倉富は来日したアインシュタインにまつわる皇太子がらみのエピソードとは別に、宮中近代化の例として、世界的に有名な「ヴワイオリン」（原文）の名手が帝国劇場に出演したとき大概の皇族が見に行ったが、これは宮内省が皇族各自の判断に任せたからだったと、やや自慢げに述べている。

〈裸体の角力は見られても宜しきも、音楽は聴かれては悪しと云ふこともなかるべし。日本の皇族は音楽を解する人なしと云ふも面白からざることと思ひ、各自の御考に任かすこととなせり〉（大正十年二月十八日）

白蓮スキャンダルの激震

皇太子妃内定に変更なしとの宮内省発表で宮中某重大事件がひとまず一件落着し、秋には皇太子が摂政に就任して皇室最大の危機がとりあえず回避された大正十年、宮中を揺るがすもう一つの大事件が起きた。柳原白蓮《びゃくれん》事件である。

柳原白蓮（本名・燁子《あきこ》）は、明治十八（一八八五）年、公家出身の伯爵・柳原前光《さきみつ》と柳橋芸者のおりょうの間に生まれた。

明治天皇に仕え、大正天皇の生母となった柳原愛子《なるこ》（二位局《にいのつぼね》）は、白蓮の父柳原前光の妹である。つまり大正天皇と白蓮はいとこの関係になる。

燁子は十六歳で柳原の分家の北小路家に嫁するが、間もなく離婚、二十七歳のとき筑豊の炭鉱王の伊藤伝右衛門にみそめられて再婚した。

しかし、佐佐木信綱に師事して「情熱の歌人」ともてはやされた燁子と、二十五歳も年上の炭鉱王との結婚生活はやはり長くは続かなかった。

燁子は大正十年十月、孫文とも交流があった革命家・宮崎滔天《とうてん》の息子で、当時、東大の社会主義グループ「新人会」に所属していた宮崎龍介と出奔するスキャンダル事件を引き起こした。白蓮は女ざかりの三十七歳、不倫相手の宮崎龍介は白蓮より八つ年下の二十九歳だった。

この事件が宮内官僚の悩みのタネとなったのは、燁子が大正天皇といとこの関係にあることに加え、燁子の異腹の兄の柳原義光が伯爵で貴族院議員だったからである。

さらに、義光の姉の信子は東宮侍従長の入江為守《ためもり》に嫁いでおり、この複雑な姻戚関係が事態をなおさら紛糾させた。

柳原白蓮はいまや、宮中の中心部に巣食った厄介きわまる獅子身中の虫だった。

宮中某重大事件の二の舞か

宮中某重大事件の政治的収拾でどうにか威信失墜を免れたばかりだというのに、またここで華族の一員でもある白蓮の不祥事が人びとの耳目を集めれば、皇室の権威が地に堕ちることは火を見るより明らかだった。

倉富日記にも、この白蓮問題に関連する記述が随所に出てくる。

前にも述べたが、日記という特性ゆえ、問題はあちこちに拡散して書かれている。日記順に問題を追っていくことは、かえって読者を混乱させるばかりなので、テーマを三つに絞って見ていこう。

まず一つ目は、白蓮の兄で彼女を監督する立場にあった柳原義光の責任問題である。この問題では、義光の特異な性格もあって宮内官僚が最後まで手こずることになる。

二番目は白蓮の懐妊問題である。白蓮は愛人の宮崎龍介の子どもを身ごもるが、夫の伊藤伝右衛門が離婚を認めていない以上、華族が不義密通の子を懐妊したことになり、華族を監督する立場にある宮内省としては、それをそのまま認めるわけにはいかなかった。

最後の問題は、白蓮のスキャンダルをかぎつけた右翼団体「黒龍会」の不穏な動きである。宮中某重大事件では来原という不逞浪人が怪文書をバラまき、事態の収拾を一層困難にさせた。内田良平ら右翼の介入は、宮内省に宮中某重大事件の再現という悪夢を呼び覚ました。警視庁の宮内省へのアプローチも、宮中某重大事件の構図と酷似していた。

柳原白蓮と宮崎龍介

ゴネる義光

大正十一年一月十四日の日記に、柳原義光の来訪を受けた牧野伸顕の談話が紹介されている。

倉富はこの日、酒巻芳男から前日渡された柳原義光の書状を開封し、そこに「妹燁子不倫の行為あるに付、監督不行届の責任を感じ」、華族世襲財産審議委員を辞任する旨が記されていることを知った。この日、倉富が聞いた牧野談話の内容は以下の通りである。

柳原が牧野のところに来訪したのは二日前の一月十二日のことだった。柳原の言い分は次のようなものだった。

燁子の件では自分に対してさまざまな意見を言う人があった。たとえば爵位を辞すべし、貴族院議員を辞すべし、という人もいれば、その正反対の意見の人もいる。進退には迷ったが、五十歳近い自分としてそれは取るべき道ではないと思い、辞爵はしないことに決心した。

また貴族院議員については、自分は他人に選ばれてその職にあるもので、みだりに辞退すべきものではなく、また辞任すれば補欠選挙なども必要になるので、これも辞めないことに決めた。

ただ、華族世襲財産審議委員だけは、勅任待遇の委員となっていることは自分の責任上、心苦しいので辞任することを決心した。宮内大臣として、また大臣の資格を離れて、気づかれることがあったら助言してほしい——。

牧野は「自分の発言は影響が大きいので、この場でも意見は述べがたい」と軽くいなしておいてから、やおら柳原を説得にかかった。

〈牧野「自分は昨年来皇太子殿下の御婚約問題、御洋行問題等に付、世人が彼此論議することと甚だ懸念にて、皇室の御威厳にも関することと思ふ。此節の事に付ても、天皇には親族なし、二位局の関係も左程顧慮するに及ばず等の論あることも、只今君より聴けり。成る程親族関係と云ふべきものに非ざるは、云ふまでもなきことなれども、二位局も非常に苦心せられ、参内等も遠慮せんかとの考もありたる様なるが、陛下に於かせられては矢張り御親子の御情誼を以て優遇あらせられ、皇后陛下も矢張り同様の思召にて、二位局に遠慮等を為さざる様御沙汰ありたる趣にて、只今の処、局は平常と異なる所なきも、決して単純なる法律論のみにて考ふる訳に行かず」〉

そう前置きして、牧野は「あなたが華族世襲財産審議委員を辞するならば、その処置をとろう」と告げて会談を終えた。

ここで義光はさまざまな理屈をつけて、華族世襲財産審議委員は辞職するが、爵位の返上と貴族院議員の辞職は絶対出来ないとゴネている。

柳原義光

二位局の心痛

これに対して牧野伸顕は、柳原義光にとって叔母にあたる柳原愛子（二位局）の苦衷を察してほしい、二位局を生母にもつ（大正）天皇も、また皇后陛下も、二位局に遠慮なきよう格別の御沙汰をなさっているのだから、よくよく進退問題を考えていただきたい、と諄々と諭しながら、義光に貴族院議員の辞任を暗に迫っている。

牧野は義光の来訪を受けた大正十一年一月十二日の日記のなかで、「義光伯に辞任を直接迫れなかったのは、宮内大臣としてそれを言うときは懲戒の意味を帯びるからだ」と述べたあと、自分の心中を占めていたのは、要するに次の二点だったと続けている。

〈第一、今日は人心の動揺甚だしく徳義観念衰退顕著、此の際帝室の事も軽々敷《かるがるしく》新聞紙上及世人の論議するところとなる（殿下御外遊、御結婚問題等の事を例証す）、其都度《つど》皇室の威厳を損ずるは我々適切に感得するところにして、帝室、国家の為め実に概歎極まる次第なり。自分の職責としては如此《かくのごとき》問題の発生を防止し、其原因となるべき事故を除くにありと信ず。此れは定て《さだめ》貴下（義光）も御同感の事と信ず。

第二は二位の局の事なり。本件に付ては深く御焦心の御様子にて為めに一時は参内も御遠慮の事ありしも、奥より御注意もあり後には参内ありしと云ふも、今後の成行如何によりては更に顧みらるところありて差扣《さしひか》へらるゝ事となるべく、兼て皇后宮には御間柄を深く慮ぱからせ、特に目を掛けて厚く御待遇あり。然《しかる》に今後の成行により

ては事実上親子の御間柄に影響する様の事ありては実に恐縮する次第なり（御対顔等困難になり）〉

しかし、牧野の情理を尽くした懸命な説得も、義光にはあまり効果がなかった。牧野は義光に辞任を迫る二点の理由をあげたことに続けて、「伯は談話中事体を弁まへざる口気にて兎角責任忌避の弁を事とせらる」と述べている。

先帝に畑を提供

義光は牧野の説得の前も後もふてくされた態度をとったり、数々の放言をして周囲の顰《ひん》蹙《しゅく》を買い続けた。

倉富は大正十一年一月十一日の日記に、牧野が「柳原（義光）は他に対し、先帝に畑を提供したるが云々と云ひたりとのことなり。全く徳義心なき様に思はるる」とまで口にしたと書いている。義光も「先帝（明治天皇）に畑を提供」とは言いも言ったりである。これでは右翼団体がいきり立つのも当然である。

宮内次官の関屋貞三郎の憤懣やるかたない口吻がそのまま記されているのは、同年三月四日の日記である。

〈関屋「柳原は実に分らざる人にて気違ひなり。先日柳原より和田豊治《とよじ》と入江為守とを招きたるに、両人往訪したる処、柳原より、『宮内大臣は自分を買収する積りにて実に不都合なり。自分は後藤新平、波多野敬直、及び叔母〔二位局〕に宮内省が自分を圧迫して貴族院議員を辞せしむることを話したる処、孰《いず》れも其不都合なることを明言せり。就ては宮内大臣、次官、及宗秩寮総裁は是非とも辞職せしめざるべからず』と云ひたる由。(中略)又二位局は柳原が余り不条理なることを話したる故、心配して入江を召《よ》び寄せ、柳原の不心得なることを話したる趣なり」〉

関屋は柳原義光の煮え切らない態度によほど怒り心頭だったのだろう。

関屋が倉富に語ったところによれば、義光は政界の大物の後藤新平や元宮内大臣の波多野敬直、二位局まで自分の味方だと言い立てて、現在の宮内省幹部の方こそ全員辞職しなければならないと、嘯《うそぶ》いたという。もしこれが本当ならば、義光の品性はそもそもからして卑しい。

関屋談話の中に出てくる和田豊治は、白蓮問題の収拾にあたった財界の大立者である。和田はこの問題の二番目のテーマにあげた白蓮の懐妊問題でも奔走した。

大正十一年一月二十日の日記には、「燁子の妊娠は事実なるが如し。此事に付ては、和田豊治が伊藤伝右衛門をして其子なることを認めしむる様交渉することを引受け居る旨を談ず」という、燁子の義兄にあたる入江為守の談話が書きとめられている。

同年二月一日の日記にも、燁子の懐妊問題が出てくる。語っているのは、やはり宮内次官の関屋である。

〈関屋「和田豊治に逢ひ柳原家の関係を聞きたるに、所謂《いわゆる》志士と自称する者は和田の仲裁を承諾せず、之を世論に問ふと云ひ居る故、和田は一週間待ち呉よと云ひ置たる趣にて、自分に彼等に面会し呉よと云ふに付、面会する積りなり」〉

宮中某重大事件に続いてまたもや「志士」が登場した。この話の後、関屋は和田と伊藤のやりとりの核心部分を牧野に説明した。和田は伊藤に「結婚中の懐妊なる故伊藤の子と為すことを勧め」て、伊藤もこれを一度は承諾したが、翌日になって拒否したという。

和田はさらに、伊藤に対し、「あなたの怒りはもっともだが、情人が懐妊させた子をとりあえず自分の子と言い繕っておけば、すべて丸くおさまる」と説得した。こうなると、常識というものがまったく通用しない世界である。だが同年五月二十五日の日記に記された入江為守と倉富のやりとりは、二月一日の記述以上に常軌を逸して生々しい。

峯丸炎論争

燁子はすでに出産していたが、籍の問題はまだ未解決だった。この日の午後四時過ぎ、牧野は倉富に「柳原燁子が分娩した子どものことで、義光は宮内省が調停してくれることを望んでいるようだ」と話した。

倉富が審査局に戻ると入江為守がやってきて、「伊藤伝右衛門は自分の子として出生届を出すことを承知しません。どう処置したらいいでしょうか」と相変わらずの相談をもちかけた。倉富の答えは、燁子の身内でもある入江を満足させるものではなかった。

〈予「法律上にては伊藤の子なり。伊藤が之を否認するには訴訟を提起して、自己の子に非ざることを証明せざるべからず。之を証明するには伊藤が生殖能力なき事実を挙示せざるべからず。伊藤も此の如き事まで為して耻の上塗を為すべしとは思はれず。いづれにしても只今の処、柳原の方は受け身の方なる故、左程気を揉むに及ばざるに非ずや」

入江「局外者は右の如く平気なるも、自己の事となれば左様の訳に行かず。初め柳原は燁子を離籍せんと欲したるに、宮内省にて反対したる為、離籍することも止めたる訳なり。只今に至り、左様に冷淡なることを云はれては困る」〉

女房を寝取られた上に、法律問題に明るい見ず知らずの宮内官僚から、生殖能力の有無まで云々される。これでは筑豊の炭鉱王も、完全に顔色なしである。被害者の伊藤伝右衛門こそ、踏んだり蹴ったりの、まさにいい面の皮である。

後の話になるが、大正十一年十二月十五日の日記には、伊藤伝右衛門の依頼を受けた弁護士の仁井田益太郎《にいだますたろう》が登場し、法律家として倉富と火花を散らしている。仁井田は燁子が産んだ子が伊藤との間の子でない証拠の一つとして「伊藤は睾丸炎に罹り、之を治療したる医師の証言を求むることを得べく」と語った。伊藤には気の毒ながら、「生殖能力の有無」問題は、過去の睾丸炎まで持ち出されて後々まで尾を引いた。

国家主義者の苛立ち

白蓮問題の最終局面で持ちあがったのは、三番目のテーマにあげた右翼団体の不穏な動きと、これに重大な関心を寄せる警視庁の動向である。

倉富日記には、これに該当する記述もかなりある。くどくどしい言い回しが多く、書き写すのもうんざりするが、とりあえず時系列に沿って追っていこう。

〈午前九時後より出勤す。牧野予を召び、「今朝入江為守来り、柳原義光は燁子を離籍することと為し居りたるも、昨朝君より注意したることありたる為、一時之を見合はすことと為したる旨を告げたり。自分は勿論意見は云はざりしも、警視総監が先日法律に違《たが》はざる範囲内にて幾分のことは出来る旨話し居りたる故、岡喜七郎にでも相談し見ては如何、位の話は為し置たり」〉（大正十年十二月二十四日）

驚くことには、宮内大臣の牧野伸顕自らが東宮侍従長の入江為守に対して、警視総監の岡喜七郎に相談してみては、と勧めている。

一方、「黒龍会」のボスの内田良平の動きはどんな影響を与えたのか。

前述の通り、関屋貞三郎は和田豊治の依頼を受けて、「志士と自称する」連中に面会することになっていた。大正十一年二月五日の日記には、関屋が倉富と入江に、内田との面会の結果を話すくだりが出てくる。

内田良平

関屋と内田良平のやりとりは次のようなものだった。
内田「自分が若い連中（内田の子分）をなだめても承知しないので、このままでは何か事を起こすことになるだろう。（義光の）辞爵が難しいことはわかっているので、貴族院議員でも辞めれば折り合えるのではないか」
関屋「宮内大臣はこの件について、何をすればよいと思うか」
内田「別に案はない」
関屋「宮内大臣も相当に苦心しているが、結局は柳原の自省を待つしかなく、強制することはできない。君たちは真実、皇室のためを思ってすることだろうが、たとえどんな処分をしても、柳原と皇室の関係はなくなるものではない。したがって、あまり騒ぐとかえって皇室に累を及ぼすこともあるだろう。このことは特に注意を要する。何か行動するようなことがあったら、事前に知らせてほしい」

内田「それは約束しよう」

――関屋が腫れ物にさわるような態度であることがわかる。一介の「壮士」に対して、「宮内大臣は何をすればよいか」とは、とても宮内次官の発言とは思えない。

ともあれこうした水面下の交渉を重ねた関屋と、牧野に緊密な連絡をとった倉富は、入江に対して「柳原に貴族院議員を辞めさせることはできないか。七年の任期も残り少ないことだから、いったん辞任して再び復帰することもできるだろう」と義光を説得するよう迫ったが、入江ははっきりとは答えなかった。

倉富は同じ日に、たまたま会った警視総監の岡喜七郎ともこの問題を話し合っている。岡は昼の会食の席で倉富を部屋の隅に誘い出し、こっそり耳打ちした。

〈岡「燁子は只今の処にては逃走する様の模様なし。然れども或は人を安心せしめ置きて隙を窺ふ積りなるやも計り難し。十分に注意する積りなり」

予「他との交通さへなければ燁子丈けにて逃走する様のことはなかるべし」〉

燁子が逃亡するかどうかについていい年をした高官二人がひそひそ話をする。政府が奔放な恋に生きた燁子の取り扱いにいかに苦慮していたかがわかる。

伯爵も大臣も引責せよ

その翌日(二月六日)の『東京日日新聞』は、「伯爵も大臣も引責せよ」と見出しをつけ、白蓮問題で柳原義光に引責を迫る黒龍会の不穏な動きを報じた。

〈白蓮問題に付内田良平、林重俊氏等は、こは単なる市井の一風教問題でなく、一国倫常の根源を危うする大事だとの見解から、牧野宮相、松方内大臣等に上申する処あつたが、五日従来の交渉顚末を発表し、一先づ手を引くことになつた。黒龍会青年部では更に同日左の決議を為し、徹底的解決を付ける決心で、実行方法としては貴戚の体面を冒瀆した廉《かど》で柳原伯の引責自決を促す外、宮内、内務、文部、司法各大臣に夫々引責を迫ることを決した。

柳原燁子瀆操《とくそう》事件は、皇民の性情を一にせる倫常を破壊し、徳教の基礎を危くするものなるを以つて、吾人は同憂の士と共に徹底的の解決を遂げ、綱常《こうじょう》を扶施《ふせ》せんことを期す〉

記事には内田良平の談話も載っている。「燁子を柳原家から離籍することは、狂婦を野に放つようなもの」という内田の発言に、新しき女を見る国家主義者の苛立ちが見て取れる。

二月十日の日記には、黒龍会問題について協議する牧野と倉富の会話が出てくる。倉富は黒龍会が出した怪文書について牧野に説明し、岡喜七郎が「燁子の件で内田の子分らが騒いでいるが、世間では相手にしていない。結局、先日決議をしたくらいのことで収まる模様だ。宮内省でもこの件について苦慮するには及ばない」と言っていたことを伝えた。

牧野は「床次や岡が、『壮士らが騒ぎ立てたら警察力で取り鎮めるから安心せよ』というようなことを柳原に言ったおかげで柳原がその気になった（貴族院議員に留まること）のは事実だ、とのことだ」と答えている。

少し位脅かさるる方が宜しかるべし

それから五日後の二月十五日の日記に、黒龍会の運動が金目当てだったことをほのめかす記述がある。昼ごろ倉富が審査局にいると、関屋と松平慶民がやってきた。

〈関屋「自分は是より和田豊治に面会する為、外出する所なり。昨日〔午後三時頃〕柳原燁子事件に付、内田良平等の子分三人が来りたる故、宮内省にて之に面会したるに、彼等は柳原義光が貴族院議員を辞すれば夫れにて十分満足する模様なり。自分より、実行し難き事に付、彼此云ふは害ありて益なき旨を講釈したるに、案外大人しく何等麁暴《そぼう》の行動なくして去りたり。柳原も此事に付、大分費用を要したる模様に付、幾分か宮内省より補助する必要あるべし」
予「内田良平の方も結局は金の問題となるべし」
関屋「其事は和田が十分引受け居り、いくらも出すと云ひ居る由。此事件の終局は矢張り和田に任かせて、同人の面目を立つる必要あるべし」〉

宮内省から内田良平らに金が出たとはさすがに書かれていない。だが、それを十分うかがわせる談話である。少なくとも、宮内省と右翼団体と警視庁は面倒な問題が起きると、宮中某重大事件の先例もあるように、たちまち妥協し合う習性をもっていることはよくわかる。

二月二十日の記述も、なかなか意味深である。まずは関屋と倉富の会話。

〈予「今日は黒龍会の連中が柳原を訪ふ旨、新聞に記載し居るが事実なるべきや」
関屋「柳原は全く宮内省の為めに辞職する様に考へ居る故、壮士より少し位脅かさるる方が宜しかるべし」〉

次に引用するのは、同じ日、南部光臣らと語り合ったことをまとめた文章である。

〈夫れより時事を談じ、「何事も直接行動に傾き来りたるは困りたることなり。柳原事件にしても、内田の子分は騒ぎたる結果幾分か目的を達し、其上金銭を得ることとなる故、何事に付けても此の如き手段を取ることとなるなり。昨年の御結婚問題より

此の如き傾向を生じたるは困りたることとなり」との話を為せり〉

辞めてやるから金をくれ

大正十一年三月四日の日記は、期せずして柳原議員辞任問題のまとめの様相を呈している。主にこの問題の調停役を買って出た和田豊治から聞いた内容を、関屋が語るという形をとっている。わかりにくいので要約しておこう。

柳原辞任の最終局面で、和田が柳原を説得した殺し文句は次のようなものだった。

「内田良平の子分らはなかなか強硬で、貴族院議員を辞するくらいでは満足せず、何としても隠居させよと言っている。そんなわけで、間に立った宮内当局も非常に苦心しており、強引にあなた(義光)を圧迫しているなどというのは大きな間違いだ」

二位局も柳原の話を聞き、それがあまりに不条理なので、入江を呼び寄せて柳原の不心得を説いたという。

和田と入江の説得によって柳原もようやく自分の非を悟り、改めて和田に調停を依頼した。そして貴族院議員を辞することは両三日熟考した上、必ず和田に返答すると約束した。ところが、柳原から何日経っても返答がない。その理由を関屋はこう推測している。

〈関屋「意《おも》ふに柳原は自分に対し、貴族院議員を辞するに付、多額の賜金を要求する口気《こうき》を漏らしたる故、自分は『宮内大臣も考あるべきに付、余り露骨に云はず、任せ置く方宜しかるべし』と云ひ、又入江にも其旨を話したることありたるが、入江も『柳原の体度には困る』と云ひ居りたり」〉

往生際の悪さだけでも近代日本史上類を見ないのに、最後の最後になってもまだ、「辞めてやるから金をくれ」と脅し文句を吐く。倉富日記に登場する人物のなかで、柳原義光は周囲を手こずらせたという点で、余人の追随をまったく許さない。

事件の結末

燁子の出奔から数えて半年近く宮中を揺るがした白蓮問題が一応の解決を見たのは、大正十一年の三月二日だった。

この日、これまでゴネにゴネていたさすがの柳原義光も、警視総監から右翼の大物、財界の大立者、さらには宮内省幹部らの包囲網に四面楚歌となり、貴族院議員をついに引責辞任せざるを得なかった。

同日付の『東京朝日新聞』は、「懊悩の柳原伯　遂に貴族院を辞す――燁子問題の責を負うて」の見出しで白蓮問題の決着を報じている。

記事は「例の燁子問題に就て久しく世の非難を浴び懊悩してゐた柳原義光伯は、茲《ここ》に愈《いよいよ》決心して貴族院議員を辞する事になつた」と伝えた後、「四十女が三百里も離れた他家での内の事件であるが、自分が血縁の繋がつた兄としての責任である。(中略)宮崎との結婚——其れは問ふ迄もなく答ふる迄もない、若し此の結婚を認めるならば、社会の風教は闇に帰してしまふ。断じて認める事は出来ない」という義光の談話を紹介している。

この問題で奔走させられた倉富ら宮内官僚からすれば、義光のこの殊勝らしい発言は、まさに噴飯ものだったろう。

柳原白蓮事件は、たったひとりの〝恋多き女〟の出現によって、宮内官僚が上を下への大騒ぎをする皇族・華族制度の脆弱さをあぶりだしている。

最後に、柳原白蓮の懐妊問題の後日談に簡単にふれておこう。燁子は問題が決着して二カ月後の大正十一年五月十四日、宮崎龍介の子どもをひっそりと出産した。同年五月二十日の『時事新報』は、白蓮事件の結末を美文調で伝えている。

〈母と成つた白蓮女史　社会の欠陥か思想の罪か、白蓮伊藤燁子夫人が夫君伝右衛門氏を棄て、情人法学士宮崎龍介君の許に走つた事件は、当時世人から毀誉の評語を喧《やかま》しく浴せられて、終《つい》には市井の一情事が端しなくも社会問題とまで拡大されたこと、その都度本紙の詳報した如くである。事件が世に喧伝されたのは去秋十月末のこと、爾来八ケ月の日子《にっし》は、然し此のヒロイン白蓮女史に取つては決して恵まれたものでなかつた。非難の的となつて愈々生の果敢《はか》なさを嘆じた彼女は、敢然情人龍介君と同棲の歓びを追ふこともならず、令兄柳原義光伯と雖も、父祖の名に対してか妹燁子の一切を許すこともならず、哀れ此の情熱の女をめぐる世界は彼女悉《ことごと》く冷やかに暗かつた〉

燁子が産んだ男児は香織と名づけられた。『時事新報』の記事は、「白蓮女史と龍介君とを親に持つたこの運命の子は、果して如何なる成長を見ることか?」と最後まで美文調でまとめている。

華族制度のなかで翻弄されたこの〝運命の子〟は早稲田大学に進み、学徒出陣中の鹿児島鹿屋《かのや》の特攻隊基地で、敗戦の四日前に敵機の爆撃を受けて戦死した。

一方、大正十二年に宮内省によって華族除籍の処分を受けた柳原燁子は、昭和四十二年二月、八十三歳で死去した。夫の宮崎龍介はその四年後の昭和四十六年一月、八十歳で他界した。

森鷗外邸を弔問

倉富日記は、大正期日本の〝ベスト&ブライテスト〟を網羅した点鬼簿《てんきぼ》の趣きももっている。

大正十一年七月八日の日記には「白根松介に面し森林太郎の病状を問ふ」とある。白根松介はこのとき宮内省の秘書課長、森林太郎はいうまでもなく陸軍軍医総監にして作家の森鷗外のことである。

〈午前十一時頃、昨夜有吉忠一より依頼したる言を伝ふる為、大森鍾一（皇后宮大夫）を皇后宮職に訪ふ。秘書課に過ぎり、白根松介に面し森林太郎の病状を問ふ。

昨日午後四時頃、予が退省せんとして廊下を歩するとき、宗秩寮の前にて白根より「森は腎臓炎にて尿毒症を起し、急に重体に陥り、額田某、賀古鶴所《かこつるど》が治療を為し居るも、最早時間の問題にて、到底活路なき旨を告げたる趣なり」との話を為したる為、其後の病状を問ひたるなり。

白根「漸く息す。既に全く昏睡し居るとのことなり」と云ふ〉

倉富が、自分より九歳年下の森と知遇を得た経緯はわからない。ただ、森が大正六年に帝室博物館総長に就任したことが、倉富と知り合うきっかけだったとは推測できる。倉富は大正九年十月、帝室会計審査局長官に就任している。森は官制上、倉富の会計審査を受ける立場にあった。

森は倉富が病状の篤《あつ》いことを書きとめた翌日の七月九日、六十一歳で死去した。倉富はその翌日、千駄木の森邸を弔問したことも日記に記している。同日の日記には、森に対する皇族の取扱について、事務官レベルの決定事項を高義敬の報告の形で記している。

〈高「森林太郎に対する各皇族の取扱振は華頂宮附事務官が今月の当番にて既に決定し、樒《しきみ》一対宛《ずつ》と香料二千疋宛なる由にて、使を森の家に遣はすや否は未定。森は多分辞退するならんとのことなり」〉

倉富は、七月十二日に谷中斎場で行われた葬儀にも人力車で駆けつけた。いかにも倉富らしいのは、その際ついでに支払った広津家の墓の維持費の金額まで細かく日記に書きとめていることである。

〈葬儀は二時よりなるに、一時二十分頃谷中に達したるを以て、先づ茶屋金子方に到り、本年七月より十二月に至るまでの墓所掃除賃二円五十銭と、墓石の傾斜したるものを直したる賃銭三円と、今日墓所に供ふる花代七十銭とを払ひたる後、葬場に到る〉

柳田国男との宿縁

日本の民俗学を学問として確立した柳田国男と倉富の結びつきにも、森鷗外と倉富の縁故同様、公務上の関係があった。倉富が法制局長官だった大正二年から三年にかけて、倉富より二十二歳年下の柳田は法制局の参事官だった。

柳田の養父の柳田直平（元大審院判事）は、倉富とほぼ同じ時期に司法省入りしているから、倉富は柳田とは親子二代にわたって交流があったことになる。もっとも、この時代の倉富日記は残っていないので、二人の関係がうかがえるのは、倉富が帝室会計審査局長官、柳田が貴族院書記官長に在任中の期間に限られる。

大正八年四月二十一日の日記に、柳田の名前が出てくる。

〈司法大臣官舎にて松本烝治《じょうじ》が花井卓蔵に、近来柳田国男が徳川家達と善からず、或は書記官長を罷《や》むる模様なることを話し居れり。予亦一二語を交す〉

不行跡問題で前にふれた徳川家達は当時、柳田の上司の貴族院議長だった。松本烝治は内閣法制局参事官で、戦後の憲法作成にも関わった。花井卓蔵は大逆事件、シーメンス事件などを担当した有名な弁護士である。

倉富日記にはこれ以降も、家達と柳田の不仲を裏づける証言がいくつも登場する。

宮内大臣の波多野敬直は「徳川家達から柳田は議員との折り合いが悪いので、宮内省の方で引き取ってくれないかといわれたが、人の嫌うような男をなぜ宮内省で雇わなければならないのかと断った」といい、内務書記官長の石渡敏一《いしわたびんいち》は「徳川家達が柳田を嫌っているのは、家達本人の弁によれば、自分に無断で各地の講演に出歩き、所在がわからないことも多いからだ」と証言している。

柳田が官界を去る一つの原因となった徳川家達との確執関係を検証するのが本稿の目的ではない。倉富の多彩な人脈を例証するために、柳田との関係をとりあげたにすぎない。

それにしても倉富日記を通読して改めて感じるのは、倉富がゴシップがらみの人事情報が三度の飯より好きな人種だったということである。

追悼よりも爵位が大事

倉富にはもう一つ、際立った特性がある。宮内官僚としては当然のふるまいといってしまえばそれまでなのだが、叙勲の優劣をはじめとして、人間を序列化せずにはいられない事大主義に骨の髄まで感染していることである。これは、倉富がすべて規則ずくめの法律の世界を長く歩いてきたこととも多少関係しているかも知れない。

大正十年、十一年の倉富日記には、日本史の教科書にも必ず載っている三人の超有名人の死が取りあげられている。

東京駅頭で暗殺された平民宰相の原敬（大正十年十一月四日、享年六十六）、佐賀出身の政治家で早稲田大学を創立した大隈重信（大正十一年一月十日、享年八十五）、日本陸軍の祖にして長州閥のドンの山県有朋（大正十一年二月一日、享年八十五）の三人である。

ふつう生前交流があった人間が死ぬと、日記には追悼記めいた文章を書くものだが、倉富日記にそうした気配はまったくない。例えば、原敬の死についてふれた箇所を見てみよう。

〈午後九時頃、鈴木重孝（会計監査局審査官）電話し、原敬の遭難を報ず。
九時後、酒巻芳男より電話にて、大谷正男より原敬が暗殺せられたる旨を報じ、之に付ては授爵等の議あるべきことを談ず。
予、予が聞く所にては死したるには非ざる趣なることを告ぐ〉

十時前になって原敬の死亡が確認されると、すでに夜も更けていたにもかかわらず、宮内省はただちに叙位の手続きに入る。

〈午後十一時頃、宮内省より電話し、大谷より「只今原敬を正二位に叙することを発表せらる」と云ふ。
予「夫れは政府より上奏したるものなりや」
大谷「然り」（中略）
午後十一時後、白根松介電話し、「原敬の叙位は外務大臣より上奏したるものにて、是は先例もある趣なり。夫れにて宜しきや」と云ふ。予、異存なき旨を答ふ〉

原敬

倉富は原の横死を悼む前に、叙勲の心配をしている。正確にいえば、叙勲の手続きが正当に行われたかどうかを心配している。

翌々日の十一月六日の日記には、「原敬の葬儀のときは皇族より墓園に使を遣はし榼一対宛金二千疋宛を贈らるることに決せり」という高の報告があり、李王家もそれに準ずる扱いに決定したことだけを書いている。

大隈重信の陞爵問題

しかし、原敬のケースはまだましな方だった。大隈重信の場合、まだ死線をさまよっている段階で、陞爵《しょうしゃく》云々の小田原評定を始めている。陞爵とは爵位をあげることである。

大隈が死去する二日前の大正十一年一月八日の日記には、「午後三時後、関屋貞三郎より電話にて、大隈重信の病状漸く革《あらた》まる……」とまず記され、次いで、陞爵論議の様子が書きとめられている。

〈関屋「大隈は侯爵と為りたる後年数も少く、其後別段の功績なき故、普通にては陞爵の理由なきも、陞爵を主張する人は大隈一生の勘定を為せば陞爵しても適当なりと云ふものの由。貴見は如何」

予「此事に付ては昨日宗秩寮にて一応内談を為し、予は陞爵の必要なしと考へたる

なり。最高等の政策にて特別の恩典あるは格別、通常にては陸爵の理由なしと思ふ」〉
翌一月九日、すなわち大隈の死の前日になっても陸爵論議はまだやまない。ご丁寧にも白根松介が元老の松方正義にお伺いを立て、牧野伸顕は同じく元老の西園寺公望にわざわざ面会するという騒ぎである。
松方には前日も意見を聞いており、そのときは陸爵に賛成したらしい。だが白根が面会すると松方は「(昨日は)山県公が陸爵の意見ならば反対しないと言ったまでだ。大隈侯は維新の功労もなく、その後も格段の功労があったとは思わない」とむしろ消極的になっているという。白根は「今日にでも薨去されたら宮内省の審議が間に合うかどうか心配です。もう一度内閣の意見を確かめる必要はないでしょうか」と倉富に進言した。

大隈重信

倉富はどうも大隈のことが嫌いだったようで、大隈が死んだ翌々日の一月十二日の日記には、牧野伸顕が大隈と伊藤博文を比較した人物月旦をわざわざ書きとめている。
牧野はそこで倉富にこんな話をしている。
「大隈は大名生活をしながら、人を選ばずに交際したので世間は平民的だと褒めたてた。これに対し、伊藤は生活も質素で辺幅も飾らず、時に書生と牛鍋を平気でつつきあったが、世の人びとは官僚的だと非難した。まったく世間の評判ほどあてにならないものはない」

大隈の陞爵は、内閣で書類まで作成したものの、結局は沙汰やみに終わっている。

大正が生んだ奇書中の奇書

倉富にはどうやら陞爵叙勲問題のプロ中のプロという強烈なプライドがあったらしく、徳川慶喜の七男で貴族院議員の徳川慶久に対する爵位の没後追贈でも活躍している。徳川慶久は、夫人に離婚を迫って髪切り事件を引き起こした男である。まだ三十九歳ながら、夫婦関係がよほど苦痛だったのか、事件以来ずっと神経衰弱気味だったという。

その徳川慶久が脳溢血で危篤という情報が倉富にもたらされたのは、大正十一年一月二十一日のことだった。宗秩寮の属官が酒巻芳男の代理として倉富に電話をしてきて、一族の徳川圀順《くにゆき》から慶久に対する特旨叙位の要望があったことを告げた。倉富は日記にその詳細な内容を書いている。

酒巻によれば、慶久は従三位に陞叙せられてから一年半しかたっておらず、陞叙の期限に達していない。華族世襲財産審議委員としては、従三位が最高位という規定がある。したがって有爵者としては陞叙の方法がない。宮内省として、徳川慶久は十余年間貴族院議員を務め、かつ審議委員としても功労があったという書面を作り、政府に送って陞位の手続きをしてもらってはどうか。

倉富も貴族院議員の功労を理由とすることには賛同した。ただし倉富らしいのは「宮内省から貴族院議員の功労を述べるのは適当でない。徳川圀順から政府に交渉したほうがよいだろう」と原則論にこだわっているところである。

徳川慶久は没後、めでたく正三位勲三等瑞宝章を追贈された。

山県有朋のケースでも、没後の叙位が問題となった。

論議となったのは、やはり山県が危篤に陥ってからだった。山県死去の前日、大正十一年一月三十一日の日記に、以下の記述がある。

〈午後一時頃、陸軍次官尾野実信《おのみのぶ》来り、「山県有朋は正二位たること久し。薨去に際し従一位に叙せらるるのみにては、勲功に対する恩賞当らざるに似たり。正一位に叙せらるる途なきや」と云ふ。

予「特旨に依る外途なかるべし。然るに有爵者としては、先例にては正一位に叙せられたる例なく、宮内省にては之を奏請することを得ず。仮りに之を奏請することとすれば、政府より奏請すべきものなるべし」〉

尾野実信は、元帥大山巌の副官として日露戦争で活躍した陸軍軍人である。

倉富は尾野と別れた後、総理大臣の高橋是清に会って、山県の没後陞位問題を相談した。

高橋は「山県に対してはいまのところ、従一位の授爵と国葬を行おうとは思っているが、それ以外は考えていない。養子の有光への授爵もすぐにはできないと思う」と答えた。

結局、山県有朋の没後陞位問題は、死んだ山県には正一位ではなく従一位が授与され、養子の有光には山県家の分家として男爵が授爵される形で決着した。

倉富は宮中改革と皇室の近代化を進めるその一方で、天皇制の強力な維持装置ともいえる授爵と叙勲問題にもこだわり続けている。

倉富日記は大正という過渡期に書かれるべくして書かれた時代の産物であり、まさに比肩すべきもののなき奇書だった。

第五章　日記中毒者の生活と意見

——素顔の倉富勇三郎

誰のための日記か

大正八年六月十日の日記に、こんな記述がある。

〈今より三十日斗《ばか》り前、予、晩餐の時〔コチ〕〔魚名〕の小骨を嚙む。骨、上齶の右方を刺す。然れども痛なし。舌を以て之を探れば舌端に触るるのみ。一二日にして全く之を忘る。昨夕より復た舌に触る。毛抜を以て之を抜かんと欲したるも抜けず。楊枝を以て之を取らんとしたるも亦同じ。今日午食後、楊枝にて之を探る。骨少しく出づ。乃ち指を以て之を取る。長さ五六分許あり。此の骨、数十日間留まり居りて痛まざりしは不思議なり〉

倉富日記を何とか読み進めることができたのは、すでに述べた宮中某重大事件や柳原白蓮事件、そして朝鮮王族の李家などに関する知られざる刺激的なエピソードが、索漠たる叙述のなかに時折現れ、その都度、鞭をあてられるように覚醒させられたからである。

しかし、それ以上にこれを読む原動力となったのは、ここにあげた記述に代表される倉富個人のそこはかとないおかしみだった。

一ヵ月近く前に夕食をとったときコチの骨が上顎に刺さった。なぜか痛みはなく、毛抜きでも取れなかった。それが今日の昼食後、爪楊枝で探ると骨が少し出てきた。そこで指を入れるとうまく抜けた。長さは一・五センチほどあった。これが一ヵ月も刺さったまま痛みがなかったのは不思議で仕方がない。

倉富はなぜこんな埒もない出来事を、誰に読まれるわけでもない日記に書きとめたのだろうか。

そういう目であらためて倉富日記を読み進めると、この日記は倉富勇三郎という絶滅危惧種に近い人間の私生活を知るための格好のドキュメントではないか、と思えてきた。

倉富が私生活の中で最も多くの時間を費やしたのは、言うまでもなく日記の執筆である。

序章で述べた通り、二十六年分の日記の総量は分厚い本にして優に五十冊は超える。仮にこの日記に習熟した人間が、一時間に四百字三枚ずつ、一日八時間のペースで筆写したとしよう。年中無休で机に向かったとしても、すべて書き写すのに丸六年かかる。

こんなことがあった。ある日曜日、読み終わった倉富日記を朝から晩までパソコンに向かって打ち込む作業を続けた。夜になって一段落したとき、終日かかって書きあげたのが、倉富が執筆した一日分の日記に過ぎなかったことに気づいた。

そのとき大げさではなく、体中に重い鉛をまきつけられて、深い海に沈められるような脱力感を覚えた。自分はこれから前人未到の原野を走破するんだ。年がいもなくそんな冒険家にも似た気持ちを奮い立たせて、何とか持ちこたえたが、正直に告白すれば、その時点でこの仕事をやめようと思った。

倉富のメタ日記

倉富はいつ、どこで、どのように日記を執筆したのか。

幸いなことに、倉富は日記の中で日記についてふれた記述をいくつか残している。いわば、メタ日記であり、メイキング・オブ・ダイアリーである。それを手がかりに、倉富日記の5W1Hを追ってみよう。

まずは執筆の場所だが、これはやはり圧倒的に自宅で書かれている。

それは宮中某重大事件をめぐって千客万来の一日となった大正十年三月二十日の日記の最後に、「この日、午前十時ころから烈風吹き、正午ころより殊に甚だしく、午前中、書斎の前の牆を倒した」と記されていることでもわかる。また倉富の孫の英郎氏は、倉富は赤坂丹後坂の家でいつも机に向かって書き物をしていたというかすかな記憶を語ってくれた。

興味深いのは、次にあげる一連の記述である。

〈午前、書状を作り、此日記の原稿と為す覚書を作る〉(大正十年十二月三十一日)

〈午前八時後、昨日に続き諮問第四号の小委員会始末書を作り、又本月一日以後の日記を書す〉(大正十一年一月四日)

〈春季皇霊祭、参拝せず。午前八時後より十時までに此日記、此紙とも七葉を記す〉(同年三月二十一日)

倉富日記にはその元となる覚書、もしくは下書きらしきものがあったことがわかる。これだけ膨大な量の日記を残しながらさらにそれを準備するためのメモまであったとは。やはり倉富勇三郎はただものではない。一連の記述からは、数日分の日記をまとめてつける場合があったこともうかがえる。ちなみに三月二十一日は春季皇霊祭を欠席して、朝のうちに日記の枚数を稼いでいる。この二時間で書いた分量は、改行なしで約五千字だった。一時間あたりにして、四百字詰め原稿用紙六枚強。流行作家なみのスピードである。

日記をまとめて書いた例は朝鮮出張のくだりでも紹介したが、大正十一年一月三十一日の日記にも次のような記述がある。

〈一月二十七日より同月三十一日までの日記は、当時簡短なる手控を為し置きたるに付、其手控に依り、大正十一年八月十五六日頃より同月二十二日までの間に、間を偸《ぬす》みて之を追記せり〉

何と七ヵ月もたってから、書けなかった五日間の日記を書いたというのである。この間、倉富の心には、日記に生じた五日間の空白が重苦しくのしかかっていたに違いない。倉富は明らかに日記中毒、執筆中毒に罹っている。

倉富はただ日記を書きっぱなしにしていたわけではない。暇さえあれば読み返していたことは、いたるところに後で追記した箇所があり、そこで誤記や記憶違いを訂正していることでも明らかである。

倉富はこの当時、帝室会計審査局、宗秩寮総裁室と二つの部屋を持ち、司法関係の会議でしばしば司法大臣官舎に赴いている。それに加えて枢密顧問官として枢密院にも連日のように顔を出している。それを考えると、倉富はどうやら日記それ自体かメモ帳をいつも携帯していたようである。

大正十年四月五日、倉富は司法大臣官舎で開かれる会議の開始時刻を間違え、一時間半ほど早く着いてしまったことがある。そこで、と倉富は書いている。

〈已むを得ず一人にて委員室に至り、此日記十葉表の十一行目より十三葉の表十行まで記したるとき花井卓蔵が来りたる故、日記を記することを止め之と雑談し……〉

ページ数と行数の記載がやけに輝いて見えるのは、倉富日記に感染しすぎたせいだろうか。

同年四月十五日の午後二時、宮内省書記官の浅田恵一が倉富を呼びにきた。学習院の学制改革に関する会議があるので、十分後に南部光臣の部屋にきてほしいという。

〈時に予、正に今日の日記を記す。浅田が去りたるときより七分間許、福岡秀猪（宮内省御用掛）来り、学制案其他の案の協議会に出席するやを問ふ。予、出席する旨を答へ、尚ほ日記を記すこと一分間許、福岡と共に南部の室に行く〉

「尚ほ日記を記すこと一分間許」——倉富はまさに寸暇を惜しんで日記を書き続けた。「日記に生涯を捧げた男」の孜々営々たる姿に胸打たれるのは、倉富日記の解読に足かけ七年の歳月をかけた私の思い入れのせいだけではあるまい。

倉富日記、海を渡る

求道者のように日記を書き続けた倉富は、一体、何のためにこれを書いたのか。残る疑問は、結局そこにたどり着く。倉富の性格からして、何らかの見返りを期待したためだったとは到底思えない。倉富の精神を貶《おとし》めるつもりは毛頭ないが、ただ、ごく稀に日記が実利的な威力を発揮することはあった。私が読んだ約二年半分の日記でいえば、そうしたケースは二回あった。偶然にも半月の間のできごとである。

まず最初は大正十一年九月一日の日記である。この二ヵ月後には「婦人関係にて健康勝れ」なくなる東久邇宮稔彦は、当時パリにあって滞在延長を声高に主張していた。間もなくパリに赴任する宮内省式部官の松平慶民にとって、それが頭痛のタネだった。倉富は大正九年の日記に、東久邇宮の滞在期限は三年であることを明記していた。

〈此時予より、松平、酒巻（芳男）に、予大正九年の日記中より、東久邇宮殿下の滞欧期限のことに関する部分〔大正九年二月十三日の日記〕の抜書を示す。（中略）

松平「自分が仏国に行きたる上、万一東久邇宮の滞仏期限のことに付、殿下が四年なりと主張せらるる様のことあらば、君の日記を以て、反対の証拠と為す必要あるやも計り難し。先刻の抜書を借り置くことは出来ざるや」

予「差支なし」とて之を貸す〉

東久邇宮を説得する松平の切り札として、倉富日記は海を渡ったのである。

もう一件は、倉富自身の小さな窮地を救った。

同年九月十四日、久邇宮邦久王の成年式延期についての願書が出ているかどうかが、宮内省で問題になった。邦久王はこの年の三月十日に成年を迎えている。成年式令には、延期するためには勅許が必要だという規定があった。その願書が出ていないとすれば、宗秩寮総裁事務取扱たる倉富の過失になってしまう。日記の欄外に「予の過失なり」と書いた倉富は、自分の日記を読みあさった。

翌日出勤した倉富は、さっそく酒巻芳男を呼び出した。

〈本年一月八日、一月九日、一月十日、一月十四日〔二ヶ所〕、一月二十四日、二月二十一日、二月二十三日、二月二十八日の日記中、邦久王の成年式に関する部分を酒巻芳男に示し、「此の如きことゝなり居るに付、邦久王の成年式延期願書の出で居らざる筈なし」と云ふ〉

酒巻が式部職で調べた結果、やはり願書は三月五日に受け付けられていた。倉富、酒巻、松平の捺印もある。倉富はこの日の日記の欄外に「予の過失なし」と書いて身の潔白を証明している。それを鬼の首でもとったように書かないところが、また倉富の倉富たるゆえんである。日記の本文には、やや誇らしげではあるが、さりげなくこう書かれている。

〈之を発見したるは全く予の日記の効なり。昨日は予の過失なる旨を日記に記したれども、願書を発見したるに付、毫《ごう》も過失なきことゝなれり〉

持病と健康法

大正十年、十一年の倉富日記のなかで、倉富の私生活を最もよくあらわしているのは、朝鮮人参と冷水摩擦への異様なほどのこだわりである。

「今日より朝鮮人参を服用す」「今夜から朝鮮人参を飲む」「今朝より冷水摩擦を始む」「風邪のため冷水摩擦を止む」といった記述が頻繁に出てくる。

倉富は大正十年の七月で満六十八歳を迎えた高齢者である。その年齢ゆえだろう、健康には人一倍気を遣った。

毎日というわけではないが、倉富日記には体温の記録が時々書きとめられている。「昨夜熱甚し。眠り難し」といった記述も散見できる。倉富が健康面の注意をおさおさ怠らなかったことは、次の記述からもよくわかる。

〈午前十一時後、厠《かわや》に上りたるとき、不図《ふと》左の手首に漆黒色の斑を発見せり。長さ二寸許、幅七八分許のもの出来居る〉（大正十一年一月八日）

〈朝、肛門より出血す。三四日前より腰痛あり。尿、茶色を帯び居りたり〉（大正十一年二月二十六日）

倉富には耳の持病があった。日記には「耳に響あり」という述懐がよく出てくる。次にあげるのは、倉富が高成田という耳鼻咽喉医の診察を受けたときの記述である。

〈予、本月十日頃より右耳に時に一種の響を聞くことあり。数日を経るも癒へざるに付、午前八時前より高成田の家に行き之を療す。

大正八年末より同九年初まで、高成田をして咽喉及耳を療せしめたることありたるも、咽喉は却て腫起して有害なりし故、九年一月七日以来治療を止めたるも、右耳の響及両耳に痺を生じたる為、復た治療を始めたるなり。
　高成田「左耳には慢性の軽き中耳炎あり。右耳は或る部分の開閉十分ならざる為、響を感ずるならん」と云ひ、両耳に風を送り、鼓膜を振動する手段を取れり。九時前家に帰る〉（大正十一年八月十三日）

〈午前八時後より高成田渉の家に行き、耳及咽喉を療せしむ。真鍮管を鼻腔に入れ、護膜《ゴム》管を以て風を送り耳に通ぜしめんとす。真鍮管の送入意の如くならず、遂に止め、只護膜管を以て外部より風を送り、鼓膜を震動せしむ〉（同八月十五日）

耳の治療法を克明に記したこの部分の描写を読みながら、私は藤枝静男の『空気頭』を連想して思わず苦笑させられた。

『空気頭』は、自分の中に流れる淫蕩の血を断ち切るため、胸膜腔に空気を送入し肺を圧迫収縮させて結核の治癒を促す気胸療法からヒントを得て、自分の脳下垂体にゾンデを差し込む気頭術、すなわち空気頭で自己改造を試みる奇妙な味わいの妄想小説である。

倉富日記から『空気頭』への連想を誘われたのは、空気療法の共通性からだけではない。藤枝作品に流れる自己処罰衝動の苛烈さが、倉富日記のリゴリズムと通底しているように思えたからである。

さらにいうなら、田舎紳士然とした藤枝の風貌も、倉富とどこか似ている。藤枝の『空気頭』が私小説を装った究極のフィクションなら、倉富の文章は日記を装った究極の私小説なのではないか。あまりに厳格すぎて逆に浮世離れした倉富日記の記述からは、そんな倒錯した思いすら誘われた。

今日は帝劇、明日は三越

倉富は重要な公務であろうと、些細な身辺の雑事であろうと、わけへだてなくいつも全力をこめて書いている。倉富の辞書に遊びとか、手抜きとかいう言葉は一切存在しない。前にも述べたが、その力みがかえって、倉富日記に不思議なおかしみを与えている。倉富の謹厳な性格は、朝鮮人参の服用方法にも表れている。神経質というより、癇性が強すぎてユーモアの域にさえ達した、そのくどくどしい表現を原文で味わっていただこう。

〈本月十五日には高義敬に嘱して買ひ入れたる朝鮮人蔘を煎じて其夜一度之を飲み、翌十六日朝一度之を飲み、十六日には之を再煎して其晩一度と十七日朝一度之を飲み、十七日には臼井《うすい》水城《みずき》より贈りたる人蔘を煎じたり〉(大正十年三月十七日)

李王職事務官の高義敬についてはは、すでに何度もふれてきた。その高が倉富に最初に朝鮮人参の服用を勧めた男だった。臼井水城は『戸籍法詳報』という倉富との共著をもつ大正期の法学者である。

この記述でもわかるように、倉富の文体の一大特徴は、繰り返しの表現をまったく厭わないことである。もう一つ、いかにも倉富らしい文体の例をあげよう。ここには、倉富の嗜好も語られている。

〈午後三時三十五分頃、酒巻芳男来り、「明朝は皇太子殿下伊勢に行啓あらせらるるが審査局長官としては常に奉送迎せらるるや」と云ふ。予「然らず」と云ふ。酒巻「宗秩寮にては奉送迎するが例なり」と云ふ。予「然らば奉送すべし」と云ふ。酒巻「自動車を借ることを相談し、其様子は電話にて通知すべし」予「自動車を借ることを得るならば、午前八時四十五分に東京駅に行く間に合ふ様、予が家に遣はす様、相談し呉よ」（中略）

四時後、家に帰る。十分許前、宮内省より電話ありたるも不在なりし為、更に電話すべしとのことなり。少時にして又電話し、明朝は自動車は東宮御所に行くもの多く、随て予が家に遣はし難し、馬車ならば都合出来る趣を報ず。予、馬車は入用なき旨を答へしむ〉（大正十年二月二十一日）

自動車ならいるが、馬車ならいらない。倉富日記には自動車以外にも「帝国劇場」「三越呉服店」「活動写真」といった新時代を象徴する言葉がよく出てくる。そこに老人特有の新しい風俗に対する反発や苦々しさは込められていない。

ちなみに大正十年のわが国の自動車保有台数は、全国でわずか九千六百四十八台である。当時の自動車がいかに時代の最先端を行く乗り物だったかがわかる。

倉富は、時代に背を向けた偏屈者というわけではなかった。むしろ自動車には素直に乗りたがるし、折にふれて活動写真も鑑賞している。

ここまで引用した日記を読めばわかるように、倉富は細かい時刻に異様なこだわりを見せている。「午後四時頃より委員会を開き五時二十三分閉会」など、何もそこまで書くことはあるまいと思うほどである。これは時計というものがなかった時代に成長した倉富が、自分の性格にあまりにもフィットする機械と出会った喜びの表れだと想像しても、あながち的外れではないだろう。

幕末に草深い久留米の里で生まれながら、倉富は「今日は帝劇、明日は三越」の新時代を違和感なく生きた。その意味では柔軟な感性をもった時代の子であった。

朝鮮時代は大酒家

倉富の人となりを表すエピソードは、日記の折々に顔をのぞかせている。以下、公務を離れた倉富の素顔をランダムに紹介していこう。

倉富は健康に留意しながら、だいぶ前に引用した雑誌記事にもあるように、酒は若い頃からかなりいける口だった。

〈予は老後に至り却て病まざる様になれり。若きときは自ら病を製造したることなきに非ず。酒も沢山飲みて、其の為め二三日位病気になることもありたり。京城にても可なり飲みたり〉

これは大正十年三月十六日、酒巻芳男、高義敬と世子妃妊娠発表の日取りをどうするか協議している最中に出た雑談の一節を書きとめたものである。

同年二月十一日、宮中某重大事件がひとまず決着したことを皇族中最長老の伏見宮に報告に行くため、犬吠埼の伏見宮別邸を訪ねたときには、「午餐に供す麦酒と日本酒と孰《いずれ》が好きか」と尋ねられ、「日本酒を択《えら》ぶ」と答えたことを記している。ただし、肝心の午餐にどんな料理が出たかについてはまったく書いていない。

約二年半分の日記を読む限り、倉富が美食家だったという節は見当たらない。もしかすると倉富は食事についてあれこれ記すのは、はしたないことだと考えていたのかも知れない。

この伏見宮別邸訪問に関しては、新聞記者に追いかけ回されたことを、やや誇らしげに記している。前述の通り、新聞記者をからかうのは倉富の趣味でもあった。大正十年二月十七日の日記から——。

〈予が午前十一時頃出勤するとき、玄関の梯子を升《のぼ》り廊下を歩するとき新聞記者某、予を逐《お》ひ来り、「先日銚子に行き伏見宮を訪はれたるは事実なりや」と云ふ。（中略）

某又「宮内次官の事に付交渉を受けられたることありや」

予「なし」

終に銚子行のことは答へずして止み、直に室に入りたり〉

この日は帰りがけにも新聞記者に囲まれた。

〈午後三時三十五分頃、退省せんとして玄関に到りたるとき、新聞記者三四人其処《そこ》に在り、予に向て「倉富さんの大臣説頻《しき》りに行はれ写真まで出し居れり。何か交渉ありしや」と云ふ。

予「至極宜しかるべし」

記者「近日確定すべきや」

予「或は然らん」

記者「既に交渉を受けられたりや」

予「否、新聞にて任命せよ」

記者「新聞任命は既に出来居れり」
予「然らば既に免職せられたるならん」と云ひ、笑ふて去る〉
ここで新聞記者が質問している大臣云々とは、いうまでもなく宮内大臣のことである。宮中某重大事件の責任をとって、宮内大臣の中村雄次郎が辞任することは確実視されていた。中村に代わる新宮内大臣に牧野伸顕が就任するのは、この二日後である。

枢密院議長就任の日

新聞記者を煙にまいてひとり悦にいるお茶目さを持ち合わせながら、就職の世話をしてほしいと頼ってくる同郷人に対しては冷たくあしらった。

たとえば大正十年八月七日の倉富日記の欄外に、こんな記述がある。

〈午前八時頃、昨日来訪したる筑後青年同生会幹事鐘ケ江良由、電話にて「今日往訪せんと欲す、差支なきや」を問ふ。

予、安をして、今日は日曜なるも官用あり、家に在らざる旨を告げしめ、又自ら電話に掛り、「青年同生会のことならば、予は先年来の経験にて賛成し難きに付、来訪の必要なかるべし」と云ふ。

鐘ケ江「自分も同生会に関係し居れども、実は不賛成なり。昨日往訪したるは、一己の就職を依頼せんと欲したるなり。九州大学を卒業し居れり」と云ふ。

予、何か方針を定め、某に話し呉よと云ふ如きことにて幸に其人を知り居る様のことならば格別、漫然就職と云ふても工夫なき旨を答ふ〉

就職学生の電話を取り次いだ安は、書生がわりに使っていた倉富の甥である。日記には就職依頼の来訪者が持参した手土産をその場で突き返したといった記述も出てくる。

そもそも、倉富家の訪問客はそれほど多くなかった。宮中某重大事件の渦中の日曜日、宮内省の官僚が相次いで倉富家を訪ねてきたことはあったが、それはむしろレアケースだった。最後は枢密院議長という高位にまで登り詰める倉富家の敷居は、千客万来の訪問客が連日押し寄せるほど低くはなかった。

大正十五年三月二十八日、倉富は赤坂見附から四谷方面に上がる紀ノ国坂で自動車事故に遭い、全治約一ヵ月の負傷をした。枢密院議長に就任する二週間前の事故だったため、四月十二日の親任式にも欠席せざるを得なかった。

倉富の故郷の新聞『福岡日日新聞』は、親任式当日の倉富の様子を次のように伝えている。

〈枢相に昇格した倉富勇三郎氏は、十二日は新任の日とあつて、久し振り病床を起き出て、床屋を呼んで鬚《ひげ》をすつかり剃つて春めいた気分になつたが、過日負傷した胸部の疼痛が尚全く治らぬため、晴の親任式に出かける事が出来ず、新任の辞令は首相（若槻礼次郎）が代つて之を拝受した。

赤阪船頭町の私邸を訪問すれば、受附の女中は「旦那様は、折角ですが病気が未だ恢復して居ませんので、お目にかゝれません。奥さまは、近頃御病気で寝て居られます」と云ふ。

主人公の性格を現はして居る質素な邸内には、他に書生のやうなものもなく、只徳富蘇峰氏からの御祝が見えるだけで、他に訪問客もなく、極めてひつそりとして居た〉

ありあまるほどの漢学の素養がありながら、倉富は芸術方面にはほとんど関心がなかった。大正十年三月二日の日記に、牧野伸顕から「君は絵画の趣味があるのか」と問われて、「いや、絵画についてはわかりません」と答える短いやりとりが記されている。

牧野がわざわざ水を向けてきた問いかけに、ただ一言、「解せず」という取りつく島がない言葉で答える。その態度には、倉富の朴念仁ぶりと融通のきかなさがよく表れている。

「金銭に淡泊なる人」

次にあげる記述も、わからず屋というより、曲がったことが死ぬほど嫌いな倉富のパーソナリティーを物語っている。

〈午後四時前、四谷税務署に電話し、所得税額訂正書、今日届け来らず、不都合なることを詰《なじ》る。

署員「多数のことにて急弁し難し、両三日待ち呉よ」

予「確約あり、昨日中に訂正書を届くる旨を聞き居れり。今更右の如きことを聞く訳なし」

署員「執務の順序あり、右様のことは約束出来るものに非ず」

予「其様なる話は聞かず」

署員「然らば主任者をして電話せしむるに付、暫く待ち呉よ」

主任者なるべし、電話に掛り、「訂正の手続は既に為し居れり。明日区役所に通知する故、両三日待ち呉よ」と云ふ。

予、之を詰らんと欲したるも、先方より電話を切りたり。先に話したる署員に対し、「納税期日を過ぎる為、附近の郵便局に納付する便宜を失ふこととなり、困る」と云ひたる処、「全体は本月二十五日まで郵便局にて受取る訳なるも、税務署より其

筋〔逓信省ならん〕に交渉し、本月末日までは郵便局にて受取ることに致したり」と云へり〉（大正十一年九月二十六日）

倉富は金銭にこだわっているわけではない。約束を違《たが》えた税務署員の理非を馬鹿正直に詰問しているだけである。

倉富が金銭に恬淡とした性格だったことは、大審院以来の友人で、柳田国男の養父となった柳田直平も認めている。昭和三年十一月二日の日記に書かれた倉富との雑談で、柳田はこんなことを言っている。

〈柳田「或る人が『栄達して金銭に淡泊なる人は少し。維新後にては大久保利通、伊藤博文と君（倉富）との三人なり』と云ひ居りたり。大久保は死後負債ありたりとのことなり。伊藤は貯蓄はなさざりしも、彼の如く贅沢を為したる故、真に金銭に淡泊なりとは云ひ難し」〉

伊藤博文、大久保利通という幕末、明治の大英傑と並び称されて、いくら世評を気にしない倉富といえども、さすがに照れくさかったに違いない。

それを臆面もなく日記に記すところが、かえって倉富の嫌味のなさであり、その言動が信用できるところである。

いかなることありしか記憶せず

資料的価値を別にした倉富日記の読みどころは、そのとぼけた味わいである。言葉であれこれ説明するより、原文でじっくり味わっていただこう。倉富勇三郎という世にも不思議な男の素顔にふれて、誰でも彼のことが好きになるはずである。

〈今日は先考《せんこう》の忌日なるに霊位に拝することを忘れ、又鶏卵を食したり〉（大正十年六月三十日）

先考の忌日とは、明治二十三（一八九〇）年六月三十日に六十二歳で没した父胤厚の祥《しょう》月命日《つきめいにち》のことである。それから一ヵ月後の倉富日記にも、これと同じような記述がある。

〈今日は先考の忌日なり。然るに之を忘れ、霊位に拝せずして飯を喫し、且つ鶏卵を食ひたり。喫飯のとき道子が忌日を忘れたることを語り、始めて之を覚り、喫飯後、始めて霊位に拝したり〉（大正十年七月三十日）

「今日は忌日ですよ」と倉富に教えてくれた道子は、倉富の三男隆の嫁である。倉富の家族についてはまた後で述べる。

大正十一年二月十日の日記にも、物忘れの記述がある。

この日、倉富は柳原白蓮問題にからんで警視庁が作成した右翼の内田良平に関する報告書を読んでいた。そのあと皇室経済改革の一環として北白川宮と東久邇宮の洋行費用の差額について話し合い、書類に捺印しようとした。倉富が物忘れについて記しているのは、その直後である。

〈此時予の認印を発見せず。小礼服のチョッキの隠嚢《かくし》に入れ置きたるやを念《おも》ひ、之を捜がす。なし。乃ち花押を為し、後、風呂敷包の中を捜がす。其中にありたり〉

緊迫した場面の中に、こうしたたわいもない記述がさしはさまれると、脱力感に襲われる。だが、それで読む気がなくなるというわけではない。むしろ倉富の存在が急に身近なものに見えてくる。

〈今朝出勤前、万年筆を刺したる〔サック〕を捜がす。得ず。（中略）昨日は〔サック〕を自家に遺し居るものと思ひ居りたり。今朝自家にて之を捜がしたるも見出さざる故、宮内省に在るものと思ひ机の抽斗を捜がしたるも見出さず。終に或は小礼服の隠嚢に入れ居るならんと思ひ、宗秩寮に行き、小礼服を検したるも之を見出さず。不図〔モーニングコート〕の表の隠嚢を探りたる処、其中に入り居りたり。是は昨日より入り居りたるも気附かざりしなり〉（大正十一年二月二十五日）

万年筆を収める革のサックを失くしただけで、この騒ぎである。これはもう、呆れるより前に笑うしかない。それから約一ヵ月後の忘れ物は、叙位式に不可欠な勲章だった。

〈今朝は叙位式を行ふべき日なる故、家を出づるとき礼服著用のとき穿つべき靴を穿

ちて出勤したるに拘はらず、勲章を持ち行くことを失念せり〉（大正十一年三月二十日）

勲章を佩《お》びずに式を行うには、略式の小礼服なら許される。ところが、小礼服を着けようとしたが、今度は襟紐がない。

倉富はこの日の日記に、「是は去月二十八日に小礼服を著けたるとき、金具が落ちたる故之を自宅に持ち帰り、今日代品を持ち来ることを忘れたるなり」と書き、叙位式の結末を、「急に西野をして宗秩寮に行き、白襟紐を借り来らしめ、勲章を佩びずして式を行ひたるが、叙位の為出頭したるも僅に二人、襲爵者一人ありたるのみ」と記している。

大正十一年六月十五日の倉富日記は、以上あげた物忘れの記録を大きく塗り替えて、いっそ感動的である。

〈此日は如何なることありしか記臆せず〉

記憶していないことまで、記録せずにはいられない。

この言わずもがなの一行が記されているのは、例の朝鮮旅行のあとでまとめてつけた期間である。それだけに、日記を空白にすることは、なお許せなかったのだろう。倉富の真価は、この究極の記述を鬼気迫るものと感じさせないどころか、逆に、飄々とした味わいにまで変えてしまったことである。

世界一長い愛妻日記

倉富日記の私生活部分で最も多く登場するのは、内子夫人である。

だいぶ前にもふれたが、「内子と共に、三越呉服店に行き雛人形を買ふ」「午後、内子、三越呉服店に行き物を買ふ」といった記述が、毎日のように出てくる。

大正九年七月二十二日の日記にも、「午前八時後より、内子、三越呉服店に行き、帷衣《かたびら》其他の物を買ふ。十一時頃帰り来る」という内子夫人の買い物の記録が、判でついたように記されている。

意表をつかれたのは、「帷衣」の横に「ヲトモ」というルビがふられ、さらに欄外に記された次の書き込みである。

〈〔ヲトモ〕の三字は内子が記入したるものにて、三越に行きたるは他に買物あり、主として内子の帷子を買ひたるに非ざることを明かにしたるものなり〉

内子夫人が倉富日記を読んでいた！　初めて見る記述だった。

これだけで即断することはできないが、倉富は病弱な内子夫人に読ませるため、この長大な日記を書き続けたのかも知れない。倉富日記には、夫人に読まれて困るようなことは一切書かれていない。

宮内省での仕事と人間関係を克明に記した夫の記録は、それどころか、内助の功役の夫人にとって、贈答や慶弔の挨拶などにたいへんに役立つ生きた手引き書になった可能性もある。

そんな突拍子もない想像をしたくなったのも、そう考えてもおかしくないほど、倉富が内子夫人を愛していたからである。倉富日記は、世界一長い愛妻日記でもある。

内子復た失神す

大正十年三月二十四日、倉富が李王世子妃方子の内々の着帯式に出席した翌日の夜、内子夫人に異変が起こった。

〈午後十時頃、内子脳の工合宜しからずとて予を起す。間もなく内子眠に就く〉

内子夫人は病弱だった。夫人は慶応三(一八六七)年の生まれだから、大正十年には五十五歳になっていた。当時とすれば、高齢者である。内子夫人は、数年前から原因不明の痙攣をよく起こすようになっていた。

この晩は大事には至らなかったが、翌朝、強い発作を起こした。

〈午前六時頃、内子一たび起き、復た褥に就く。八時後、内子褥中に在り、予、吸墨紙の所在を問ふ。答へず。予、往て見る。枕を外《は》づして臥す。之を呼ぶも答へず。予、乃ち頭を持ちて枕に就かしめ之を呼ぶ。始めて答ふ。先年の持病復た起り、少時

知覚を喪ひたるものなり〉

倉富は女中のカツに電話をさせて、主治医の坂田稔の往診を頼んだ。九時頃、坂田が来た。坂田は「近ごろ眼を使いすぎ、視神経の作用によって脳が刺激を受けているのでしょう」と言い、薬を処方して帰っていった。ところが――。

〈十一時頃、内子復た失神す。前後二回とも其時間は十秒間位なり。第二回目には尿の失禁あり。極少量を漏らす。前年の如く劇ならず。又吐気を催ふすことなし。十二時前、飯を喫す。十時頃、西野英男に電話し、予が今日宮内省に出勤せざる旨を告げ、且、之を宗秩寮に告げしむ〉

翌大正十一年には、内子は三回発作を起こした。最初の発作は山県有朋が死去し、柳原白蓮問題の対応に忙殺されていた二月一日だった。

倉富は、この日の日記の末尾に「午後八時後、内子、眩暈《めまい》す」と記している。翌日の午前九時半、倉富は山県有朋邸を弔問し、焼香している。

それから約一ヵ月後の三月四日の日記の冒頭にも、「午前六時頃、内子眩暈し、失禁す」とある。

内子夫人が次に発作を起こしたのは、それから約三ヵ月後の五月二十九日だった。

倉富はその前日、丸の内の工業倶楽部で行われた渋沢栄一の孫の敬三の結婚式に招かれ、帰宅したのは夕刻だった。発作が起きたのはその翌日で、やはり早朝だった。

〈午前五時前、内子痙攣を起し、気絶す。電話にて医多納栄一郎を招き、看護婦を雇ひ、又鎌倉に電話して隆を召ばんとす。電話通ぜず。乃ち電信を発す。八時後に至り電話始めて通ず。乃ち広津直人妻をして隆に内子の病を告げ、直に来るべき旨を通ぜしむ。(中略) 十時後、隆来る。内子は午前中痙攣を発すること三回、午後二回なり。予は午後零時後より宮内省に出勤す。予が家に帰りたるを待ち、隆は夜に入り鎌倉に帰る。午後、枢密院の審査委員会に列す〉

広津直人（柳浪）

隆は倉富の三男で、この当時、郷里の久留米から上京して宮内省に一時勤めたが、病を得て鎌倉で療養中だった。広津直人は内子夫人の兄で、明治期に一世を風靡した作家の広津柳浪だということはすでに何度か述べた。

内子夫人は昭和三(一九二八)年十一月十日、京都御所で行われた昭和天皇の即位の大礼の席でも、脳貧血を起こしている。

倉富日記に病弱な夫人への直接のいたわりの言葉は書きとめられていない。だが、その行間には、明治十五年の結婚以来、四十年以上連れ添ってきた夫人に対する思いやりの気持ちが強くにじんでいる。三十歳の倉富と結婚したとき、内子夫人はわずか十六歳だった。

倉富はもうひとり、病弱な家族をかかえていた。にもかかわらず、倉富日記にはそうしたわが身の境遇を概嘆する記述は一行も見当たらない。隆を語るときの記述にも、やはり家族への強い愛情がにじんでいる。

隆の宮内省入り

倉富の三男の隆が郷里の久留米から上京してきたのは、大正十年四月十八日だった。妻の道子と娘の朗子も一緒だった。隆は三十二歳になっていた。この日の日記に倉富はこう記している。

〈午後九時八分、隆、道子、朗子来る。二十分許にして安帰り、又十分許にして宇佐美富五郎来る。朗子、汽車中にて眠り居りたる趣にて容易に眠らず。十二時前始めて眠に就く。予等が眠りたるは翌日午前一時前なり〉

宇佐美富五郎は倉富の近所に住む男で、必要があれば雑用を引き受ける便利屋的存在である。その頃の倉富日記を読むと、倉富は隆が上京してくる前から、隆を宮内省に入れるための就職依頼活動を行っていたことがわかる。

〈午前十時後、小原駩吉を其事務室に訪ひ、小原が安藤信昭の為めに侍従に任ぜらることに付周旋し呉たるの労を謝し、且、児隆を内苑掛に推薦し呉れんとしたることに付謝を述べ、此事に付ては速に隆が上京未定なる旨を小原に報ずべき筈の処、等閑に打過ぎたることを挨拶す〉(大正十年二月二十四日)

安藤信昭は有馬頼寧《よりやす》(伯爵)の実弟で、有馬と同じ貴族院議員。爵位は子爵である。明治三十四年十一月、倉富は旧藩主の有馬家の相談人を嘱託され、同家の家政全般に関わっていた。先に倉富は就職依頼には冷淡だと書いたが、身内となれば別である。倉富は辞を低くしながらも宮内省の同僚に掛け合って、厚意に甘えるエリート官僚にありがちな性向も持っていた。同日の日記には、隆の就職について、さらに詳しいことが書かれている。

〈予、将に去らんとし、戸を出づるとき、小原其処まで来り、「令息は郷里にて植物を培養せらるるとのことなれば、夫れにて宜しきも、上京せられたらば内苑の植物掛位にて暫く勤められては如何」と云ふ。

予「本人は先日話し置たる如く、別に専門の学を修めたるものに非ざるも、熱心なる好にて書籍等にて之を研究し、実地の経験は可なり之を積み居り、時としては自己の経験に因り意見を雑誌等に出し居ることあり。之を要するに予が之を云ふは不都合

なるも、蘭を枯死せしむる様のことはなからん」〉

四月二十日には、「小原騂吉を内匠寮に訪ひ、隆を内匠寮に採用することを嘱せんとす」と書かれ、五月十九日には、「隆を採用し呉れて満足なりと云ひて謝意を述ぶ」と記されている。これらの記述から、隆がこの頃、宮内省入りしたことがわかる。

ところが、隆の宮内省勤めは長くは続かなかった。

六月十五日には「隆、頭痛を患ひ冷水を以て之を療し早く寝に就く」という隆の変調を予兆させる記述が出てくる。それから五日後の六月二十日の日記には、はっきりと「隆、脳の工合悪し。宮内省に出勤せず」と書かれている。

七月三日になると、「午前、隆、坂田稔（主治医）の家に行き診察を乞ひ、且つ診断書を求む。診断書に記載したる病名は〔ノイラステニー〕なり」の記述が見える。おそらくノイローゼのことだろう。隆の病状は日を追って進んだようである。

以下にあげるのは、翌七月四日の日記である。

〈午前十時前、小原騂吉を内匠寮に訪ひ「隆は七八年前神経衰弱の容体あり。其後郷里にて花卉《かき》培養を為し、塩梅も宜しくなりたる故採用を依頼し、折角採用し呉れたる処、勤務一ヶ月間許にして復た神経衰弱の兆候あり。既に二週間引籠り居り、尚ほ出勤し難く、気の毒のことに付辞職せしめんと欲す。辞職するにしても余り短きに付、是も不都合なれども諒知し呉よ」と云ふ。
小原「夫れは少しも差支なし。然れども内苑掛にても余程期待致し居り、自分先日一度内苑に行き見たるに、其時は令息は新宿御苑に行き居られたる為め面会を得ざりしも、花卉の排列等も面目を改め居りたり。当分引籠り療養することは差支なし。自分に対する遠慮より辞職せんと云ふ様なることならば、今暫く養生致し見られては如何」〉
小原が隆の進路について親身になって心配していることがよくわかる。

倉富は元祖マイホームパパ

七月三十一日の夕食後、倉富は隆に今後の進路について、宮内省の嘱託を辞めて郷里に帰るか、嘱託を辞めた後も東京にとどまるか、そのまま宮内省に残るつもりかを尋ねている。

結局、隆は宮内省を辞め、郷里にも帰らない道を選んだ。

八月二日、倉富は就職斡旋に骨をおってくれた小原駩吉に、隆の辞職を申し出ている。

〈予「折角隆を採用し呉れたるも、脳の工合宜しからず。医師より静養を勧むるに付、辞職せしめ度。気の毒のことなれども之を承知し呉よ」（中略）

小原「此の前にも脳の悪かりしことありや」
予「十年計《ばか》り前に右様のことありたり。其後郷里にて花卉の培養を為し居り、塩梅宜しきに付、君に依頼したる処、復た神経衰弱を起したるなり」
小原「余り急に気を揉みたるには非ざるや」
予「或は然らん。隆は吹上御苑の植物は、産地の異同を問はず一所に陳列しあり、産地に因り培養方を異にせざるべからざる故、之を類別する必要ありと云ひ、其事に取掛り居りたる様なり」〉

隆が倉富の家を出て、伯父の広津柳浪が住む鎌倉の借家に移ったのは十一月十日だった。

倉富はこの日の日記に、「午前七時後より隆鎌倉に移住す。東京にては隆の脳患に適せざるを以てなり。八時前人力車夫杉野をして隆の荷物を東京駅に送らしむ。八時五分頃より内子鎌倉に行く」と書きとめている。

倉富が三男の隆夫婦と一緒に暮らしたのは、半年あまりにすぎなかった。

隆は宮内省を辞めてから鎌倉に移り住むまでの約三ヵ月の間、定職には就かず、書生がわりに使っていた倉富の甥の安と、もっぱら家の雑用を手伝っていた。

この頃の倉富日記には、「午後一時後より隆、安と共に風呂桶を改造す。三時後に至りて成る」（九月七日）とか、「午後、隆〔鼠入らず〕を修繕す」（九月十六日）といった記述が頻繁に出てくる。九月二十三日の日記には、こんな書き込みがある。

〈午前、隆と共に茶の間の戸袋の上の鼠穴を塞ぐ。十日計《ばか》り前より毎夜鼠室内に出づ。曩《さき》に捕鼠器を用ゐて其一を獲たれども、跳梁尚ほ止まず。今日鼠穴を発見して之を塞ぐ。未だ果して鼠の出ることなきや否を知るべからず。夜に入り鼠尚ほ出たり〉

隆は植物のこととなると、冬場でも夜中に起きて温室の温度調整をしていたというから、鼠穴塞ぎの作業もさぞかし熱心に取り組んだことだろう。

七十歳近い倉富が、三十をすぎた息子と鼠穴塞ぎをする。その姿は、妙に楽しげである。官界で栄達をきわめた倉富は、家庭生活にあっては病身の妻と息子にいつも温かいまなざしを注いでいる。その姿は明治の家父長という威厳あるイメージよりも、戦後のマイホームパパの先達といった趣きが感じられなくもない。

安の憂鬱

倉富日記には「午後、雇人受宿の婆、先頃雇ひ居りたる〔ショウ〕と云ふ婆を達し来り、〔セイ〕〔炊婢〕に暇を出すことを請ふ。之を許す」（大正十年三月十三日）といった記述もよく出てくる。

倉富家のこれ以外の使用人では、静、民、一枝、ギン、テイ、カヨ、キクといった炊婢が入れ替わり住み込みで働き、すでにふれたが、宇佐美富五郎という近所に住む便利屋もいた。

倉富家にはもう一人、安という書生がいたことは前述した。

倉富日記を読みはじめたとき、安は女性だとばかり思っていた。かいがいしい働きぶりから、田舎育ちの純朴な少女だと勝手に思い込んでいたのである。

しかし、読み進むうちに、安は倉富の弟・強五郎の息子だということがわかった。大正九年七月二十一日の日記には、「夜、安が為に漢文を講ず」という記述が出てくる。家庭人倉富を悩ましたのは、その安の進路問題だった。

この問題に関する記述は例によって言い回しがくどいため、かえって文意がとりにくい。私なりの解釈を加えて、安問題をかいつまんで説明しておこう。

安は早稲田の予科に通う学生だが、胸を患っているらしく、父親の強五郎は安の帰郷を督促する手紙を倉富に出している。倉富はその手紙を安に見せ、将来どうするかを尋ねる。だが、安の答えはのらりくらりとして一向に要領を得ない。

倉富を不安にさせたのは、学校から安宛てにきた通知表だった。微分積分、力学、化学の三科目は四十点以下で、成績不良であるという。講義録を買うため、内子が渡した代金の領収書も持ってこなかったため、倉富は安の投げやりな生活態度をなじった。

翌日、上京した強五郎もまじえた親族会議が開かれた。話題は安の内向的な性格に集中し、強五郎は安に何かあきたりないことでもあるのか、と問い詰めた。

これに対する安の反論が、大正十一年四月三日の日記に記されている。

〈安「既に二十三歳に達し、事の是非自ら之を鑑別することを得と思ふ。従来交遊其他の事に付、伯父等の指揮監督を受け、自由に交際することを得ず。之が（ため）学校の友人等も安を別視し、友人視せず。是等は安が快らざる所なり。（中略）伯父等に於て一々友人を鑑別して之に交ることの可否を指揮せらるることは到底不可能のことなる故、寧ろ安の判断に一任し、従前の如く干渉せられざることを望む」〉

要するに安は、「僕ももう二十三だから、事の道理はわかるつもりだ。伯父さんたちの指揮監督を受けているため、友人と自由に交際することができない。学校の友達も自分を特別視して、フランクにつきあえないと言っている。僕のことはもう放っといてください」と主張して、自分の鬱屈した思いをここぞとばかり爆発させている。

元大審院検事にして、枢密顧問官兼帝室会計審査局長官という謹厳実直が背広を着たような男の監視下に置かれ、何をするにも息を殺さなければならなかった青年としては、そう言いたくなったのも無理からぬことだったろう。

予の家は下宿屋にあらず

これに対する倉富の意見は、安の言い分など一顧だにしないものだった。

〈予、安の考の不可なることを説き「若し一切予等に監督を受けず、単に予が家にて飲食し、起臥するのみにて、一切予等の監督を受けずとのことならば、予は下宿屋として汝を置くことを欲せず。父より相当の資金を得て下宿する方宜しかるべし。安は自己のことは自ら決し度と云ふも、現に本年一月頃、廃学せんとしたるときも、予等が之を止めたる為め、早稲田大学の予科を卒業することを得たるに非ずや。安の行為に付、予等より之を視れば、不行届のことのみなる故、之を注意するは已むを得ず」と云ふ〉

お前が言っていることは、私らを下宿屋扱いして気ままに暮らしたいといっているのと同じだ。監督責任者の私としてはお前を放任するわけにはいかない。

いかにも検事出身者らしい、相手の言い分をまったく認めようとしない論法である。見方をかえれば、倉富は愛情深さにおいても並外れたリゴリストだったといえる。それが若い安にはわからなかった。それがおそらく、倉富と安が衝突した一番の理由だった。

この日の倉富日記で注目されるのは、最後の一行である。

〈夜、内子眠らず。安が万事拘束を受くる如く感じ居ることを聞き、内子自己の考と正反対なることに付、心神を衝動せらる為なるべし〉

この親族会議以来、それまで倉富日記に使いっ走りとして毎日のように登場していた安の名前がぴたりと登場しなくなる。

そしてそれから約二ヵ月後の日記に、安の名前が思いがけない形で、まったく唐突に登場するのである。

〈安、午後十時頃出発して郷に帰る〉(五月二十八日)

この前後の倉富日記を読んでも、安がなぜ郷里に帰ったかについては書かれていない。ただ、安の帰郷が倉富との話し合いでスムーズに行われたものではなかったらしい。

というのは、内子夫人が痙攣を起こし、実兄の広津直人に電報まで打たなければならない緊急事態になったのは、安が帰郷した翌日の早朝だったからである。

倉富家と広津家

倉富家には安以外にも二人の親類が同居していた。安がいなくなるのと入れ替わるように郷里から出てきた倉富龍郎と、松岡淳一という書生である。龍郎は倉富の兄、恒二郎の孫、松岡は隆の妻、道子の弟である。

龍郎は目が悪かったらしく、倉富日記には「龍郎、井上眼科で目の治療」という記述が毎日のように出てくる。倉富はよほど龍郎のことが心配だったのだろう。井上眼科は夏目漱石が通ったことでも有名な駿河台の眼科医院である。

松岡淳一は、満州事変が勃発した直後の昭和六年九月二十日の日記に登場する。その場面は、戦争気分に高揚する世間から超脱した、いかにも倉富らしいのんびりとした記述である。

〈午後四時後より五時頃まで応接所にて松岡淳一と潤《うるい》愛彦と将棋を為すを観る。松岡二回敗一回勝ちたり。最終の局は予、其終るを待たずして応接所を出でたるが、松岡が敗れたる趣なり〉

潤愛彦は警視庁から派遣されている倉富の護衛官である。翌日の日記にも、前日の浮世離れした将棋観戦記の続きが記されている。

〈午前八時頃、松岡淳一に昨日の将棋の拙なりしことを語り、局面に就き此くすれば宜しかりしと云ふことを告ぐ〉

翌昭和七年五月十五日、奇しくも五・一五事件が起きた当日の倉富日記に、倉富一族が結集して、内子夫人の岳父母の菩提寺にそろって参拝する場面がある。倉富はこの時点ではまだ五・一五事件の発生を知らない。

〈午後零時三十分より内子、鈞、藤子、寛子、幹郎、真子、英郎、松岡淳一と偕《とも》に谷中墓地に行く。今年は広津岳父母〔弘信及柳子〕の五十年に当り、孫の和郎が其祭を修するを以てなり〉

鈞と藤子は倉富の長男夫婦、寛子、幹郎、真子、英郎は、その子どもたちである。広津弘信の長男の直人（筆名・柳浪）はすでに昭和三年に没しているから、この場面にはいない。

ところが岳父母の五十回忌を主宰する肝心要の広津和郎がいくら待てども現れない。業を煮やした倉富は、和郎の兄の俊夫に、和郎の所在確認をとらせる。

元鶴見大学文学部教授の坂本育雄が書いた『評伝廣津和郎』は、広津家には頽廃に憧れるバガボンド（放浪者）の血が連綿と流れており、とりわけその傾向が顕著だったのは和郎の兄の俊夫だったと述べている。

〈兄俊夫は、少年時代から頭はよいが盗み癖、虚言癖があり、折角就職した先の会社の金に手をつけたこともあり、そのため父柳浪の心労は並大抵のものではなかった〉

その兄をモデルにしたいくつかの小説のなかで、和郎は俊夫を言語に絶するだらしなさ、無責任、倫理性のない人間として描いているという。

巣鴨監獄にて服役中

大正十一年九月二十一日の日記に、これを裏づける記述がある。

〈内子が鎌倉にて聞き来りたる談に、予等が先日〔本月十日〕鎌倉に行きたるときより二三日の後、巡査が広津直人方に来り、俊夫は只今巣鴨監獄にて服役中なるが、「満期出獄の後は広津にて引受くるや」を問ひ、広津は「引受けざることはなし」と答へたる由。俊夫が親族関係を陳述したる模様はなしとのことなり〉

四角四面一点張りの超堅物の家と、くだけすぎて無軌道出《で》鱈目《たらめ》な家が、何の因果か婚姻によって結ばれた。両家の関係は、日本近代史のなかで家制度が変遷していく過程を考察する上でひどく興味をそそられるテーマである。だが、それはまた別の話である。

一時には法要の会場に到着していたであろう一行は、すでに四十分以上待たされていた。俊夫が本郷にあった和郎の仕事場を兼ねた下宿屋に電話すると、電話線が塞がっていて通じない。一時五十分になってやっと電話が通じると、下宿屋は、和郎は「昨夜からう

広津和郎

ちにいたが、いまは留守だ」という。

二時になってもこないので、内子から僧侶に読経をはじめるよう伝えさせ、墓地に行こうとしているところに、やっと和郎一家がやってきた。倉富はこの件について、それ以上書きとめていない。だが、この記述からだけでも倉富の苛立ちが目に見えるようである。

生来の性格の違いからいって、倉富は和郎とそもそもウマが合っていたとは思えない。その和郎が、あろうことか施主をつとめなければならない大事な法要の席に一時間以上も遅れてやってきた。この一件以来、倉富が和郎をさらに遠ざけるようになったのは、容易に想像できる。

事実、この法要に参加した倉富の孫の英郎氏によれば、広津和郎はかなり長い間、倉富家に出入り禁止になっていたという。

「昭和のはじめ頃、菊池寛らの文士連中と一緒に博打なんかでとっ捕まったことがあります。広津和郎はそれ以来、出入り禁止になった。最後は許されましたが」

石部金吉に鎧兜をつけたような枢密院議長と、飲み打つ買う何でもござれの無頼派の不良文士では、確かに合うはずがない。倉富家と広津家の婚姻は、日本近代史上最も面妖な組みあわせの一つといってもよかった。

それにしても気の毒なのは、夫と甥の板ばさみになった内子夫人である。倉富も広津も自分の信念にしたがって自由にふるまえばよかったが、誰にも相談できず、じっと耐えるほかなかった内子夫人の苦衷がいまさらながらしのばれる。

第六章　有馬伯爵家の困った人びと——若殿様と三太夫

水天宮生まれの〝赤い貴族〟

公務の宮内省関係者と親族を除き倉富日記に最も頻出する登場人物は、有馬家当主の有馬頼寧《よりやす》である。前にも少しふれたが、倉富は明治三十年代から、旧藩主有馬家相談会の最高顧問を委嘱されていた。

有馬家の家政を左右する相談会の重鎮として関わったことが、倉富の平凡な私生活にかなり刺激的なアクセントをもたらすことになった。

有馬頼寧は明治十七年、旧久留米藩主の有馬頼萬《よりつむ》（伯爵）の長男として、東京・日本橋の蠣殻町《かきがらちょう》に生まれた。現在の水天宮のある場所である。ちなみに、水天宮の元地権者は有馬家である。

久留米藩二代目藩主の有馬忠頼《ただより》が、故郷に寄進した広大な社殿が水天宮のそもそものルーツである。それが参勤交代により参詣できなくなったため、九代目藩主の有馬頼徳《よりのり》が文政元（一八一八）年に有馬家の江戸屋敷内に社《やしろ》を移し、その後有馬家屋敷の移転に伴って、明治五（一八七二）年に蠣殻町に移ってきたのが、東京水天宮の始まりである。この歴史的経緯からもわかるように、水天宮は初めから有馬家の屋敷神的性格を帯びていた。

有馬家を家督相続して昭和二（一九二七）年に伯爵となった頼寧は、明治以降の華族のなかで突出して型破りな男だった。

学習院では、後に白樺派を興す武者小路実篤や志賀直哉と机を並べ、政界入りしてからは木戸幸一、近衛文麿《ふみまろ》とともに〝革新華族〟と呼ばれた。北白川宮能久《よしひさ》親王の第二王女と結婚して皇室と姻戚関係をもちながら、部落解放運動に奔走し、教育を受けたくとも受けられない下層階級の人びとのための夜間中学の創設に尽力した。

一部からは〝赤い貴族〟とも呼ばれた頼寧はスポーツへの造詣も深く、戦前に職業野球球団の「東京セネタース」（現・北海道日本ハムファイターズ）を結成し、戦後は日本中央競馬会理事長として競馬の大衆化に力を注いだ。

一年を締めくくる中央競馬会の人気レース「有馬記念」は、有馬の功績を記念して命名されたものである。

有馬頼寧

有馬頼寧という難しい名前を正確に読める人はそうはいない。そのことにちなんだ伝説めいた話がある。頼寧の歓心を買おうと思ったある男が、「お名前は『あらま偉いね』と読むんですね」と、露骨なゴマすりで頼寧に近づいてきた。すると頼寧はすかさず言ったという。

「さように読むのではありません。『アラマタヨリネイ』が正しい読み方です」

出来すぎたマユツバもののエピソードである。だが問題は、それが実話か作り話かということではない。

肝心なのは、久留米二十一万石のお殿様の末裔として、いわば銀の匙をくわえて生まれてきた有馬頼寧という男が、そうしたことを言いそうなくだけた人物だったと周囲から思われていたことである。

万事におっとりとはしているが何事にも飽きっぽい困った〝若殿様〟(有馬)と、三十一歳も年下の主君の行く末が気がかりでならない謹厳実直な〝三太夫〟(倉富)。倉富日記には、この絶妙な取り合わせが引き起こす大小の珍騒動がところどころ顔をのぞかせている。それはそのまま、大正期の旧大名家の典型的な生態を垣間見せてくれる。

有馬家相談会

倉富日記に記された有馬家相談会の記述は、大半の紙幅が相談会の人事をめぐるごたごたに割かれており、正直言って、その内容は死ぬほど退屈である。

しかし倉富は、そんなつまらない会合や個人的な打ち合わせに毎日のように引っ張り回されながら、文句一つ言っていない。倉富の生来の生真面目さのせいもあるだろうが、大正という時代には主家思いの気風がまだ色濃く残っていたからだろう。

大正十年二月二十四日の日記を見ると、有馬家相談会でどんなことが話し合われていたかがよくわかる。この日、倉富は午後四時過ぎに帰宅した。有馬家家令の橋爪慎吾が相談会の打ち合わせにやってきたのは七時半で、橋爪が帰ったのは九時。この一時間半の話の内容をまとめた部分だけで、日記は四百字詰め原稿用紙にして十二枚にも及んでいる。以下、箇条書きにしてみよう。
○水天宮の大正十年度予算の件。有馬家職員が水天宮の手伝いをした場合の手当減額。その代わり、一昨年減額した水天宮から有馬家への地代を元に戻してはどうか。水天宮が年に一度、新聞記者を饗応することになっているが、それを継続するかどうか。
○松村雄之進が死亡したが、有馬家からの香典をどうするか。松村は有馬家にとって利害半ばする面がある。倉富が言うには、松村が大楽《だいらく》源太郎を殺したことなど、有馬家の利益になっていない。
○有馬家の家令を名誉職としてはどうか。そうすれば相当な人物を得ることができる。いや、名誉職にするのはかえってまずい。その理由。
○青山にある頼寧の住まい増築の件。むしろ麴町あたりに土地を買って新築したらどうか。頼寧夫人が麴町は方位が悪いと言っている。増築が木造の場合と鉄筋の場合の見積もり額。頼寧は将来、荻窪に本邸を構える考えで、結局は仮の住まいになるだろう。
○台湾での植林事業の調査がすみ、近々許可となる見通し。
○安藤信昭が近く侍従となる見込み。安藤からそのための衣装代につき、頼萬伯爵に借金を申し込んだが、倉富に相談せよと言われた云々。
○有馬家一同の近況。伯爵夫人の風邪が治らない。伯爵は元気で、今日も横浜に行っている。横浜ではいつものように昼食をとり、活動写真を見た。横浜行きの汽車賃を「表」(有馬家の予算)から出すようになってから伯爵の横浜行きが増えた。

読者にとってあまり関心が持てそうにない事柄を、それこそ倉富日記ばりに連綿と書き連ねたのは、大正という時代の歴史的ポジショニングを、ここでもう一度読者に再認識していただきたかったからである。

たとえば、倉富と橋爪の間でこの日話題にあがった松村雄之進は、幕末期に活躍した久留米勤王党の流れをくむ男である。松村は明治四年、久留米藩を震撼させた大楽源太郎殺害事件に加わって獄につながれた。大楽は高杉晋作の奇兵隊に合流した幕末の志士で、維新後、尊皇攘夷はいまだ達成されずとして第二維新を呼号し、挙兵したが誰にも相手にされず、明治新政府のお尋ね者となって久留米に匿《かくま》われていた。松村らが大楽を殺害したのは、新政府の追及の手が久留米藩に及ぼうとしていたためである。出獄後の松村は福地源一郎らと帝政党を旗揚げし、のちに台湾総督府国語伝習所長、衆議院議員などを歴任し、国士として名を馳せた。

維新から半世紀あまりしかたっていない大正十年代は、倉富ら旧藩主に仕える忠臣にとって、幕末・維新の血なまぐさい事件はまだ生々しい記憶をもって思い出せる時代だった。

それは、われわれ〝団塊の世代〟が、実際には経験していない太平洋戦争を昨日の出来事のように話せる感覚に近いといえば、少しは理解していただけるかも知れない。倉富が大久保彦左衛門のような役割を果たした有馬家相談会が、人脈的には幕末の〝文化圏内〟にあったことは、また後で述べる機会があるだろう。

倉富家を訪問した橋爪慎吾は、この当時、有馬家の家事全般を監督する家令の立場にあった。それから間もなく、福岡出身の元陸軍大将で倉富より九歳年下の仁田原重行《にたはらしげゆき》が家令となり、さらにその後任となるのが、久留米藩の元家老職の家柄で、夫人が先代当主有馬頼萬の従妹にあたる有馬秀雄である。

橋爪と倉富のこの夜の話し合いからわかるのは、家を新築することから香典の金額まで、有馬家の家政に関するありとあらゆることが旧藩家臣の流れをくむ長老らによる相談会で決められていることである。

この相談会の合議を経なければ、当主といえども家政を自由にすることはできなかった。有馬家が自動車を買うときも、子どもの進路を決めるときも、相談会の決裁が必要だった。

有馬家を企業組織にたとえれば、旧藩家臣団で構成された有馬家相談会は会社の財務や経理を細かくチェックする監査役会によく似ている。旧藩時代これといった身分ではなかった家柄から、相談会の長老格として倉富が迎えられたのは、ひとえに、倉富が栄誉栄達を成し遂げた政府高官ゆえだったろう。

相談会は、隅田川のほとりの橋場にあった有馬家本邸を会場にする場合が多かった。有馬頼寧に『七十年の回想』という著書がある。そのなかで頼寧は、「私の家には馬車がありました。箱馬車が二台と、メリケンという幌馬車と、お使馬車と呼ぶものと都合四台ありまして、馬は四頭おりました」と橋場の屋敷の思い出を懐かしそうに語っている。

当主の有馬頼萬はこの屋敷で大勢の召使にかしずかれ、藩主時代とあまりかわらぬ何不自由ない生活を送っていた。

伯爵の憤懣爆発

大正十年四月三日の日記に、橋場の屋敷で開かれた有馬家相談会の様子が書きとめられている。これまた四百字詰め原稿用紙にして十枚に及ぶ長文である。原文を引用するのはあまりに煩雑なので、要点を絞ってわかりやすくお伝えしよう。

この日は午後三時から相談会が開かれる予定になっていた。朝早く、有馬秀雄から電話があり、伯爵が倉富に折り入って話があるので早めにきてほしい、という。倉富は一時半に人力車に乗り、道中で大正九年の有馬家決算書に目を通し、三時十五分前に橋場に着いた。すでに他の相談人も到着している。

伯爵の用件は、家令の橋爪慎吾を早急に代えてほしいというものだった。

「橋爪は何でも頼寧と相談して決めてしまう。自分に話すときはいつも事後承諾だ。もっての外だ」

倉富が「橋爪の後任者を探してはいるのですが、なかなか適任者がいません。伯爵は誰か心当たりの人物がおありでしょうか」というと、伯爵は相談人の松下丈吉がいいと言いだした。これに対して倉富はやんわりと異議を申し出た。

「松下が承諾すれば適任だし、青山（頼寧）でも異存はないでしょうが、本人は八王子に住んでいることもあり、いまさら東京に出てきて家令になることは承諾しないでしょう」

松下は久留米藩の蘭医・松下元芳の長男である。三宅雪嶺や杉浦重剛らが創刊した明治期の雑誌『日本人』に参画し、倉富が学んだ藩校の後身の明善中学の校長などもつとめた。倉富が松下の立場を代弁すると、伯爵はいかにも殿様らしい返事をした。
「八王子に引っ込んでいても、先祖以来の関係もあるのだから、家令になるくらいのことは承諾してくれてもよさそうなものだ」

倉富は書いていないが、先祖以来という言葉がかつての主君の口から出たとき、ひょっとすると伯爵の時代感覚は関ケ原の合戦あたりからあまり変わっていないのではないか、と思ったかも知れない。「先祖以来と仰せられても、無理に承諾させることはできません。伯爵御自ら説得できる見込みがおありですか」という皮肉ともとられかねない返事には、伯爵の時代錯誤にも困ったものだ、という倉富の呆れた顔が浮かぶ。
「松下ならば、自分が依頼してもよい」と伯爵は自信満々で答えたが、主従の力関係も、この頃になるとさすがに絶対服従の威力を失っていたのか、結局この件は実現しなかった。

相談会が終わり、さらに一同の晩餐がすむと、倉富は再び伯爵に呼び出された。

伯爵は駄々っ子のように橋爪の件を蒸しかえしている。
「早く家令を代えなければ、自分は病気になってしまう。今夜も頼寧は無断で自動車に乗って帝国劇場に行ってしまった。自分に承諾を求めれば使わせないこともないが、勝手に使用するのはけしからん」

倉富は大殿を必死になだめながら、若殿の弁護も引き受けた。

「今夜は風雨も激しく、伯爵はお出かけにならないから、頼寧君《ぎみ》は自動車を使ったのでしょう。帝国劇場に行った後、すぐに自動車を返せば別に差し支えないのではありませんか。このような些事はもちろん、家令のことなどについても、あまり気をもまれてお身体に障ってはいけません。私も何とか急いで対処しますので、それまでご辛抱なさってください。橋爪に不都合なことがあったら、少しも遠慮なされずお叱りになって、それでも改めなければ、どんなことでもこの倉富にお申しつけください」

やれやれと倉富の溜め息が聞こえてきそうな記述である。一同が伯爵家から帰宅の途につくくだりは原文をお読みいただこう。

〈此日午前は微雨、午後風雨漸く劇《はげ》しく、八九時頃より殊に甚し。予等が有馬邸より帰らんとするとき、橋爪が自動車を雇ひ、予等を送らせんとするも、自動車一台の外、雇ひ難く、伯爵邸の自動車を使用すれば二台となるも、今夜は頼寧が無断にて自動車を使用し、伯爵が之を怒り居るに付、之を使用し難しと云ふ。

予「其事に付ては先刻伯爵より話あり。予より弁明致し置たる故、伯爵邸の自動車を使用するも差支なかるべし」

有馬秀雄「伯爵が自分等に対して怒らるれば宜しきも、夫人又は家従等に対して怒らるる故之を使用せざる方宜しかるべし」

少時後、漸く他より自動車を借り得たりとのことにて、仁田原、松下、境は一台に同乗し、予は一人にて乗り、浅草雷門まで平佐廉太郎を乗せ、風雨の為め通行人少き故、疾駆し、午後十時十五分前、家に帰りたり〉

仁田原、松下と車に同乗した境（豊吉）も有馬家相談人の一人である。久留米の漢学者の家に生まれ、三菱の岩崎家と有馬家の顧問弁護士をつとめた。ちなみに境の三男は三菱銀行会長となった田実渉《わたる》である。

鬱々とした感情を夫人や使用人にぶつける頼萬のわがままにはほとほと困ったものである。だがこの日の有馬家相談会からはそれ以上に、いつものように無断で自動車に乗り込み、豪雨の中を帝国劇場に出かける頼寧のドラ息子ぶりと、それを苦々しく思いながら注意できない頼萬のふがいなさが、ありありと伝わってくる。

やはり華族は華族なり

この相談会から二ヵ月ほど経った大正十年六月十二日、倉富は頼寧を訪ねて注意を与えている。だが、頼寧はあまり聞く耳はもたない様子で、倉富に反論している。そのやりとりが日記に残っている。倉富の頼寧への忠告は次のようなものだった。

「以前、北白川宮もあなたの経営する学校を視察されて、結構なことだと称賛しておられた。また、先日、細川護立《もりたつ》の家で会った人が、同じくあなたのことを誉めていました。しかし、時としてあなたが爵位も資産もいらないなどと発言し、それが新聞や雑誌に掲載されるので、誤解する人もいないわけではないようです。私が思うに、爵位や資産を捨てなくとも、あなたが国家に尽くす道はある。維新前の志士が法を犯して事を成したのは実に見事でしたが、こんにちとは時勢も異なり、一概に学ぶことはできません」

ここに出てきた細川護立は肥後熊本旧藩主細川家の第十六代当主で、学習院では頼寧の同級生だった。細川護立が連立内閣元首相の細川護熙《もりひろ》の祖父だということはよく知られている。

倉富の指摘に対して、頼寧はこう主張した。

「ぼくも岩倉具視の孫で、北白川宮の妹の夫でもある。皇室に対する忠誠は信じていただきたい。理由もなく爵位などを捨てるというわけではなく、もしそれが皇室や国家のため利益になるという場合には、そのことも辞さないという決心を示したまでだ。とかくぼくの本意でないことが新聞に書かれるので困る。ぼくは階級制度を破る考えではないけれども、階級は調和していかなくてはならないと思う。すなわち、上は皇族から下は細民にいたるまで、意思が通じ合うことが必要だ。先夜も関屋貞三郎に会ったとき、今は皇后陛下自ら貧民学校に臨まれるべき時代で、もはや皇后宮大夫を遣わされる時ではないと話しておいた」

思わず笑わせられたのは、それから三日後の日記である。この日の夜、倉富の家を訪ねてきた有馬秀雄は、倉富にこんな話を打ち明けている。ちなみに有馬秀雄は、頼寧より十五歳年上、倉富より十六歳年下である。

「先日、頼寧君《ぎみ》が慶応義塾で行った演説は非常に評判がよかった。学生たちも涙を流して聞いていたという報告を受けている。演説の趣旨は、自分は華族に生まれたことをたいへん残念に思っている、今日この頃、貴族や富豪が自動車に乗って通行人たちに泥をはね返して黙って通り過ぎる傍若無人な輩が少なくないが、これは言語道断の看過できないふるまいで、自動車などに乗るのはやめるべきだ、といったものだった。だが、演説を終えると、頼寧君《ぎみ》はそんな演説をしたことを忘れてしまったかのように自動車に乗って帰っていった。それを見た聴衆は、やはり華族は華族でしかない、と失笑していた」

有馬秀雄はこの時点で有馬家相談人の一人である。有馬家当主の頼萬が嫌う橋爪慎吾はまだ家令の身分のままだった。

倉富日記には、「有馬秀雄は専横だという批判もある」という記述もあり、有馬家の家令問題はかなりの期間くすぶっていた。

家令問題の決着

橋爪が有馬家の家令を正式に罷免されるのは、大正十年八月二十五日である。この日の日記には、倉富が電車に乗ったことが記されている。

ここで倉富と交通機関の関係を述べておけば、倉富は宮内省に出勤する際、赤坂丹後坂の自宅から人力車か宮内省差し向けの自動車だけに頼っていたわけではない。日記には、「赤坂見附の停留所にて電車を降り」という記述が結構あるから、電車通勤も珍しくなかった。なかにはこんな記述も見られる。

〈午後二時より電車にて宮内省に行かんとす。今日は特別大演習の最終日にて昨夜より今暁に掛け多摩川辺にて演習あり、之を見に行きたる衆人正に帰るときにて電車は皆満員なり。将に歩して行かんとし、赤坂見附に到る。偶ゝ《たまたま》乗ることを得る電車あり、乃ち之に乗り、桜田門外にて車を下り、宮内省に行き非常口より入らんとす。扉開かず。乃ち判任官玄関より入り庶務課に到る〉（大正十年十一月二十日）

同年七月二十七日の日記には、「午前九時十分後より、電車に乗り、司法大臣官舎に行き、刑事訴訟法改正案の委員会に列す」と書かれている。律儀な倉富らしく、古巣の司法省やプライベートな有馬家相談会に出かけて行くときは、宮内省の自動車を使っていないことがわかる。

話を大正十年八月二十五日に有馬頼寧の荻窪の自宅で開かれた相談会に戻す。電車に乗ったことが記されているのは冒頭部分である。

〈午前七時頃より家を出で、将に荻窪に有馬頼寧を訪はんとす。豊川稲荷前の停留場に到る。青山行の電車来らず。乃ち四谷の停留場に到り、同処より鉄道省の電車に乗らんとす。待つこと三十余分、七時四十六分に到り、吉祥寺行の電車始めて来る。乃ち之に乗り、八時頃荻窪駅に達し、歩して有馬の別邸に到る。誤て二町許を行き過ぎ、人に問ふて之を知り、返りて別邸に到り頼寧と話す。

予、家令橋爪慎吾を罷むること、仁田原重行に家事監督を嘱託すること、岩崎初太郎に家扶を嘱託すること、頼寧の有馬家の事を視ることは従前の通りにすることを謀る〉

それから十日後の九月五日に水天宮で開かれた有馬家相談会で、倉富は罷免された家令の橋爪慎吾を有馬家の相談人として残すことに賛成している。

〈予「橋爪慎吾を有馬家相談人と為すは別に格別の利益ありとは思はざるも、第一、頼寧君をして悪感を懐《いだ》かしめざる為に幾分の利益あること、第二は橋爪は警察方面に関係ある故、時として探偵を為さしむるに便利なること、例えば頼寧君が一色信なる者より五千円を横領したりとの言掛りの如きは橋爪の取調にて事実無根なること明瞭となりたり」〉

この記述で注目したいのは、有馬家の家令問題より、「橋爪は警察方面に関係ある故、時として探偵を為さしむるに便利なること」という倉富の発言である。ここから類推できるのは、頼寧が横領事件との関連を疑われた「一色問題」以外にも、警察方面に頼らなければならないようなスキャンダルを抱えていたらしいことである。

頼寧の女性スキャンダル

倉富が長年の勲功により男爵を授けられた大正十五年十月二十八日当日の日記に、頼寧の女性スキャンダルをうかがわせる記述がある。

この日の午後一時半過ぎ、倉富は有馬秀雄の訪問を受けた。

話題は頼萬の病状から始まって、久留米にある有馬家所有の土地売買問題、久留米の公会堂に掲げる扁額の揮毫の話に移り、今日の叙爵の話題に入った。

〈有馬「近日の新聞に愈〻君に爵を授けらるる様に記し居るが、此節は間違なからん」

予「御用は分らざるも、今日午後四時頃に東宮御所に参ずべき旨申来り居れり」

有馬「然るか。今月末日に発表せらるる様に思ひ居りたり」〉

有馬秀雄の口から頼寧の女性スキャンダルの話題が出るのは、その後である。倉富日記はいつも、相手の談話をそのままだらだらと続けてとりとめがない。この日の談話はとりわけその傾向が顕著である。核心部分以外は要約してご紹介しよう。

頼寧が近々旅行することを夫人に告げていたところ、ある人物から電報が届いた。夫人がふと手にすると、最近の電報は封をしていないので開いてしまった。差出人は女性で、某日、福岡を出発することを頼寧に知らせる内容だった。ここからが迫真の夫婦の会話である。

〈夫人より「手紙の婦人は誰なりや」と云ひ、頼寧君は「是は○○（二字分空白）なり」と云ひ（舟子のこと）、夫人は「然らば旅行は公の用に非ず、此の婦人の為なりや」と云ひ、頼寧君は「然り、此の為ならば旅行しては悪しきや」と云ひ、夫人は「悪しと云ふには非ざるも、自分は女なり、面白くは思はず」と云ひ、頼寧君は「然らば旅行は止むることとすべし」と云ひ、夫人は「止めらるるには及ばず」と云ひ、頼寧君は「旅行しては宜しからずと云ふならば止むることにすべし」と云ひ、遂に之を止むることとなりたる趣なり〉

よく練りこまれた名シナリオのワンシーンのようである。

「舟子のこと」というのは倉富の注記である。有馬秀雄は婦人の名前を伏せて話したのだと思われる。だが倉富の注記からも、この愛人と頼寧は半ば公然の間柄だったことがわかる。

『横から見た華族物語』という華族のゴシップを集めた本のなかに、この舟子についての短い記述がある。それによると、舟子は博多の花街水検の芸妓で、頼寧は二千円で落籍し、毎月五十円の手当をあてがっていたという。

頼寧は前掲の『七十年の回想』のなかで、さすがに舟子問題についてはふれていない。ただ、「私の私行の問題も無論非難に値するには相違ないのですが、女の問題というのは我々の家庭にはあり勝ちなことで、唯妻が苦しんだことは考えられます」と、妻を悩ませる女性問題があったことをほのめかす、自慢だか反省だかわからない文章を記している。

頼寧の愛人問題を倉富に明かした有馬秀雄は、「只今の如きことにては頼寧君の代になれば有馬家は亡ぶべき旨、夫人に話し置きたり」と言ったとも日記には書かれている。話の性質からして、これが夫人から頼寧の耳に入ったとは思えない。だが、もしこれを漏れ聞いたとすれば、頼寧には耳の痛すぎる一言となったはずである。

静子も油断出来ず

親が親なら子も子というべきか、頼寧の子どもたちもなかなかのトラブル・メーカーぶりを発揮している。

大正十一年十一月十二日の日記には、橋爪慎吾の後任として有馬家家令となった仁田原重行が、頼寧の長女静子（十八歳・本名静）の恋愛問題を倉富に報告するくだりが記されている。

仁田原は「青山の長女（静子）も決して油断出来ず」と切りだした。その年の夏、静子は夫人と避暑に出かけたが、そのとき「甘露寺某の弟」と交際したのだという。頼寧夫人の姉は侍従の甘露寺受長《おさなが》に嫁いでいる。受長には静子より五歳年上の弟がいた。静子のアバンチュールの相手として辻褄は合う。

帰京後、静子は交際相手の男に手紙を書き、女中の水野万に投函を命じた。水野が開封してひそかに読んだところ、夏の約束は取り消したい旨が書いてある。そのまま捨てようかとも思ったが、やはり先方に届いたほうがよかろうと思い直して投函した。水野は仁田原に「おそらく相手の殿方にのぼせあがって結婚の約束までしたのに、東京に帰って恋心がお冷めになったのでしょう」と自分の推測もまじえて報告したという。

仁田原は「そのことは一応、ご両親に話しておいたほうがよいのではないか」と忠告したが、水野は「そんなことを話しても不利益になるだけではないですか。以前にも例があることなので、そのままにしておいた方がよろしかろうと思います」と断っている。「以前にも例がある」という一言に、静子の発展家ぶりがうかがえる。

水野のふるまいは女中として明らかに行きすぎである。水野に関する記述を読んだときとっさに浮かんだのは、テレビの人気ドラマ「家政婦は見た」の市原悦子である。使用人の分際で、主家のお嬢さまの私信を盗み読みする水野という女中は、市原悦子演じるところの家政婦以上の出すぎた蓮っ葉な女だったのだろう。そう勝手に想像していた。ところが、水野万に付された倉富の注記を読んで考えがまるきりかわった。

倉富の注記には「水野正名《まさな》の娘にて只今青山有馬家に雇はれ居るもの」とある。水野正名は有馬家にとって恩人とでもいうべき大物である。

水野は、幕末の政変にともなって朝廷内の尊王攘夷派が追放された有名な七卿落ちに随従し、久留米勤王党の首領と仰がれ、有馬家の家老格となった。維新後、前に述べた大楽源太郎らと通じたとして反政府活動の責任を問われ、終身刑に処せられ獄死した。

有馬家ではその恩に報いるため、一人娘の万を女中頭として雇ったものと思われる。万の生年は不明だが、昭和七年に死去して水野家は断絶となっているから、この当時は六十をとっくに過ぎた独身の老女だったと推察できる。その経歴からみても、それなりの教育を受けた女性だったと思われるから、単なる女中というよりは、有馬家の子どもたちの家庭教師も兼ねていたかも知れない。

前に有馬家相談会で久留米に匿われていた大楽源太郎を殺害した松村雄之進の香典問題が出たことを述べたが、有馬家相談会で幕末の話が出るのは、ごく自然な成り行きだったのである。

頼秋も油断ならず

静子の話題に続けて仁田原は「頼秋《よりとき》も中々油断ならず」と秘密めかして言った。「本人ももちろん女性に近づきたいと望んではいるが、お屋敷の使用人のほうから若君を誘うことが多いので、少しも油断できない」というのである。青山の有馬邸はどうやら淫風妖しく漂う自由恋愛の巣窟と化していたようである。

頼秋は当時二十歳。陸軍中央幼年学校の生徒だった。かなりの問題児だったことは、大正十一年九月の日記に詳しく書かれている。前年の日記に、頼秋は病気のため幼年学校を一年間休学と書かれているので、この頃は復学したばかりだったと思われる。

まず九月二日の日記に、頼秋が所在不明との記事が見える。その事情を倉富が知るのは九月二十二日である。この日は有馬家相談会があり、一同そろったところで仁田原が事情を説明した。

頼秋は寮生活をしており、九月二日の夕刻、幼年学校に帰ると言って青山の自宅を出たが、学校の門まで行ってそのまま行方をくらました。二日目の夜になって頼秋は自宅の勝手口に現れ、「これを父上に」と言って小さな紙切れを差し出した。頼寧が読んでみると、「学校に帰るつもりで出かけたがどうしても帰る気になれず、荻窪の別邸に行ったが留守番に会いたくないので森の中で一夜を過ごした」とあり、次のように結ばれていた。

〈父母に心配を掛けたるは済まざることとなり。如何様にも処置して貰ひ度〉

頼寧は仁田原に「自分の育て方が間違っていた。あなたから十分に説諭してほしい」と頼み、仁田原が頼秋に話を聞くことになった。頼秋はこんな胸中を明かして仁田原を呆れさせている。

「学校に行かなくても勉強はできる。ぼくは文学で身を立てるつもりだ。伯爵家の長男が云々というけれども、爵位などは二十年くらいでなくなるだろう。一時は父母に心配をかけても、あとで事を成せば不孝ではない」

これによく似た台詞をどこかで聞いたと思ったら、前年の六月十二日に頼寧が倉富に語った言葉とそっくりである。トンビはめったなことではタカを産まない。トンビの子はやはりトンビである。

頼秋のバカ息子ぶりに匙を投げた頼寧は、厄介払いのつもりなのか、頼秋を洋行させたいという。

啞然とするのは、倉富が訳知り顔で次のように提案していることである。

〈予「頼秋の心理状態は余程怪むべし。急に之を制することは考ものならん。意ふに情慾の発生の為め一種の精神作用を起したるものなるべし。然れば姑息ながら其慾を達せしむる手段を講じ、少しく折合ひたる後、徐々に方向を転換せしむる方宜しくはなきや」〉

相談会の結論は、洋行には同意せず、何とか学校に行かせるべしというものだった。倉富の提案についての結論は、「性理上のことに付ては老女位に注意を促す位のこととすべしと決す」とあり、意味がよくわからない。文脈から素直に解釈すると、「若君の情慾をうまく処理させるよう老女たちに注意を促す」となるが、逆に「若君は欲求不満なので、問題を起こさないよう監視させる」とも読める。だがそれでは倉富の懸念は解消されない。

ともあれ、老人たちの心配をよそに、若君本人がその方面で青春を謳歌していたらしいことは仁田原が倉富に報告している通りである。ちなみに頼秋は大正十三年九月二十五日、大腸カタルのため急逝した。「作家になりたい」という頼秋の夢は、弟で直木賞作家の有馬頼義《よりちか》がかなえることになる。

実現しなかった縁談

有馬頼寧はもしかすると、宮中某重大事件で渦中の人となった久邇宮良子女王（香淳皇太后）と縁続きになっていたかも知れない。

それを裏づける記述が、大正十年十月十八日と十月二十五日の日記に書きとめられている。この件については倉富自身の記述が混乱している。日記の時系列に沿って要約すれば、以下のような流れになる。

まず大正十年十月十八日の日記には、久邇宮家宮務監督の栗田直八郎から話があったことが書かれている。

栗田はこの日の朝、倉富が出かける前に自宅にやってきて、「以前、有馬頼寧の次女を久邇宮の次男である邦久王にどうかと思い、人を介して橋爪慎吾に話したことがありました。橋爪が辞めたというので貴官にお話しするしだいです」と持ちかけた。

倉富が「それはあなたの考えか、それとも久邇宮両殿下自身のご希望か」と聞くと、栗田は「両殿下のご希望です。ただ、邦久王は成年後は臣籍に降下されることになるので、そのことは有馬家に伝えておいてください」と答えた。さすがに皇族と華族の縁談らしい念入りな返事である。倉富は「有馬の意向を聞いて報告しよう」と言い、十月二十五日には栗田と会って、有馬頼寧にその件を話しておいた旨を告げている。

臣の心主知らず

この話は、翌年一月八日の日記にも出てくる。ここでも倉富の話し相手となっているのは、栗田直八郎である。

〈予「先頃話を聞きたる有馬頼寧の二女を邦久王の配侶と為すことに付ては、其後未だ頼寧の返答を聞かざるが、（有馬家家令の）仁田原重行よりも、未だ何とも云はざるや」〉

栗田はこれに答えて、この縁談が起きたそもそものきっかけを倉富に初めて明かす。先年、有馬家に勤めていた女中が、いま壬生《みぶ》家に勤めている。有馬家からその女中に娘の縁談の話があり、壬生伯爵がその話を久邇宮殿下につないだ。有馬家では邦久王本人の意向がわからなければ返答するのは難しいと言っている。

この話の後、栗田は続けている。この間には倉富日記にはきわめて珍しく、矛盾した記述があるのだが、本筋ではないので省略する。

〈栗田「（有馬家の話では）『有馬家には姉妹あり。いづれにても宜しきも、姉の方を先きにする方が都合宜し。兎に角、邦久王の意向を知ることが第一なり。娘の写真も差上げて宜し』とて、姉妹の写真も送られ、邦久王の写真も有馬家に送りあり。久邇宮殿下より既に邦久王にも話されたることと思ふ。姉の方は十七歳にて〔大正十一年は十八歳ならん〕、邦久王と四歳違ひにて、俗説は之を嫌ふ由。然し有馬家にて頓著なければ、宮家にては姉にても宜しとのことなり」

予「然らば、有馬家にては最早予等に話す必要なしと思ひ居るならん」

栗田「然るべし」〉

このやりとりからわかるのは、倉富がこの縁談について栗田からの依頼を伝えたのに、頼寧から何の連絡も受けていなかったらしいことである。

倉富が栗田に言った「然らば、有馬家にては最早予等に話す必要なしと思ひ居るならん」という言葉に、倉富の憮然とした感情が読みとれる。

頼寧と倉富の関係は微妙だった。爵位を返上すると公言し、部落解放運動に血道をあげる頼寧のふるまいは、倉富の目から見れば烏滸《おこ》の沙汰だったに違いない。

倉富にとって頼寧は、有馬家を潰すかも知れない困った若殿様であり、頼寧にとって倉富は、煙たいお目付け役の老臣でしかなかった。

全五巻の『有馬頼寧日記』を読むと、頼寧は有馬家相談会について、「少しも温かみがない」「実につまらぬものだ」と、不平不満を述べたてている。臣の心主知らずというべきだろう。

いずれにせよ、倉富日記にはこれ以降、久邇宮邦久王との縁談話がぴたりと出なくなる。どういう事情があったかはわからないが、この縁談は途中で立ち消えになったのだろう。事実、有馬頼寧の二人の娘はいずれも皇族とは関係のない家に嫁いでいる。姉の静子は、斎藤実の養子で後に第一生命監査役となった斉《ひとし》に嫁し、二〇〇一年まで存命した。妹の澄子は、足利子爵家の長男で、京都大学名誉教授、日本オリエント学会会長となった足利惇氏と結婚している。

頼寧の宮内省入りを画策

時として感情的な対立があったとはいえ、倉富は頼寧を一度も見限ってはいない。それどころか、倉富は頼寧に何とか目を覚ましてもらおうと、涙ぐましい努力を続けている。

大正十一年一月五日の日記に、頼寧に関する重要な記述がある。

この日の午後、倉富は有馬家家令の仁田原重行の訪問を受けた。仁田原が倉富を訪ねてきたのは、頼寧の今後について倉富と相談するためだった。

頼寧君《ぎみ》の言行については周囲にも懸念の声が少なくない、本人が宮内省にでも奉職してくれれば、それをいい機会にこれまでの考えを改めてくれるかも知れない。

そう意見を述べる仁田原に対して、倉富は次のように答えている。

〈予「頼寧君のことは、昨年中予より、或は宮内省に入る機会あるやも計り難しと云ひたることあり。其頃は幾分其望ありたるも、其後更に消息なし。予より西園寺八郎にでも話し見る分は妨なきが、唯、頼寧を採用し呉よと云ふのみにては理由乏し。実は不利益の事ながら、今日の儘に放任し置きては、或は本人が進退を誤る恐ある故、之を拘束する為責任を有せしむることと為し度《たし》。右の意を以て話し見るより外なからん。右の如き趣意にて話しても宜しかるべきや」

仁田原「夫れより外に話す工夫なかるべし。然らば機会を以て、其話を為し見呉よ」〉

倉富は翌日、頼寧の宮内省入りを進めるため、さっそく西園寺八郎に会い、仁田原との打ち合わせ通り、「今のままでは頼寧が傷物になってしまう恐れがあるので、何とか採用する手はないものか」と申し出た。西園寺の答えは頼寧が置かれた状況を正確に語っている。

〈西園寺「精《くわ》しくは本人を知らざるも、御即位式の時有馬が典儀官と為り、其時より相当の人と思ひ居り、是迄も追々《おいおい》有馬の話も出でたるも、本人は社会事業に力を尽くし居る故、奉職する考もなかるべし、当分其意に任かせ置く方宜しからんと云ふことにて、其儘になり居れり。実は東宮侍従位に適当ならんと思ひ居りたるも、只今の話にては、直接に右様の事になす訳には行かず。一二年位、足を洗ひたる後のことになさざるべからざるべし。自分は宜しからんと思ふが、大臣次官は如何云ふべきや、夫れは分からず。自分より本人に話し見るべきや」〉

自分はいいと思うが、社会事業などから足を洗わなければ、すんなり宮内省に入れるわけには行かないだろう――痛いところをつかれた倉富は必死に食い下がる。

「本人が何を言うか、私にもわからない。頼寧は新聞などにもいろいろ書くので、大臣がどういう反応をするかもわからない。ご迷惑だが、君から大臣などの意向を内偵してくれることはできないだろうか」

牧野とは一年中話しているにもかかわらず、身内のことになると倉富も気軽に頼むわけには行かなかったのだろう。隆を内苑掛に押し込んだときとはそもそもレベルが違う。西園寺は倉富の苦衷を察して救いの手を差し伸べた。

〈西園寺「自分より直接に次官に向ひ、有馬を採用することを申出し見ても差支なし。本人の意見は分らざるも、華族の中にて相当の人を用ゆる必要あり。若し不可ならば、俸給生活を為す人に非ざる故、何時之を罷めても差支なしと云ふても宜し」

予「俸給は勿論必要なし」

西園寺「常務の式部官と為せば、無俸給と為す訳には行かず。式部官は面白くなき様に思ふ人あるべきも、正当に之を勤むれば興味もあり、又、人格技倆も必要なり」〉

倉富は西園寺との話し合いの結果を、すぐに仁田原に電話で伝えた。仁田原は宮内省が頼寧を採用する考えがあると聞いて、「好都合なり」と返事している。

頼寧がこのまま部落解放運動などの社会事業に邁進すれば、有馬家の財政が逼迫するのは目に見えていた。倉富を筆頭とする有馬家の相談会が、頼寧の宮内省入りを進めたのは、世間が〝赤い貴族〟と呼ぶ頼寧を〝真人間〟にひき戻すための、いわば最後の手段だった。

だが、結局、頼寧は宮内省入りを肯ぜず、倉富のせっかくの努力は水泡に帰した。

頼寧君の如き人が必要なり

大正十一年七月十四日の日記は興味深い。この日、倉富は頼寧の今後について、宮内大臣の牧野と長時間話し合っている。

そこで倉富は、頼寧が被差別部落の救済活動をしていることに有馬家は困っている、とはいえ、有馬家はその活動自体に反対しているというわけではない、と述べている。

〈予「唯、頼寧が果して十分の決心ありや否に疑ひあり。而して、軽率に爵位も無用なり、資産も無用なり、性命も無用なり抔と云ふことあり。（中略）徒《いたず》らに家を滅ぼす様のことありては、有馬家としては困る訳なり。有馬家の相談人等は、其事業に反対する訳に非ず。随て、其費用も支出せずと云ひたる訳に非ず。

（中略）

頼寧も矢張り華族の子にて、躬行《きゅうこう》は言に合はず忍耐も出来難きこと多きに付、実効を得ずして家に累を及ぼすことを恐れ、実は先頃関屋貞三郎、西園寺八郎等に相談し、頼寧をして方針を変ぜしむる為、式部官にでも任用することを計画し、関屋等は何とか工夫すべしと云ひたるも、本人が承知せざりし為め其儘になれり」〉

さすが貧乏士族の家柄から男爵を授けられる地位まで這いあがった倉富である。やはり、見るべきところはしっかり見ている。倉富は要するに、頼寧は世間知らずのお坊ちゃんで、言行も不一致だし、こらえ性もないので、とても社会救済活動を最後までやり遂げることができるとは思えない、と言っている。

倉富としては、牧野からも頼寧に注意してもらえると思っていたのだろう。ところが、牧野の返答は予想外のものだった。

この日の日記には、「（頼寧は）実に得難き人と思ひ居れり」「国家の為め必要なる人と思ひ居り」という、頼寧を手放しで褒める牧野の言葉が記されている。さらに牧野は言う。

〈牧野「然し其（部落問題の）解決は、固より頼寧君の如き人少数にて出来ることに非ず。根本解決は、結局政府にて為さざるべからず。政府にて之を為すにしても、其時に頼寧君の如き人が極めて必要なり。自分が、（頼寧に）面会して、如何なることを話すやは未だ分らざれども、有馬家にて困り居ることを、自分が奨励したる様のことになりては不都合なるべし」〉

文久元（一八六一）年生まれの牧野は、頼寧より二十三歳年上である。だが、牧野と有馬には年齢差を超えた共通点があった。

牧野は十一歳のとき、父の大久保利通とともに岩倉（具視）米欧使節団に加わって渡米し、その後も外務官僚としてヨーロッパ生活が長かった。有馬も青年期に、一年以上欧米遊学ですごしている。明治という時代に欧米流の開明的な精神に目を開かれたという点で、牧野と有馬はよく似ていた。

大正十一年十月二十四日の日記には次のような記述がある。

〈関屋「大臣〔牧野伸顕〕は有馬頼寧君の事業に力を入れ、特殊部落救済、即ち同愛会の補助として金二千円〔実は宮内省より出すもの〕を牧野の名にて寄附せり」〉

同愛会は、頼寧を会長に大正十年五月に結成された部落融和団体である。牧野の名による寄附は頼寧を大いに力づけたことだろう。

懲りない親バカ

有馬頼寧という男が倉富らを困惑させたのは、そんな革新的な運動に関わり、爵位は棄ててもいいとまで広言しながら、自分の娘と皇族や華族との結婚を真剣に望んでいたことである。邦久王との縁談は成立しなかったが、頼寧に懲りた様子はない。

大正十一年七月二十日、倉富は丸の内の工業倶楽部で催された久留米同郷懇話会で有馬と同席した。頼寧はその席で、先日牧野に会って、自分がやっている部落救済運動を激励されたと述べたあと、突然、長女の縁談話をはじめた。今度の相手は山階《やましな》侯爵の芳麿《よしまろ》だという。芳麿は鳥の殿下として知られ、臣籍降下後は山階鳥類研究所を創設し、初代所長に就任した。当時は、陸軍砲兵中尉だった。

〈有馬「(前略)長女は軍人は好まずと云ひ居るも、勧め方に依りては承諾せざることもなかるべく思はるるも、自分等の懸念は山階の体質なり。仁田原重行が一と通りは調べたるも詳しくは分らず。君は承知せざるや」

予「詳知はせず。唯、身長は非常に高く、肉は少き方なり」

有馬「其通りなり。長は五尺七寸とかにて、体重は十三貫何百匁と云ふことなり。

単に本人が強壮ならずと云ふこと丈ならば左程懸念せざるも、父親は肺患なりしとのことなる故、懸念し居れり」〉

仁田原の軍人人脈を使って頼寧が調べさせたところによると、山階芳麿は士官学校在学中に何度か咽喉を病み、熱を出したことがあるという。倉富は「その話は聞いたことがあります。単純なカタルくらいなら差し支えないでしょうが、結核性なら注意が必要です」と慎重なところを見せた。

理由は不明だが、この縁談も邦久王との話と同様、立ち消えとなった。頼寧が「妻があまり断っていると時機を失すると言って心配している」と言っているところをみると、あるいは静子が選り好みをしていたのかもしれない。「甘露寺某の弟」とひと夏のロマンスを楽しんだという秘められたエピソードからも、静子は恋多き女だったと推察できるので、当時、心に秘めた別の相手がいた可能性もある。

大正貴族の言行不一致

呆れたことに頼寧はそれでもあきらめきれず、今度は昭和天皇の弟君の秩父宮との縁談を進めてほしいと、倉富に頼んでいる。

有馬からその話が出たのは、大正十二年三月二十六日、有馬家の相談会が築地明石町の上海亭という支那料理店で開かれた帰りの車中である。

〈十時頃より一同帰途に就く。予と頼寧とは頼寧の自動車に乗り、他は皆歩して電車停留場に到りたり。自動車中にて頼寧より「先日来、君を訪はんと欲し居るは実は突飛なる問題なり。長女静子は女子学習院にて更に高等科に入ることとなし、今後二年間在学することとなるが、自分より云ふは笑《おか》しきことながら、学習院にては評判宜しく、此の如き人こそ皇族の妃たるべき人ならんとの噂ある趣なり。若し秩父宮殿下の妃となることを得れば幸のことなりと思ふ（中略）。君の考にて牧野〔伸顕〕に談じても宜しとのことならば、自分と牧野とは同愛会のことにて関係を生じ居るに付、牧野に話し置かんと思ふ」旨の談を為せり〉

この縁談も実現しなかった。秩父宮の妃となったのは、旧会津藩主・松平容保《かたもり》の孫の勢《せ》津子《つこ》である。

それにしても「学習院にては評判宜しく」「皇族の妃たるべき人ならん」というお世辞を真に受ける無邪気さは、いかにもお坊ちゃん育ちの頼寧らしい。女中の水野万が娘の不品行を告げ口していたらどうなっていただろうか。

有馬頼寧という男を通じて見えてくるのは、大正デモクラシーの底の浅さである。倉富日記には、有馬頼寧というある意味で典型的な大正貴族の言行の矛盾が、もっとはっきりいえば、理想と現実が天と地ほどかけ離れながら、それをまったく自覚しなかった男の喜劇が、倉富の意図をはるかに超えてあぶりだされている。

第七章　ロンドン海軍条約

――枢密院議長の栄光と無念

倉富日記と断腸亭日乗

関東大震災が起きた大正十二（一九二三）年九月一日の記述は、倉富日記には珍しいルポ的な文体になっている。

〈午前十一時五十五分頃、徳川頼倫《よりみち》、予の事務室に来り、徳川が先日より暑を別府の近傍に避け居りたるが、昨日帰京したることを告ぐ。避暑中の状を談ず。十一時五十八分頃、地大《おおい》に震ふ。予等尚談を続く。震愈ゝ激しく壁土落つ。予、徳川期せずして走り出で、非常口に至り高廊を過ぐ。歩行すべからず。強《し》ひて走りて屋外に出づ。十分間許の後、震稍ゝ《やや》歇む。予乃ち審査局に返り、書類及帽を取り来らんとす。高廊の辺に到る。復た震ふ。乃ち復た走り出づ。又十分間許にして審査局に返り、倉皇《そうこう》書類及帽を取り来る。尚ほ傘を遺す。西野英男に嘱して之を取らしむ。屋外に在ること十四五分間許、青山操、鈴木重孝と歩して帰る。馬車又は自動車に乗らんと欲し、西野英男に嘱し主馬寮《しゆめりよう》に謀らしめたるも、混雑の為弁ぜざりし故、歩して帰りたるなり〉

徳川頼倫は紀州藩元藩主家（田安家）の当主で、倉富の後任の宗秩寮総裁、鈴木重孝は会計審査局の審査官、青山操は同審査官補、西野英男は会計審査局の属官である。

以下、宮内省を出て、赤坂丹後坂の自宅に戻るまでに見た帝都の光景が書きとめられている。

〈坂下門に到る。門衛、門蓋の瓦墜つるを以て其恐なき右方を通過すべき旨を告ぐ。之に従ひ門を出で、広場に到る。地屢〻震ひ歩すべからず。屢〻歩を停め、震の止むを待ち、復た歩す。桜田門は瓦の墜つる恐あるを以て凱旋道を経て濠岸に沿ひ、参謀本部前を過ぎ、独逸大使（館）前より赤坂見附を経て家に帰る。宮城前の広場に出でたるとき、既に警視庁附近及日比谷公園内に火あるを見、参謀本部前を過ぎるとき赤坂に火あるを見たり。沿道処々に家屋の倒壊したるものあり。難を避くる人は皆屋外に出で居りたり。既に家に達す。門側より家の両辺を周《めぐ》らしたる錬瓦塀は全部倒壊し、屋内の器具散乱し居り、人影を見ず。内玄関より入り茶の間及書斎を経て庭上に出でたるも、家人在らず〉

倉富日記とほぼ同時代に書かれた長大な日記に、永井荷風の『断腸亭日乗』（大正六年九月〜昭和三十四年四月）がある。『断腸亭日乗』のこの日の記述は、「九月 朔《ついたち》。 匇爽《こつそう》雨歇《や》みしが風猶烈し。空折〻掻曇りて細雨烟の来るが如し。日将に午《ひる》ならむとする時天地 忽《たちまち》 鳴動す」という有名な書き出しから始まっている。荷風は灰燼に帰した帝都の荒廃を高見から眺めて内心ひそかに快哉を叫びながら、世態人情を縦横に論じ、時に辛辣な文明批評を差しはさみながら、やつしにやつして花鳥風月の世界に沈湎《ちんめん》している。

ところが、いうまでもなく倉富日記にはそうした文人趣味はかけらもない。ちなみに関東大震災当時、荷風は四十五歳、倉富は荷風より二十六歳年上の七十一歳である。

戒厳令前夜

赤坂丹後坂の家に戻って家人の無事を確認した倉富は、隣家の庭に避難して様子をうかがう。以下はそれ以降の記述である。

〈……赤坂田町辺より起りたる火、南北に広まり、一ツ木町に近《ちかづ》き、将に予が家の附近までを延焼せんとする勢なりしが、風向急変したるを以て幸に之を免かるることを得たり。

午後五時後、枢密院書記官堀江季雄自動車に乗りて来り、「急に内閣総理大臣官舎にて枢密院会議を開かるることとなりたるが、通信機関絶無と為りたる為、顧問官を招集する方法なく、自分が陸軍省の自動車を借り、顧問官の家に就き出席を求め居れり。午後七時までに総理大臣官舎に行き呉れよ」と云ふ。予、之を諾し、六時三十分頃より歩して官舎に行く〉

総理大臣官舎には、外務大臣兼内閣総理大臣の内田康哉《こうさい》、内務大臣の水野錬太郎、司法大臣の岡野敬次郎、陸軍大臣の山梨半造、農商務大臣の荒井賢太郎、鉄道大臣の大木遠《えん》吉《きち》、逓信大臣の前田利定、文部大臣の鎌田栄吉、内閣書記官長の宮田光雄、法制局長官の馬場鍈一《えいいち》らが集まっていた。

倉富は続けている。

〈時に官舎南隣中華民国公使館正に焼く。火焔官舎に迫まる。大臣等皆官舎の庭に在り。顧問官は予の外一人も来り居らず。既にして井上勝之助来る。予より水野錬太郎に「会議を開くことを得るや」を問ふ。水野「之を開く積りなりしも、顧問官の出席も困難ならんと思ひ、戒厳令を出さるることは之を止め、政府の責任を以て臨機の処置として出兵を要求せり」と云ふ。

予、井上と「然らば別に用務なきや」と云ふ。水野「然り」と云ふ。予等乃ち去る。予、荒井に震災火災の程度を問ふ。荒井「農商務大臣官舎は余程破損せり。私宅は近辺〔江戸川〕より火起りたりとのことなるが、或は延焼するやも図り難し」と云ふ。七時後、家に帰り庭上にて夜を徹し、火勢を注視し一睡もせず〉

ここで注目されるのは、九月一日の段階で水野錬太郎が「戒厳令を出さるることは之を止め」と発言していることである。翌二日、東京全市に戒厳令が布告されたが、その経緯には不透明なものがあり、枢密院の正式な審議を経ていないため、違法であるという批判も生んだ。だが、その問題にまで言及すると、読者の混乱を招くだけなので、あえてこれ以上はふれない。ただ、戒厳令発令が軍部を暴走させ、朝鮮人虐殺や、憲兵大尉の甘粕《あまかす》正彦らが無政府主義者の大杉栄一家三人を絞殺し、東京憲兵隊本部の古井戸に投げこむいまわしい事件をひきおこす導火線になったことだけは言っておきたい。

倉富が農商務大臣の荒井賢太郎をつかまえて特に罹災状況を尋ねたのは、倉富の長男鈞の夫人・藤子が荒井家から嫁いできたためである。

流言の人を惑わす亦甚し

九月二日の夜、倉富は近隣に住む安藤則光から次のような不穏な噂を聞く。

〈朝鮮人千人許、横浜の方より東京に侵入せんとし、大森区にて警察官が之を禦《ふせ》ぎたるも、人少く力及ばず、遂に朝鮮人五百人許、東京に侵入せる趣に付、之を防ぐ為、丹後町にても自警団を組織する企ありと云ふ。少時の後、数十人団を為し、夜警に当りたり〉

すると夜半に急報が飛び込んできた。

〈夜半頃、報あり。「朝鮮人二百人許、青山御所に侵入せる旨、赤坂見附上の警察官より通知あり。婦人には朝鮮人が暴行を為すに付、男子と婦人とを識別すべからざる様に為す為、婦人は手巾《ハンカチ》を以て頭を包み居る様にすべし」と。下婢等は之を聞き大に

恐れたり。流言の人を惑はす亦甚し〉

倉富は例によって自分の感想らしい感想をほとんど書きとめていない。関東大震災という未曾有の事態に遭遇して、唯一感情らしきものが見えるのは、九月一日の午後、赤坂丹後坂の家に戻り、家人が見当たらないことに不安を覚えた倉富が、近所に家人の安否を尋ね、無事を知って安堵するくだりだけだといってよい。

〈(家の)塀の倒れたる為、隣家池田寅次郎の家と界牆なきこととなりたる故、直に池田の庭に到り、家人の所在を知らざるやを問ひたるも、之を知らず。乃ち復た家を出で、池田の家傍を過ぎ、安藤則光の庭に到る。数十人避難して此に在り。内子、安、婢・敏、静、沢三人亦此に在り。予、皆無難なりしを喜ぶ〉

前年五月に帰郷した安の名がある。安の帰郷は一時的なものだったのだろう。

皇族の遺体運搬に駆逐艦

この間、倉富の耳には宮内官僚ならではの情報も寄せられる。

倉富の震災直後の関心は、もっぱら皇族の安否にあった。九月二日以降の倉富日記で注目されるのは、震災で亡くなった皇族の遺骸の搬送や、帰京する皇族の便宜を図るために駆逐艦を使ったと記述されていることである。

九月二日の早朝五時ごろ、宮内省から使いが来て、東久邇宮一家は鵠沼《くげぬま》に滞在中だったが、盛厚《もりひろ》王が負傷し、師正《もろまさ》王が薨去したことを倉富に伝えた。これを聞いて、倉富のとても七十一歳の老人とは思えない八面六臂《はちめんろっぴ》の活躍が始まる。皇族の被災状況を収集し、折から避暑中だった皇族たちを東京に帰す方策を練り、宮家を回ってはお見舞いの記帳をする。それから約一週間というもの、倉富は宮内官僚の陣頭に立って鮮やかな事務処理能力を発揮した。

死亡した皇族は東久邇宮家の師正王（六歳）の他に、小田原に滞在中だった閑院宮《かんいんのみや》寛子女王（十八歳）、鎌倉にいた山階宮《やましなのみや》武彦王《たけひこおう》の妃、佐紀子女王（二十一歳）の計三人である。

二日の午後、宮内次官の関屋貞三郎との打ち合わせで、倉富は早くも東久邇宮家を迎えるために駆逐艦を派遣することを提案した。だが、その時点ではいまだ東京は不穏な情勢にあったため、皇族の帰京はしばらく時期を待つことにした。

四日朝、小田原にいた閑院宮一家が食料欠乏のため困っているという情報が入った。閑院宮一家はその日のうちに寛子女王の遺骸とともに駆逐艦「夕凪」に乗って帰京している。箱根で被災した北白川宮大妃も小田原で合流し、「夕凪」に同乗した。

九月七日、倉富は東久邇宮邸を訪れ、師正王の遺骸を安置し、王の霊代《たましろ》を移す場所を準備させた。東久邇宮一家と師正王の遺骸は翌八日、同じく駆逐艦「夕凪」で帰京した。倉富は芝浦まで出向いて一行を迎え、九日は人力車に乗って東久邇宮邸におもむき、通夜の指揮をとっている。

以上あげた記述から伝わってくるのは、たとえどんな場面にあっても、あくまで手続きを遵守し、事態にてきぱきと対処する倉富のいかにも宮内官僚らしい厳正な態度である。

関東大震災の被害状況を視察する昭和天皇（当時摂政）

皇族の遺骸の運搬や、帰京する皇族のためにわざわざ駆逐艦を差し向ける。倉富日記によって明らかにされたこの事実は、天皇制国家の内実を語って面目躍如たるものがある。
一方、枢密顧問官としての記述で注目に値するのが、六日午後三時から宮中東溜の間で開かれた枢密院会議における倉富の態度である。この日の議題は、震災に乗じた暴利の取締令、支払い延期の勅令、流言飛語の取締令、という三つの緊急勅令の審議だった。
倉富はこの会議で司法官僚出身らしい筋論の質

問を律儀に繰り返した。すると、同じく枢密顧問官の伊東巳代治が立ち上がり、「国家危急の時であるから、すみやかに全会一致で原案を可決することを望む」と述べ、倉富の質問を露骨に非難した。倉富はその場では反論しなかったが、日記には「緊急なりとて十分間二十分間を争ふべき必要なし。伊東の云ふ如く一切の論議を止むるならば、御諮詢は何の為に必要なりや」と大いなる憤懣を書き記した。この記述は、後年、枢密院議長として倉富が直面する最大の試練を彷彿とさせるものがあるので、ご記憶いただきたい。

虎ノ門事件にも動揺せず

関東大震災の余燼もまだ冷めやらぬ大正十二年十二月二十七日、宮中を震撼させる衝撃的な事件が起きた。

この日、帝国議会の開院式に車で向かう摂政宮裕仁（後の昭和天皇）は虎ノ門付近で狙撃された。

黒塗りの仕込杖銃から発射された銃弾は、車の窓ガラスを破損し、同乗していた東宮侍従長の入江為守を負傷させたが、皇太子に命の別状はなかった。摂政暗殺を企てた犯人の難波《なんば》大助はその場で取り押さえられた。難波は翌年十一月十三日に大審院で死刑判決を受け、その二日後に処刑された。

時の山本権兵衛内閣（第二次）を総辞職に追い込んだこの虎ノ門事件は、倉富日記の中でも当然ふれられている。だが、日記を読む限り、倉富の態度に慌てた様子はまったく見あたらない。

この日、倉富は午前九時三十分に宮内省に出勤し、十時過ぎから枢密院の控所で開かれた朝鮮総督府の検事らに対する懲戒委員会に臨んだ。虎ノ門事件の発生を知ったのは、その会議中だった。

これを聞いて、血相をかえて善後策に奔走すると思いきや、倉富の態度は悠然たるものだった。倉富は摂政宮の無事を知ると、「それならば会議を継続しよう」と言って懲戒委員会をそのまま続け、会議は午後一時頃に散会となった。

倉富はこの日の午後二時過ぎ、臨時法制審議会から出る予定の手当金を受け取るため、自ら司法省に出向いている。ところが、司法省の担当者から手当金の支給は遅れていまだ誰にも渡していないといわれ、倉富はすごすごと引き帰している。

虎ノ門事件という国家の一大事が発生したさなかに、日常の些事を記すことを忘れないところが、さすが倉富である。倉富はこの日の日記に、本月十九日に賜るとの報告があった時服《じふく》を賜る、とも書きとめている。

虎ノ門事件が発生した翌々日の十二月二十九日の日記にも、臨時法制審議会の手当金に関する記述が出てくる。

〈臨時法制審議会より手当金千五百円を致さしむ。午後、内子は第一銀行に行き、金を預けたり。内子は審議会より手当金を致す前に家を出でたる故、之を預くることを得ざりしなり〉

内子夫人が銀行に行く前に、手当金を預けられなかったことが、いかにも残念そうである。国家の存亡に関わる重大事件が、日常生活の細々した出来事と何の優先順位もつけずに併記してある。このあたりの間のとり方が、倉富日記の何ともいえない味わいである。

不敬の噂

永井荷風の『断腸亭日乗』に、虎ノ門事件に関する信じがたい噂が書きとめられている。日付は、狙撃犯の難波大助が昨日処刑されたとの記事が新聞各紙に一斉に報じられた大正十三年十一月十六日である。

〈(大正十三年)十一月十六日。日曜日。快晴。都下の新聞紙一斉に大書して難波大助死刑のことを報ず。大助は客歳《かくさい》虎之門にて摂政の宮を狙撃せんとして捕へられたる書生なり。大逆極悪の罪人なりと悪《にく》むものもあれど、さして悪むものにも及ばず、又驚くにも当らざるべし。皇帝を弑《しい》するもの欧洲にてはめづらしからず。現代日本人の生活は大小となく欧

洲文明皮相の模倣にあらざるはなし。大助が犯罪も亦模倣の一端のみ。洋装婦人のダンスと何の択ぶところかあらんや〉

荷風は難波大助の処刑にふれてそう記している。いかにも超脱した荷風らしい辛辣な見方である。荒唐無稽としか思えない噂が記されているのは、その欄外に朱筆で書かれた部分である。ただし、一九八〇年版の『断腸亭日乗』や一九八七年版の文庫版『摘録　断腸亭日乗』では、これに該当する箇所は伏字となっている。

〈難波大助死刑大助ハ社会主義者ニアラズ××××××××××××××××××××××××無念ニ思ヒ腹讐《ママ》ヲ思立チシナリト云フ〉

この三十一文字分の伏字が明らかにされているのは、一九九三年版の『荷風全集』（第二十一巻「断腸亭日乗一」）である。

〈難波大助死刑大助ハ社会主義者ニアラズ摂政宮演習ノ時某処ノ旅館ニテ大助ガ許婚《いいなずけ》ノ女ヲ枕席ニ侍《はべ》ラセタルヲ無念ニ思ヒ腹讐ヲ思立チシナリト云フ〉

大審院で難波大助の裁判が始まったのは大正十三年十月一日、死刑判決が出るのは前述した通り同年十一月十三日、処刑されたのは十一月十五日である。

ところが、これに該当する日付の倉富日記を見ても、この噂はまったく書かれていない。念のため、虎ノ門事件が起きた大正十二年十二月二十七日から翌大正十三年一月末日までの倉富日記を丹念に読み返してみたが、そこにもこの噂は一行も書かれていなかった。

倉富は宮中に置かれたテープレコーダーのような男である。もしこの噂が宮内省内部で囁かれていれば、微に入り細をうがって必ず書きとめたはずである。倉富は不敬にあたる情報だからといって日記に書きとめないような不公平な男ではなかった。

この噂に興味を持つ者のなかには、大助を異常者扱いするため為政者側があえて流したのではないかとのうがった見方もあるようだが、われわれが倉富日記を読んだ限りでいえば、為政者側がこの噂を故意に流布した気配はない。

これ以外の範囲でこの噂に言及している可能性もなくはないので断定はできないが、この不敬のルーマーは、やはり皇室に反感を持つ無責任な野次馬が面白おかしく流した根も葉もないデマにすぎなかったように思われる。

必ず神罰あるべし

昭和天皇に関する記述で真実驚かされるのは、昭和三年十月二十日の日記である。

この日の九時三十分過ぎ、倉富は元老の西園寺公望を訪問した。目的は特になく強いていえば、当時、体調のすぐれなかった西園寺を訪ねて「久闊を叙す」ためだった。

倉富は西園寺の体調について尋ねたあと、例によってとりとめのない会話を始める。

枢密院は実際の政治問題には疎いとの批判がある。国内問題ならば理屈で押し通すことができるが、国際問題になるとそうもいかない。

そんな一般論がしばらく続いたあと、西園寺が突然、驚くべき話題を切り出した。以下、原文を引用しよう。

〈西園寺「是は誰にも云はれざることとなるが〔牧野伸顕、一木喜徳郎、及び秩父宮殿下には一寸云ひたることあり〕皇太后陛下、敬神の念熱烈にて天皇陛下の御体度に御満足あらせられず、天皇陛下は明治天皇、大正天皇の御時代とは異なり、賀年の御祭典等は大概御親祭にて、自分〔西園寺〕等の様なることはなきも、皇太后陛下は右の如く形式的の敬神にては不可なり、真実神を敬せざれば必ず神罰あるべしと云はれ居り、此考は到底之を教育〔教育と云ひては語弊あるべしと云ふ〕することは不可能なり。此ことが度々加はれば其の為、御母子間の御親和に影響するやも計り難く、夫れ等の点に付ては十分に注意すべきことと思ふ」

予「其ことは始めて聞きたることとなり」〉

貞明皇太后と昭和天皇の険悪な関係をうかがわせる衝撃的な証言である。

「神を敬せざれば必ず神罰あるべし」。貞明皇太后の激越きわまるこの言葉に、皇太子時代に外遊してヨーロッパ流の生活に感化され、皇室古来の神事を疎かにする昭和天皇へのただならぬ不信感がにじんでいる。

前にも述べたが、西園寺公望や牧野伸顕などの元老たちと違ってインナーサークルに入れない倉富は、天皇、皇后の肉声に直接ふれる機会は基本的にはなかった。

だが、宮中のテープレコーダーと化した倉富の存在価値は、そこにこそあった。西園寺や牧野たちが、影響の大きさに配慮して記録できなかった皇族の肉声をまた聞きとして書きとめることができたのは、情報に軽重も貴賤もなしという態度を貫いた倉富ひとりだったのである。

人生最良の日

昭和三年十一月十日は、倉富にとって、おそらく人生最良の日だった。

この日、京都御所で即位の大礼が行われた。皇室最高の行事とされる即位の礼は、一年かけて行われる大がかりな儀式である。昭和の大礼に要した総予算は、当時の金額で約二千万円、現在の貨幣価値に換算すれば、六百億円にものぼった。

共産主義者などのテロを恐れて警戒は厳重をきわめた。同年三月十五日には、共産主義者ら千五百人あまりが治安維持法違反で一斉検挙される三・一五事件が起きている。

一月の宮中賢所《かしこどころ》への即位の礼の期日奉告の儀や、六月の悠紀田《ゆきでん》、主基田《すきでん》への田植式の儀などを経て、宮城を六頭立ての馬車で出発した天皇が京都に向ったのは十一月六日だった。行列の長さは六百メートルにも達した。

行幸期間は三週間にも及び、天皇一行が帰京したのは十一月二十六日だった。

昭和三年十一月の日記を読むと、倉富の浮き立つ気持ちがストレートに伝わってくる。倉富の家には、インタビューを申し込む新聞記者からの電話がひっきりなしにかかり、倉富はその都度、満更でもなさそうな様子で女中に面会を断らせている。倉富はすでに、枢密院議長の椅子にあり、男爵の爵位も受けていた。

十一月一日の日記には、即位の礼に着用する礼服についての記述がある。

〈午後四時後、昨夜試に敦賀屋より届け来りたる〔モーニングコート〕を著く。袖附の工合頗る悪し。

午後七時後、敦賀屋より使をして燕尾服用の白下衣を致さしむ。此使に対し〔モーニングコート〕の工合頗る悪し、然れども京都に行く前には之を直す暇なし。京都より帰りたる後、之を直さしむべき旨を伝へしむ〉

倉富は洋服屋の使いに文句をつけながらも、どこか誇らしげである。

拝観する者、堵の如し

十一月六日、天皇行幸の日の日記からは用紙がかわり、字も大きくなる。

〈午前六時より家を出で宮城乾門《いぬいもん》を入り、東車寄《くるまよせ》より右廂に入る。田中義一、珍田《ちんだ》捨《すて》巳《み》、鳩山一郎、関屋貞三郎、奈良《なら》武次《たけじ》等既に在り。牧野伸顕等次で来る。七時頃御車寄を下り、排列したる馬車の位置に天皇皇后両陛下の出御《しゅつぎょ》を待つ。天皇陛下御車寄にて車に乗りたまふ。予等乃ち乗車す。鹵簿《ろぼ》（天皇の行列）正門を出で東京駅に向ふ。沿道にて警衛する軍隊、奉送する官吏、拝観する市民……（以下判読不能）〉

珍田捨巳は侍従長、鳩山一郎は田中義一内閣の書記官長、奈良武次は侍従武官長である。倉富が供奉者《ぐぶしゃ》の最初にあげている内閣総理大臣の田中義一は、京都に向けて出発したこの日から約半年後の昭和四年七月二日、前年六月に起きた張作霖爆殺事件の責任問題をめぐって昭和天皇から厳しく問責され、総辞職に追い込まれることになった。

この田中義一問責問題は、天皇の政治介入という批判を生んだ重大な事件だった。その反省が天皇の軍に対するコントロール力を弱め、皮肉にも昭和軍閥の台頭を許す結果につながった。

東京駅から京都に向う車窓風景を書きとめる倉富日記の記述は、明らかに高揚気味である。

11月6日、京都御所へと出発する鹵簿。天皇は中央の鳳輦《ほうれん》馬車に

〈東京より名古屋に至る間、汽車の停まるもの山北、沼津、静岡、浜松の四駅に過りて、停車駅は勿論、停車せざる駅、駅と駅との中間に至るまで、地方人士の拝観する者、堵《かき》の如し。

三時三十分、名古屋駅に達し、更に鹵簿を列し離宮に向はせらる。予と田中義一とは馬車に同乗し、一時間許にして離宮に達したまふ。沿道の拝観者、数十万人なるべし。就中《なかんずく》、高齢者を集めたる一団は婦人三分の二許にして男子は三分の一許なるべく、中には合掌して拝し居りたる者もあり。四時四十分頃、鹵簿名古屋離宮に達す〉

「拝観する者、堵の如し」「沿道の拝観者、数十万人なるべし」という記述には、厳重な警備陣の規制を受けながらも、病弱だった大正天皇に代わって登場した二十八歳の若き君主を迎える民衆の喜びが素直に表れている。堵は土で固めた塀のことで、安堵の意味はここから生まれた。

宮中序列第四位

一行は翌七日の午後二時すぎに京都駅に到着した。

新天皇が京都御所・皇霊殿に奉告の儀を行った十一月十日の日記からは、この国家あげての最大の行事に英雄・東郷平八郎に次ぐ席を占めた倉富の感慨がにじみ出ている。唯一気になるのは、隣に座る糟糠《そうこう》の妻、内子夫人の体調と、そうでなくとも病弱な内子夫人を苦しめた着付け問題だった。

〈午前五時頃より起床し、内子、六時頃より髪を理し、袿袴《けいこ》を著く。内子は朝飯を喫せず。予と内子と共に御所の乾門を入り、第一朝集所、第一休所に入り、第一席は東郷平八郎にて第二席は田中義一なるも田中は他の公務あり、休所に入らざるを以て予は東郷の次席に就き、内子之に次ぎ、井上良馨《よしか》以下之に次ぎて著床す。九時五分より掛員の誘導に依り賢所前の右方幄舎《あくしや》に入り、順に従ひて著床す。九時四十五分、天皇陛下、皇后陛下出御。御拝の儀あり。十一時後、式終り、一同退下《たいげ》して復た休所に入る。十二時頃、休所にて弁当を給せらる。内子は之を喫せず。内子の袿袴は今日も著附方宜しからず〉

「内子の袿袴は今日も著附方宜しからず」と倉富が書いているのは、内子夫人の着付けが悪いと言っているのではない。二日前の日記に「(宿舎に)京都理髪組合員二人来りて内子の髪を理しかつ試に袿袴を著けしむ。技甚だ拙《つたな》し」とあるように、宮内省御用達の理髪着付け職人の手際の悪さを言っている。

〈午後二時十分、掛員の誘導に因り紫宸殿に升《のぼ》る。

二時三十分頃、両陛下出御。天皇陛下は高御座《たかみくら》、皇后陛下は御帳台《みちょうだい》に上御。天皇陛下より勅語を賜はり、内閣総理大臣田中義一寿詞を奏し、終りて万歳。帳の前に立ちて万歳を三唱し、諸員之に和す。両陛下入御、諸員次で退出す。田中の寿詞未だ終らざる頃より、内子、脳貧血を起し、起立に堪へざるものの如し。冷汗頻《しき》りに出づ。然れども之を如何ともすること能はず。幸に仆《たお》るるに至らずして式を終はることを得たり。内子の隣に立ちたる井上良馨は足痺れて仆れんとす。宮内職員二人来りて之を扶《たす》く。尚ほ支へて終に之を扶けて去らしめたり。式終りたる後、復た休所に入る。内子は歩すること頗る困難なりしも、漸く休所に達することを得たり〉

弘化二(一八四五)年生まれの元帥海軍大将の井上良馨は、このとき八十四歳になっており、翌年鬼籍に入った。慶応三(一八六七)年生まれの内子夫人は、六十二歳だった。病弱の身の内子夫人にとって長旅の疲れと慣れない儀式への参加は、目に見えない大きな負担となったのだろう。

高齢者が次々倒れる皇室行事というのも、考えてみれば凄まじい光景だが、それ以上に伝わってくるのは、倉富の席次に対するこだわりである。倉富は葬儀や式典があれば、必ず誰がどこに座ったかを書かずにはいられない「席次マニア」である。翌日の賢所御神楽《みかぐら》の儀でも、倉富はやはり宮中序列を細かく書きとめている。これによって、要人が勢ぞろいした場合、倉富の最高記録は宮中序列第四位だったことがわかる。まぎれもなく倉富は位人臣を極めたのである。

〈午後二時三十分より乾門を入り、第一朝集所に至り第一休所に入る。昨日までは予の宮中席次は大勲位東郷平八郎、同西園寺公望、内閣総理大臣田中義一に次で第四位なりしが、昨十日、奥保鞏《おくやすかた》、山本権兵衛の二人が大勲位に叙せられたる為、田中は第五位と為り予は第六位と為りたり。然れども今日は西園寺、奥の二人参ぜざるを以て田中に次ぎ第四位に著床せり。内子は昨日脳貧血を起し、今日は既に癒へたるも、今日の御神楽の儀には参ぜず〉

奥保鞏は西南の役で武勲をあげた陸軍の重鎮、山本権兵衛は薩摩出身の軍人で総理大臣を二度務めた。綺羅星のごとき近代史のスターたちに混じって村夫子が一人。そういったら倉富に失礼だろうか。

第十五代枢密院議長

十一月十九日、天皇一行は伊勢神宮に参拝するため、京都から宇治山田に向かった。

この日の日記に、「内閣総理大臣田中義一は狭心症に罹り、今日は供奉し難し」という記述がある。田中は翌年七月、前述の天皇問責問題で内閣を総辞職し、それから三ヵ月も経たない昭和四年九月末、狭心症を再発して他界した。

行幸途次の十一月十六日の日記に、名前と日付を記帳する場面がある。

〈乃ち十一月十六日と云ふ月日を書し、「賜物御礼　枢密院議長倉富勇三郎」と書したり。十一月十六日と書したるとき、今日は十六日なるや二十六日なるや、不図惑を生じ、将に十字の上に二の字を加へんとしたるも、二十六日に非ずして十六日なることを考へ、過て記載せずして済みたり。老耄《ろうもう》の嘆なき能はず〉

倉富はこのとき七十六歳だった。

倉富日記には、前にも述べたが、物忘れに関する記述がよく出てくる。それが、倉富日記のとぼけた味わいともなっていた。だが、「老耄の嘆」という直截的な表現からは、もはや自分の物忘れを微苦笑する心の余裕は感じられない。

昭和という時代は、幕末生まれの漢学の素養を持ったこの高級官僚を、徐々に忘れられた存在へと送り込みはじめていた。

これは、元号が昭和と変わる八ヵ月前の大正十五年四月に、倉富が枢密院議長というポストに祭りあげられたことと無縁ではない。

枢密院の歴代議長は首相経験者を中心とする実力者が務め、特に山県有朋は三期十八年近くにわたって議長に君臨している。

山県の死後議長となった清浦奎吾が首相に転じると、その後は浜尾新《あらた》、穂積陳重《のぶしげ》といった政治色の薄い人物が議長に選ばれるようになった。当然ながら枢密院の影響力の低下は否めなかった。そこに登場したのが、われらが倉富勇三郎である。

枢密院を構成する顧問官には伊東巳代治や金子堅太郎、山川健次郎など明治以来の大物が名を連ねていたものの、世間的にはうるさ型の老人集団と見られるようになっていた。

宮内省を離れ、それでなくとも不得手な政治向きの問題を付託された倉富のもとには、宮中某重大事件や柳原白蓮騒動の当時のような「鮮度のいい情報」が入りにくくなり、残念ながら日記の内容も、われわれが飛びつきたくなるようなネタは乏しくなった。

たとえば満州事変が勃発した昭和六年九月十八日当日の日記には、事変についての記述はない。翌日の日記にも、「支那は遂に衝突を起したるが、此後は如何なることにて局を結ぶべきか」という倉富に対し、倉富を訪ねてきた枢密院書記官長の二上兵治が、「伊藤(博文)、山県(有朋)等が在るときは整然たるものにて……」と答える、古老の回顧談めいたやりとりが記されているくらいのもので、緊張感はまったくない。

昭和八年十二月二十三日の皇太子明仁《あきひと》（現・天皇）誕生に際しても、「大宮御所に行き帳簿に署名して親王殿下御降誕を奉賀」という、一般参賀客の記帳並みの祝辞が見えるだけである。

翌日の日記に書かれているのも、皇室にやっと生まれた男児を慶祝する記述ではない。この日、倉富を訪ねてきたのは宮中顧問官の国分三亥《こくぶさんがい》である。

その国分三亥と、森鷗外に目をかけられて昭和の元号の起草に関わり、皇太子明仁の名前を命名した宮内省図書寮の吉田増蔵に関する、人事がらみの他愛もない噂話が、この日の倉富日記の大半を占めている。

そんな中で異彩を放つのが昭和五年の日記である。ギネス級の長さを誇る倉富日記のなかで、単年度の分量ではこの年が最長記録となっている。

この年はロンドン海軍条約（以下ロンドン条約）の調印があり、その可否が枢密院に諮詢された。倉富は枢密院議長として時の浜口雄幸《おさち》内閣と鋭く対立し、一敗地にまみれている。残念ながら世論も倉富には味方しなかった。主に手続き論をめぐる争いだったところがいかにも倉富らしい。その内容は倉富の議長退任問題にも関わってくるので後述する。

五・一五事件勃発

ロンドン条約をめぐる問題以外は、おおむね日向水《ひなたみず》のような記述が続く昭和の倉富日記のなかで、昭和七年五月十五日の日記は、異様なほどの緊迫感に満ちている。

海軍青年将校らによる反乱事件の五・一五事件が起きたこの日は、倉富にとってたぶん人生で最も長い一日となった。

この日は前述したように、岳父の広津弘信の五十回忌にあたっており、施主の広津和郎が遅刻してきたことに、倉富が苛立ちを募らせた日である。

倉富の孫の英郎氏が谷中墓地からの帰り、祖母の内子夫人に連れられて三越に立ち寄り、高価な模型機関車を買ってもらったのも、この日だったかもしれない。

谷中墓地から自宅に帰ってしばらくすると、元宮内省内匠頭の小原駩吉の家から電話があった。小原は息子隆の宮内省入りに骨をおってくれた男で、倉富が最も信頼する宮内官僚である。

この日の朝早く、枢密院副議長の平沼騏一郎から倉富の家に電話があり、倉富は平沼と午後七時半に自宅で会うことを約束していた。小原からの電話だと聞いて、倉富ははじめ小原が来訪する連絡だと思い、平沼と小原の訪問が同時刻になるだろうと勝手に思い込んでいた。

ところが、電話をとった女中が取り次いで言うには、小原が狭心症で今日の午後四時三十分頃死んだという。驚いた倉富が電話をかわったが、女中の話に間違いはなかった。本来ならすぐ弔問に駆けつけなければならないところだが、平沼との約束があるので、この日の弔問は見合わせることにした。すると、今度は平沼騏一郎から電話がかかってきた。

〈平沼「今日の出来事は聞きたりや」

予「何も聞かず」

平沼「然るか。今日、海軍軍人と陸軍軍人とは聯合して犬養毅を襲撃、犬養は重傷を負ひ、血を喀《は》き、牧野伸顕も襲撃せられ、是も重傷を負ひ、其外警視庁にも爆弾を投げ込み、新聞記者が即死し、日本銀行も襲撃したりとのことなり。此事は自分の処には警察署より報告し、其外若干人より報告し来り、詳細は分らざるも大体間違ひなき様なり」

予「然るか。夫れは大変なり。今夕は君は来るとのことなりしが、矢張り来るや」

平沼「往訪すべし。二上〔兵治〕にも自分が議長の処に行く故、二上も往く様告げ置きたり」〉

こうして午後七時半頃、枢密院議長の倉富邸に、枢密院副議長の平沼、枢密院書記官長の二上という〝枢密院トリオ〟が集結することになった。枢密院書記官の堀江季雄も呼び出され、護衛官の潤愛彦も駆けつけた。

枢密院トリオの結論

倉富は堀江にこれからすぐ警視庁と憲兵司令部に行って、情報収集してくるよう命じた。堀江が出て行ったあと、〝枢密院トリオ〟で話した内容が、この日の日記に記されている。

「今回のことは単なる殺人行為ではない。暴動の兆しがある。継続するようなら、直ちに戒厳令を布告しなければならない。そのためには枢密院会議を開かねばならないが、宮中にて開会して臨御《りんぎょ》を奏請するのも恐れ多い。枢密院事務所にて開会してよろしかろう」

これが〝枢密院トリオ〟が出したとりあえずの結論だった。九時半頃、堀江が帰ってきた。

その報告によれば、犬養毅は重傷、牧野伸顕は無事、犯人は海軍士官若干名、陸軍士官候補生十名ばかりで、すでに全員憲兵隊に自首しているので安心せよ、とのことだった。

この報告を聞いて平沼は「このまま放任すれば今後暴動続発の恐れがある。適当な処置を講じねばならない」と力説し、倉富も「軍人が規律を守らなくなれば国家の一大事だ」と同調した。国家の中枢部に位置する人間としては、いかにも具体性のない議論である。

平沼、二上、堀江は十時三十分頃に辞去した。この夜、倉富家の門前では巡査四人が交替で警戒にあたり、護衛担当の潤愛彦も泊りこんだ。

潤は満州事変勃発直後、倉富が書生がわりに使っていた松岡淳一と応接間でのんびり将棋を指していた男だが、今度ばかりはそんな呑気なことをしている場合ではなかった。

平沼、二上、堀江の三人が帰ったあと、行政裁判所長官の清水澄《とおる》から倉富に電話が入った。小原駐吉死去の新聞広告を出したいので、友人総代として倉富の名前を使うことを許諾してほしいという連絡だった。

倉富はこれを快諾して、清水の所在を問うと、いままで小原の家にいて、たったいま帰宅したばかりだという。

清水は内務省出身の憲法学者で、戦後の昭和二十一年には最後の枢密院議長になった男である。公職追放の通知を受けた昭和二十二年、新憲法が施行された同年五月三日付の遺書に国体の護持と天皇の健在を祈る文章を認《したた》め、熱海の海岸で自決した。

翌日の朝八時過ぎ、倉富はまず総理官邸に行き、犬養毅を弔問した。玄関に出てきた秘書官が「ただいま総理のデスマスクをとっているため、部屋まで案内できません」と言っため、倉富はそのまま官邸を辞去し、平沼の家に立ち寄ってから、小原駩吉宅を弔問した。

平沼を訪問したのは、この国家的危機を救うには、西園寺公望に会って腹蔵ない意見を述べるほかない、との持論を打ち明けるためだった。山県有朋、松方正義亡きあとたった一人の元老となった西園寺は、最後に残されたエースともいうべき男であり、国と皇室の運命を左右する力を持った老獪な政治家だった。

この日倉富はあわただしい日程をぬって、亡くなった小原の功労に報いるだけの勲章を準備してほしいと、宮内省に電話で依頼している。倉富はその一方で、松岡淳一を例によってお気に入りの三越に差し向けて、小原に贈る直径四尺（約一・二一メートル）の花輪の注文をさせている。いかにも律儀者の倉富らしい細やかな気遣いである。

これら一連の記述で驚かされるのは、八十歳という年齢からは考えられない倉富の旺盛な行動力である。

この夜もまだ一触即発の危機は去っておらず、護衛官の潤は倉富の家に泊り込み、六人の巡査が交替で倉富家の警戒にあたった。

一世一代の独演会

五月二十日も忙しい一日だった。早朝の六時前に、近所に住む長男の嫁の藤子が飛び込んできた。

今日は次男の英郎の学習院（初等科）の遠足会があり、同級生に電話連絡しなければなりません。ところが、家の電話はお隣の毛利さんの家の電話と共用になっているため、使えないで困っています。すみませんが、電話を貸していただけませんか、という緊急の頼みごとだった。

この部分を読んで、さすが子どもを学習院に通わせている家は違うなと、妙なところに感心させられた。昭和七年当時、学習院に子どもを通わせている家には全部電話が引かれ、同級生全員に電話連絡がとれたのである。

倉富はそのあと、午前九時四十五分に駿河台の西園寺邸に西園寺公望を訪ねている。前日に約束があったので、すぐに応接室に通されると、すでに西園寺が座って待っていた。

倉富が久闊を叙し、わざわざ時間をとってもらった礼を言うと、西園寺は「私もぜひ面会したいと思っていたところだ」と席を勧めた。

挨拶もそこそこに、「多忙の折でもあるので、さっそく私の意見を述べます」と前置きして倉富一世一代の独演会がはじまった。元老に対して国家の大計を述べようというのだから、練りに練ってきた内容だったはずである。

〈予「軍人が規律に服せず暴行を為す様になりては、仮令《たと》ひ其志は皇室国家に存しても軍人たるの用を為さず。此の風は先年来漸次今日に馴致《じゅんち》し、昨年に至り一たび稍〻《やや》外形に現はれたるが、幸にして大事に至らずして済みたり。然し是は外形のみのことにて、裏面には不穏の空気が継続し、遂に今日に至り爆発したるものなり。此の如く軍人の弊風が継続するものとすれば、此際は何よりも之を鎮制することが急務なり。全体より云へば軍人が此の如きことを為すは不埒極まることとなる故、之を威圧すれば足る訳なるも、多数軍人が反対することとなりては一概に理論のみを以て之に臨み難く、其処置当を得ざれば収拾し難きことと為る恐あり。故に今回の非行に対し厳正の制裁を加ふると同時に、他面にては之を慰撫し、軍人をして安心して職に服せしむる必要あり」〉

以下、延々と倉富の長広舌が続く。具体性に乏しいのは相変わらずだが、倉富は最後に驚くべき提言をする。軍人の不平をなだめるためにも、また皇室の累を除くためにも、凶弾に倒れた犬養毅に代わる首班を補佐する内大臣に、参謀総長の閑院宮載仁《ことひと》親王か、日露戦争の英雄の東郷平八郎元帥を迎えよと力説したのである。

西園寺公望のしたたかさ

内大臣は天皇を輔弼《ほひつ》し、助言する宮中最高の重職である。倉富のこの提言に対し、西園寺の答えはさすがに老獪である。

「実は自分も内大臣として東郷がいいだろうと思ったこともある。だが、そうすると内閣更迭のときなど、東郷に傷がつかないように、いちいち言い訳しなければならないという反対意見があったのだ」

如才なく相槌を打ってはいるが、幕末に生まれ、明治、大正、昭和という激動の時代をくぐり抜け、最後の元老として、大正、昭和の二人の天皇を輔弼した西園寺は、内大臣候補に閑院宮載仁親王と東郷平八郎の二人をあげた倉富の時代錯誤ぶりにあきれ返ったに違いない。

西園寺公望

閑院宮載仁親王の参謀総長は、いわばお飾りのポストに過ぎなかった。昭和十一年の二・二六事件の発生時には、最高責任者の一人でありながら療養中で、二十八日になって上京したが何の役にも立たず、事件後は秩父宮から辞職を迫られた人物である。

日露戦争の日本海海戦でロシアのバルチック艦隊を撃滅して軍神となった東郷平八郎は、八十六歳という高齢の上、政治センスは皆無に等しかった。東郷さんが平時に口出しするとろくなことが起きない。これが、海軍良識派の共通の認識だった。

しかし、西園寺は倉富が推挙した人物をあげつらうほど愚かではなかったし、倉富の提案に乗るほど単純でもなかった。西園寺はしたたかに、「先年、(伏見宮) 貞愛《さだなる》親王殿下が内大臣府にご勤務なされたこともあった」というあたりさわりのない話題を持ち出して、倉富の熱弁を巧みにきりあげさせている。

この日の日記を読むと、この答えにすっかり気をよくした倉富の様子がよくわかる。倉富が西園寺邸を辞去する場面は、「長時間妨げたり。何か聞くべきことはなきや」という倉富の御下問に対し、西園寺が「大いに参考となりたり」と、どちらが元老かわからないやりとりで終わっている。

西園寺は倉富より五歳年上ながら、辞を低くして倉富を体よく追い払ったのである。

西園寺公望の側近だった原田熊雄がまとめた『西園寺公と政局』のなかに、五・一五事件後、駿河台の西園寺邸を訪問した政官界の実力者の名前が載っている。

五月二十日の来訪者には、確かに、高橋是清《これきよ》臨時総理、牧野伸顕内大臣と並んで倉富勇三郎枢密院議長の名前があがっている。しかし、その記述は、その後西園寺を訪ねてきた若槻礼次郎元総理などとのやりとりに比べ、実にそっけない。

〈かねて倉富氏からは、（私邸のある）興津《おきつ》の方へ「ぜひお目にかゝりたい」との伝言があつたが、いろ〳〵の都合で延び〳〵になつて遂に今日に及んだわけだつた〉

倉富に関する記述は、たったこれだけである。

せっかく倉富が長広舌の熱弁をふるったのに、西園寺側の受けとめ方は、この程度だったのである。

その後の安

この日の日記の筆致が高揚しているのは、久しぶりに新聞記者に囲まれたせいもあったかも知れない。倉富が西園寺邸に入るときも、去るときも、二十人ほどの新聞記者に囲まれている。記者たちは写真を撮りつづけ、なかなか倉富を車に乗せてくれない。倉富は「まだ撮るのか」と微苦笑し、その瞬間を撮った写真が新聞に掲載された。数日後、「国家の重大なる時期に笑ひたるは如何なる考なりや」という非難の手紙が枢密院に送られてきたという。この記述から、少なくとも五月二十日の長大な日記は、倉富が後日まとめて書いたものであることがわかる。

西園寺邸から自宅に戻った午後、倉富は久しぶりに有馬家家令の有馬秀雄の訪問を受けた。ここで珍しく安の話題が出てくる。倉富が書生がわりに使っていた甥の安が一時帰郷したのは大正十一年の五月だから、その時点から十年が経過したことになる。

倉富が有馬に安の就職の世話をしてくれた礼を述べると、有馬はもっと早く話してくれればよかったと答えている。おやと思ったのは、有馬が安の就職先を有馬家と縁のある石橋某の会社と言っていることである。これはおそらく、有馬の出身地の久留米で石橋正二郎が大正七年に創業した日本足袋株式会社(現・ブリヂストン)のことである。

もう一つ意外だったのは、倉富が有馬との会話のなかで、特許に夢中になっている安の発明病にも困ったものだ、と言っていることである。理由はわからないが、安は特許制度に関心をもち、それが就職面にも役立ったということらしい。

倉富は安の就職の世話をした、とは書いていない。だが、日記の安に関する記述には、困ったヤツだと言いながら、十年前に安を厳しく叱りつけたことがやはり気がかりで、就職に際してそっと手を差し伸べたらしい様子が読みとれて、熱いお茶で一服いれたようにほっと心和まされた。

恩賜の鳩杖

五・一五事件に遡る半年前の昭和七年一月十四日、倉富は長年の功に対して宮中から鳩杖を下賜された。鳩を象った金具が握りの部分についた鳩杖は、八十歳以上の宮中功労者に与えられ、親任官最高の栄誉とされる。

倉富以前で鳩杖を授与された者は、山県有朋、井上馨、東郷平八郎、西園寺公望、山本権兵衛など十二人、倉富以後では牧野伸顕など八人、戦後の授与者は吉田茂ひとりを数えるのみである。

昭和八年、倉富は前述したように赤坂丹後坂の家から、朝鮮銀行に勤める長男の鈞が新宿区戸塚二丁目に建てた家の離れに移った。その翌年、倉富は東京を離れ、故郷の久留米に戻った。

明治七年六月、数えの二十二歳で出郷して六十余年を東京で過ごし、八十二歳にして帰郷する。倉富の胸中はさぞや感無量だったろう。

倉富が授与された鳩杖

倉富は昭和十一年三月、家督を長男鈞に譲り、故郷に帰った三男隆のために建てた家で、隠居生活に入った。村居《そんきょ》の明け暮れに過ごしても、日記を書くことと漢詩作りと冷水摩擦の日課は欠かすことがなかった。
故郷で晩年の倉富と一緒に暮らした隆の嫁の道子は、岳父倉富を回想する手記を残している。それによると、夏は朝五時、冬は六時に起床し、すぐに冷水摩擦をする習慣は、九十五歳まで毎日続けられたという。

〈午前中は主に新聞や書類を読み、又は日記その他の書きもの、又は図書の整理などをされていました。特別の場合でないかぎり、午睡などは致しませんでした。いつも机の前に座って居られました。幸い家が、前方に水縄連山《みのうれんざん》を控え、水は清く音をたてて流るる、田園の中に在りましたので、夕刻などは縁側の椅子で、小声でよく詩を吟じて居られました。

食事などは一切苦情を申されませず、一定の時間と、一定の食料が定められて、よく摂生に務められましたが、毎夕の八勺の酒が、大層楽しみの様でございました〉

「乞骸始末」

しかし、倉富の故郷での生活は、功成り名遂げた者のみに許される自足した悠々自適の境地にあったわけではない。倉富の心中はむしろ、枢密院議長として最後の大仕事をやり遂げられなかった傷心を抱えたまま帰郷し、その思いを反芻《はんすう》しては慙愧《ざんき》の念にとらわれて悶々とする毎日だったといえる。

倉富が枢密院議長を依願辞任するのは、昭和九(一九三四)年五月三日である。東京を去って久留米に戻ったのは、それから二ヵ月後の七月二日だった。八十二歳という高齢からくる体力の衰えが、辞任の表向きの理由だった。

そのとき倉富が提出した辞表には、「齢《よわい》既に八十を逾《こ》ゆ。衰耄殊に甚し」と書かれている。だが、倉富の本意は別のところにあり、辞意を固めたのもこれよりずっと早かった。倉富が枢密院議長を辞めようと心中ひそかに決したのは、政府の原案になるロンドン条約の批准案が御前会議で裁可された昭和五年十月一日だった。

前にも少しふれたが、ロンドン条約の批准をめぐっては枢密院議長の倉富と時の浜口（雄幸）内閣との間で緊迫した対立があり、倉富は一敗地にまみれている。

だが倉富の真情は長く秘匿され、それが吐露されるのは、辞表提出からちょうど三年後の昭和十二年五月三日のことだった。倉富の思いは故郷で書き残した手記のなかに連綿と綴られている。字は大きく日記よりずっと読みやすいが、見たこともない難しい漢字が頻出するのは、日記と同じである。

十八字詰め十八行の半紙二百十九枚、四百字詰め原稿用紙に換算して約百八十枚に毛筆で書かれたこの長大な手記は、「乞骸《きつがい》始末」と題され、その緒言には次のような言葉が記されている。

〈枢密院の言議は厳に其の秘密を守らざるべからず。而して之を守るは官に在るときに止らず、官を退きたる後、亦同じ。是官の通規なり。但、其の秘密は事体に因り一時に止まる者あり。或は稍〻長きに渉る者あり。数十年の久きを経るも猶秘密を要する者の若きは蓋《けだし》希なり〉

倉富は続けてロンドン条約の批准案が裁可公布された経緯と、昭和十一年初めに日本が同条約から脱退し、その羈絆《きはん》から解かれたことを述べている。これが、この手記を書いた倉富なりの理由となっている。

〈然れば前年条約の審議に与かり秘密を守る義務ありたる者も、今日にては必ずしも之を守る必要なかるべし。予は枢密院に於て海軍条約の会議を指揮し、其の議決が予の意に違ひたるに拘はらず、予の名を以て議決を奏上し、御裁可を仰ぎたるは自ら欺きたるの甚しき者なり〉

ところが最後に、前言とはまったく相矛盾する、優柔不断な結語がいじいじと述べられている。

〈然れども記述の主旨は本来自己の責任を明にするに在り。之を公洩する如きは固より予が敢てする所に非ず。是一己の私記に止むる所以なり。子孫たる者、能く此の意を領し、妄《みだ》りに之を人に示すこと勿れ〉

「乞骸始末」の本文には、ロンドン条約の批准案を審議するため枢密院内に設けられた審査委員会の十三回にわたる審議の様子が、生々しく書きとめられている。

倉富の遺志を尊重して、「乞骸始末」の公開を遠慮する奥ゆかしい選択もあるだろう。

しかし、倉富日記にも通じる緒言のくだくだしい言い回しや、辞意を固めてから辞表提出まで三年半もじっと我慢した、隠忍自重といえば聞こえはいいが、ありていに言えば決断力のなさを含めた倉富の全人格をこよなく愛する私とすれば、これを世間に広く知らしめる誘惑にはやはり勝てなかった。

故人の禁を破るのは心苦しいが、私のひそかな倉富への思慕の念に免じて、泉下の倉富もきっと「予、之を諾す」と言って、諒としてくれるだろう。そう勝手に判断して「乞骸始末」の本文を要点を絞って紹介することにしよう。

悲憤慷慨の漢詩二首

その前に、ロンドン条約締結当時のわが国の状況を手短に述べておく。

昭和五年一月二十一日からロンドンで行われた英、米、仏、伊、日の五ヵ国会議で軍縮の対象となったのは、戦艦以外の大型巡洋艦や潜水艦などの補助艦だった。

わが国はこの会議に、全権委員として元首相の若槻礼次郎、海相の財部彪《たからべたけし》など四人を差し向け、総量比で対米七割の基本方針で臨んだ。結果は、大型巡洋艦は対米比六割弱、潜

ロンドン海軍条約に調印する若槻礼次郎。右にいるのが財部彪（毎日新聞社提供）

水艦は現有量を大きく減じられるなど、日本にとって必ずしも満足いくものではなかった。

だが、半年前に成立したばかりの浜口内閣は軍縮会議の決裂を避けるため、この線で妥協することを決めた。後に首相となる海軍OBの岡田啓介らもこれに同意した。

一方、海軍軍令部長の加藤寛治《ひろはる》は、政府が兵力の決定に関与するのは統帥権の干犯にあたるおそれありとして、妥協案に反対する一派の急先鋒となり、日本海軍の象徴的存在の東郷平八郎もこれに同調した。

加藤はこの年の四月一日、浜口が条約妥結の上奏をする前に、絶対反対の上奏をしようと願い出て、侍従長だった鈴木貫太郎に制止されている。翌二日、加藤は折れて、政府の意見どおり穏便な意見を上奏したが、これが上奏阻止事件として大問題となった。加藤はその後、ふたたび条約に反対の意見を表明、海軍省と軍令部が割れての統帥権干犯騒動となった。

倉富は枢密院議長という立場上、賛成反対の旗幟《きし》を鮮明にするわけにはいかなかった。だが、ロンドン条約締結当時に書いた次の真情溢れる激越な漢詩二首からも、締結に反対だったことは明らかである。

〈聖世難堪世事非　聖世堪へ難し世事の非
老臣幾度涙霑衣　老臣幾度か涙衣を霑《ぬら》す
漫弛国防辱君命　漫《みだり》に国防を弛め君命を辱かしむ
恬面何心得々帰　恬面何の心か得々として帰らんや〉
〈米奴暴戻恃財豊　米奴暴戻《ぼうれい》財の豊かなることを恃《たの》み
弄常陰謀圧日東　常に陰謀を弄し日東を圧す
食肉無能空束手　食肉能く空しく手を束ねる無し
何時草沢出英雄　何の時か草沢《そうたく》英雄を出さん〉

この漢詩にこめられた悲憤慷慨の思いは、当時の日本国民に共通した感情だった。それが、それから十一年後に太平洋戦争の戦火を開く内的衝動の一つとなった。だが、当時の日本を取り囲む国際情勢から見て、ロンドン条約を締結する以外の選択肢がなかったことも、また客観的な事実だった。

こうした国粋的考えを持っていた倉富だけに、反対派のシンボルに祭りあげられた東郷平八郎に強い共感を抱いていたことは想像に難くない。

倉富が昭和七年の五・一五事件後の混乱した事態を収拾するため、元老の西園寺公望に長広舌をふるって東郷平八郎を内大臣に強く推挙したことは、前に述べた。倉富のそのときの大時代なふるまいは、その二年前のロンドン条約に対する東郷平八郎のポジションが、少なからず影響していた。

しかし、「乞骸始末」のなかに登場する倉富は、緊急勅令を審議した関東大震災下の枢密院会議のときと同様、あくまで法の精神にのっとった筋論を通している。

軍縮条約批准への不信

ロンドン条約の審議が枢密院に諮詢されたのは、昭和五年七月二十四日だった。「乞骸始末」は述べている。

〈七月二十四日、ロンドン海軍条約批准の御諮詢あり。同日午後四時二十五分頃、枢密院書記官堀江季雄より予の家に電話し、条約案の御諮詢ありたることを通知す。予が正に堀江と電話するとき、内閣総理大臣浜口雄幸来訪す〉

浜口は、葉山御用邸で避暑中の天皇陛下に拝謁し、条約案の諮詢を奏請し、併せて条約案の審議を進めることを枢密院議長に交渉すべき旨を奏上したところ、枢密院の会議が開かれるならば、避暑中ながら還幸《かんこう》して会議に臨む、その旨を浜口から倉富に伝えよ、との御沙汰があった、と申し述べた。

　これに対し倉富は、思し召しは謹んで承るが、下調べに相当の日数がかかるので、この夏の間に審議を開始するのは難しいかも知れない、と答えている。

　それから十一日後の八月四日、倉富は内閣総理大臣官舎に浜口を訪ねた。その後の調べで、条約案が枢密院の諮詢にいたる過程に生じた疑義を、浜口本人に直接質すためだった。

　会談前の八月一日、倉富は「聞く所に依れば此条約案は枢密院に御諮詢あらせらるるに先《さきだ》ち、軍事参議院に御諮詢あらせられ、参議院は奉答書を呈したりとのことなるを以て、予は其奉答書は枢密院にて条約案を審議するに欠くべからざる資料にして之なければ可否ともに決し難きものと思料し」として、内閣書記官長を通じて浜口に奉答書を枢密院に提出することを迫っていた。だが、四日の会談で浜口は「それには応じられない」と突っぱねた。

浜口雄幸

　倉富は手続き論を主張することで、条約批准拒否の姿勢を貫こうとしたのである。以後、倉富は三度にわたって浜口との交渉を続けたが、話し合いはいつも平行線で終った。

倉富は浜口とのやりとりを踏まえて、自分の意見をまとめている。

〈予は初め八月一日、枢密院書記官長〔二上兵治〕をして内閣書記官長〔鈴木富士弥〕に対して軍事参議院奉答書の提出を求めしめ、次で予自ら三回〔八月四日、同月六日、同月七日〕浜口雄幸に対し、或は法規に基き、或は実際の便宜に因りて其提出を勧告したるも、終に其勧告に応ぜず。蓋《けだし》、軍事参議院の奉答書は絶対に条約案に反対したるには非ざるも、条約の兵力量にては国防上欠陥を生ずる故、之を補充する必要あることを言明したるを以て、此言明は政府が条約上の兵力量にて国防に支障なしと云ふ宣伝に矛盾し、又補充軍艦を建造する為には巨額の経費を要し、政府が軍備を縮少し、国費を節減し、之を以て国民の負担を軽減すと云ふ宣伝に抵触するを以て、政府は之が為奉答書の提出を難かるものと思はれたり〉

八月十一日、倉富が最後までこだわった奉答書の提出がないまま、枢密院は条約批准の可否を審議する審査委員会のメンバーを枢密顧問官のなかから選抜した。

委員長には、古くは大日本帝国憲法の草案づくりに参画し、関東大震災下の緊急勅令を審議する枢密院会議では性急な議事進行をして、法律の筋論を説く倉富を憤慨させた伊東巳代治（伯爵）が選出された。委員には、やはり大日本帝国憲法の起草に関わった金子堅太郎（子爵）、白虎隊の隊士から東大総長になった山川健次郎（男爵）、元文部大臣の久保田譲（同）、元参謀総長の河合操《みさお》、倉富の長男鈞の岳父である荒井賢太郎ら八人が選ばれた。

浜口くんは憲法を知らない

第一回の審査委員会が開かれたのは、八月十八日だった。審査委員以外でこの会議に出席したのは、枢密院議長の倉富、同副議長の平沼騏一郎、同書記官長の二上兵治、同書記官の堀江季雄、武藤盛雄の五人だった。この五人はいわばオブザーバーであって、委員会の審議には加わらない。枢密院議長である倉富も伊東巳代治からの質問がない限り発言することはなかった。

この日の会議で議題にのぼったのは、奉答書の提出問題だった。委員長の伊東は、さしあたり奉答書問題にはふれずに審査を進めたいと、現実派らしい意見を述べた。だが、元陸軍参謀総長の河合が奉答書問題を避けるわけにはいかない、と旧軍人らしい正論を述べて食い下がったため、伊東もこれを認めざるを得なかった。

九月一日の第五回目の会議では、面白い場面が見られた。荒井賢太郎は、第二回の委員会から出席している総理大臣の浜口雄幸に向い、海軍大臣を事務管理する首相と、海軍軍令部長（加藤寛治）の意見は一致しているのか、と痛いところを突いた。これに対して浜口は次のように答えた。

「若槻（礼次郎）全権委員より請訓があったとき、加藤軍令部長に会って意見を聴取したところ、それには同意しがたいという意見だった。その後、岡田啓介氏、山梨勝之進《かつのしん》氏、加藤軍令部長の三人を呼び、事態の推移を説明して、基本的には批准案で行くつもりだと言うと、岡田氏は内閣がそう決したなら仕方がないと答えた。加藤軍令部長もその場に同席して異論を差し挟まなかったのだから、協議したのも同様で十分同意したものと思う」

ここに登場する山梨勝之進は、海軍省人事局長、海軍次官などを歴任し、予備役編入後は昭和天皇の信頼が厚かったため、皇太子明仁（現・天皇）の教育係を任された。

政府の軍縮案を一貫して批判してきた河合元参謀総長が、この浜口の説明に嚙みついた。

「いまの説明では岡田参議官を呼んだと言うが、なぜ呼んだのか」

浜口も負けず、「岡田氏は海軍の先輩で条約問題についても熱心に取り組んできた。この問題に関連して統帥権干犯云々という向きもあるようだが、誠に遺憾である」とやり返した。これに大日本帝国憲法の起草に関わった金子堅太郎が異議を申し立てた。

「失礼ながら、浜口くんは憲法の基本精神の何たるかを知らない。統帥権について規定した憲法の条文には容易ならざる歴史がある。山県有朋、大山巌両閣下からも種々の意見があり、そもそも明治天皇の深い宸慮《しんりょ》を労し賜いたるものにて……」

剛直な性格で知られ、ライオン宰相といわれたさすがの浜口も、山県有朋、大山巌から明治天皇まで総動員されれば、ワシントン軍縮条約の先例を出して逃げを打つほかはなかった。

この大時代な応酬に見られるように、枢密院は世間からはすでに時代遅れの存在と見られていた。条約支持論を展開する新聞は、枢密院を前世紀の遺物扱いして攻撃し、浜口と同じ民政党に所属する代議士の永井柳太郎は、枢密顧問官は耄碌《もうろく》爺の集団と悪態をついた。

倉富はこうした世論の動向に歯ぎしりしたが、枢密院の無力化は明らかだった。枢密院は立憲君主制の草創期こそ、議会制度と天皇制の調整弁として重要な役割を担ったが、この時代になると曲がりなりにも議会制度が成熟しつつあり、枢密院の存在意義は失われかけていた。それを覆い隠していたのが、三度にわたって議長をつとめた山県有朋の存在である。山県の最後の在任期間は十三年近くに及び、元老としての絶大な権力をバックに政党政治に対抗しつづけたが、前述したように、山県死後の議長は清浦奎吾、浜尾新、穂積陳重と軽量化の一途をたどるようになる。

こうした流れのなかで、優柔不断で政治力は皆無に等しい倉富が議長に選ばれたのである。ロンドン条約をめぐる政府との攻防は、枢密院が歴史の表舞台から退場するわびしいセレモニーにすぎなかった。その意味で言うなら倉富は、知らず知らず時代からおいてけぼりをくって、ひとりきりきり舞いさせられるピエロ的存在だったといえる。

伊東巳代治の変節

倉富が「乞骸始末」に書きとめた十三回にわたる審査委員会の審議過程を詳細に読んでいくと、委員長の伊東の態度が徐々に変化していく様子がよくわかる。

伊東は、九月十日に行われた第九回目の審査委員会で、「近頃、軍令部長の加藤寛治の統帥権問題がやかましくなったので、この問題を枢密院でこれ以上議論するのはやめにしよう」と突然発言して、倉富を驚かせた。

委員会の帰趨を決したのは、伊東の独演会となった九月十七日の第十二回審査会だった。それまで、押さば引け、引かば押せといった老獪な司会ぶりで、委員会を批准賛成の空気に導いてきた伊東はここで頃合よしとみて、「軍部と完全なる協定を遂げ、補充の遂行、国民負担の軽減に付、条約の目的を達するに違算なきに於ては条約御批准相成然るべしと思考す」という覚書を読みあげ、採決を迫った。

その後に続く伊東の独演部分を、「乞骸始末」から引用しよう。

〈予は此の案の外に工夫なし。若し各位に於て事情にも適し、実行も出来る様の意見あれば喜で之に従ふべし。若し又予の案に反対し、之に代はるべき好案なきならば、畢竟《ひっきょう》予の不徳の致す所なるを以て、予は即刻委員長を辞せんと欲す〉

倉富はさらに、伊東が声を励まして「此の案に依らずして委員会の決議を為し、本会議にて其の案を否決せらるれば、其の結果は条約の単純可決と為り、枢密院の面目は全潰と為る。此等の事も考慮せずして反対しては困る」ととどめを刺したと記している。

覚書の承認を迫る伊東の演説は罵詈《ばり》に渉《わた》り、委員の賛同を得ると急に顔を和らげ言も穏やかになった、と悪意をもって書いているところに、倉富の伊東に対する積年の憎しみがにじんでいる。

ロンドン条約批准案は、九月二十六日に行われた第十三回審査委員会で、全会一致により可決され、十月一日、浜口首相以下の閣僚と倉富議長以下の枢密顧問官が出席した、宮中東溜の間の御前会議で裁可された。

倉富はこのとき提出された四百字詰め原稿用紙にして四十枚近い最終審査報告書を、全文筆で書き写している。興味深いのは、本論に続いて書かれた倉富の雑感部分である。

倉富は未練がましく奉答書問題にまだこだわって、「政府は執拗に軍事参議院奉答書の提出を拒みたり」と書いた後、審査委員の人物月旦を展開している。

〈審査委員中、終始剛正の見を持して渝《かわ》らざりし者は山川、河合にて、金子、黒田（長成《ながしげ》）、荒井は中心（心中）条約を非とするも、強く之を唱ふること敢《あえ》てするの勇気なく、久保田、田《でん》（健治郎）、水町《みずまち》（袈裟六《けさろく》）は政府に阿附《あふ》するも委員多数の意見に抗して反対を主張する気力ある者に非ず〉

自分の煮え切らない態度を棚にあげて、誰それは勇気なく、誰それは反対を主張する気力なし、と批判するのはいかがなものかと思うが、枢密院をほとんど虚仮《こけ》同然にした政府の思い通りに条約が批准されたことが、よほど悔しかったからだろうと思えば、倉富が八つ当たりする気持ちもわからないではない。

憤怒する倉富

これに続く記述には、倉富の本音がさらに露骨に表れている。長文で少し読みづらいが、憤怒する倉富の心中がよくわかる記述なので、ほぼ全文を引用しておこう。

〈最も怪むべきは伊東の態度なり。伊東は予が初め浜口に対し軍事参議院奉答書の提出を勧告し、浜口が之を肯《がえ》んぜざりしとき、一二上をして予に対し審査委員会を開かず、直に御諮詢議案を返上すべき旨を告げしめたり。予が伊東の意見に従はず、審査委員を指定したる後も、軍事参議院奉答書の提出を必要とし、審査委員会の名を以て其の提出を求めたるに、浜口が一言にて之を拒絶せり。

伊東は又、統帥権問題に関し、浜口が〔ロンドン〕に在る全権委員に対し回訓を発する前、政府と軍部との意見一致せりと云ふも、之を信じ難し。当時の軍令部長加藤寛治を審査委員会に招致して其の説明を求むる必要ありとし、委員会の名を以て政府に対し加藤を出頭せしむることを求めたるに、政府は是亦一片の書翰を以て其の要求を拒絶せり。

奉答書の提出も加藤の出頭も政府が之を肯んぜざる以上、之を強ふることを得ざるは已むを得ざることとなれども、条約の審査上必要なる資料を得ずして適当なる審査を為すことを得ざるは当然なるに拘はらず、伊東は山川、河合が必要なる質問を為し、又は正当なる意見を述べんと欲すれば罵言を発し、又は委員長を辞すと云ふて之を威嚇し、無理に審査を結了し、委員をして自己の意見に一致せしめたり。山川、河合等は伊東が如何に威嚇するも、之が為屈従を甘んずるものに非ざるも、山川が言明したる如く、委員会にては到底正当の論を容《い》るることなきを見て、其の主張を拋棄したるに外ならず〉

倉富はこれに続けて、「委員会の全会一致で決定した案を本会議で変更した例はない。だから、本件も全会一致で決定する必要がある。もし委員の意見が一致せず、政府案に沿わない決定があり、本会議でその案が可決されても、政府は枢密院の議決いかんに拘わらず、既定方針通り原案を奏請するだろうから、枢密院の面目は丸つぶれになる」と発言した伊東の言葉をとりあげ、それを言質《げんち》にこう批判している。

〈伊東の此の意見は根底に於て誤あり。本来内閣の外に枢密院を設置したまひたる御趣旨は、重要の案件に付ては内閣の審議を経たる上、更に枢密院の意見を御聴取遊ばさるる為なり。若《も》し枢密院が内閣の意に反することを恐れ、意を枉《ま》げて内閣に迎合するが如きことあれば、内閣の奏請に因り直に御裁可あらせらるると同一にて、特に枢密院を設けらる必要なきことなり〉

倉富の意見は正論すぎるほど正論である。ただ惜しむらくは、倉富が国際情勢というものをまったくといっていいほど理解していなかったことである。倉富は最後に述べている。

〈今〔ロンドン〕海軍条約に付審査手続を見るに、条約の兵力量は国防の欠陥を生じたること（を）認めたるに拘はらず、欠陥補充の計画、補充に関する経費、条約に関する軍令部の意見、民力休養の財源、其の他条約の可否を決するに必要なる資料は一も委員会自ら之を審査せず。終に国務大臣が軍部と協調を整へ、国防の補充計画を遂行し、且国民負担の軽減を実行し、本条約の目的を達成するに遺憾なきを期すとの言責に信頼し、本件を可決すべきものと議決すと云へり。

国務大臣が条約の目的を達成するに遺憾なきを期すと云ふことは、特に枢密院に対してのみ之を言明するに非ず。陛下に対し奉りても其の旨を奏上すべきは当然の事なるを以て、若し国務大臣の言責に信頼して決することを得るならば、特に枢密院に御諮詢あらせらるる必要なく、枢密院は無用の機関なりと謂はざるべからず。然れども、是固より枢密院が当然の職責を尽くさず、理由なき面目論を云々して政府に迎合したるより生じたる結果に外ならず。蓋、伊東は外剛直を装へども内心之に反し、終局に至り終に其の本心を吐露し、自己の為さんと欲する所を成したるものなり〉

まさに声涙倶に下るような文章である。残念なのは、倉富がなぜこの正論を、昭和五年の時点で吐けなかったかである。倉富はやはり自己保身の謗《そし》りを免れない。

斎藤実の背信

「乞骸始末」には、本記を執筆して一年二ヵ月後の昭和十三年七月に書き終えた「余録」という四百字詰め原稿用紙にして十枚ほどの文章が添えられている。

ここで倉富はあらためて、政府は軍縮による軍費の削減で国民の税負担は軽減すると大見得を切ったが、その後、兵力の増強が必要なことがわかり、そのための費用が莫大なものとなって新たな税負担を強いたため、国民を欺く結果となった、と浜口を批判し、返す刀で、初めは剛直だった態度が豹変したのは、政府と通じていたからだと伊東の変節を非難している。

倉富からそれ以上の激しい怒りをぶつけられているのは、倉富が枢密院議長の辞表を提出した昭和九年当時総理大臣だった斎藤実《まこと》である。

〈予、既に枢密院議長を辞するの意を決し、昭和九年四月二十五日、枢密院会議を終りたる後、宮中にて内閣総理大臣斎藤実に面し、官を辞せんと欲する旨を告ぐ。斎藤曰、他の事由にて官を辞すと言ふならば予は之を留めんと欲するも、病の為に之を辞すと言ふことなれば、留任を強ゆべからず、其の欲する所に任すべしと、恰《あたか》も予の辞任を待ちたるものの如し〉

倉富を激怒させたのは、辞表提出後、斎藤が倉富にもちかけた食言《しょくげん》である。

〈斎藤「議長の後任は何人を可とすべきや、之を聞かんと欲す」

予「事　宸断に由る。予の敢て云々する所に非ず」

斎藤「予は後任者を内奏する責務あり、是予が貴見を問ふ所以なり」

予「然るか、然らば予の信ずる所を述べて参考に資せん。枢密院設置後三十余年間の事は姑《しばら》く之を措き、最近十余年間の例に就て之を見るに、議長山県有朋薨じて副議長清浦奎吾之に代り、清浦内閣総理大臣に転任して副議長浜尾新之に代り、浜尾薨じて副議長穂積陳重之に代り、穂積薨じて副議長倉富勇三郎之に代り、此の間一の異例なく副議長が議長に陞任せり。現副議長平沼騏一郎は学識経歴ともに最も議長たるに適し、其の人物より之を云ふも院の慣例より之を見るも、議長の後任には平沼の外其の人なきを信ず〉

すると斎藤はわが意を得たりとばかり、自分も後任議長には平沼が適任だと思っていた、と言った。それを聞いて、倉富はこれで安心して議長を辞められると安堵の胸をなでおろした。

〈予が先年来官を辞せんと欲して果さざりしは、時勢の推移を待ち、政府をして擅《ほしいまま》に其の欲する所に従ひて議長を選むことなからしめんと欲したる為なりしが、斎藤より平沼を議長に奉薦することに同意なる旨を聞き、隠忍して時を待ちたることの無益ならざりしことを喜びたり〉

それからわずか八日後、倉富を愕然とさせる事態が起きた。斎藤が倉富を平然と裏切る背信行為に出たのである。

〈然るに同年五月三日、願に依り予の本官を免ぜられ、之と同時に一木喜徳郎を枢密院議長に任ぜられたり。政府に阿《おも》ねる政客及新聞紙等は一木の任命を以て斎藤内閣近来の善事なりと称揚せり〉

当時の苦衷忘るること能わず

一木は牧野伸顕の後任として大正十四年から八年間宮内大臣をつとめたが、持論の天皇機関説を唱えたため世論の批判を浴び、宮内大臣を辞職した過去をもっていた。

倉富は一木には秘密に属する非難もあり、宮内大臣を退官してから日もまだ浅く、一木を天皇の最高顧問たる枢密院の議長に推薦したのは驚天動地の出来事だったと、怒りをあらわにしている。

〈斎藤は予と議長後任を謀りたるときより既に平沼を議長と為すことを欲せざりしか。若し之を欲せず、予に対して同意の旨を告げたるならば、斎藤は自ら欺き、又予を欺きたるものなり。若し又予と語りたるときは平沼を可としたるも、其の後に至り、平沼を排し一木を薦むる権力者あり、斎藤は之に屈従したるものなるか。守る所なきものと謂はざるべからず。

予と斎藤との談は固より一の私談にして、斎藤は其の職務上之を守る責任なきは言を俟たざる所なるも、斎藤は強ひて予の意見を求め、予をして所信を述べしめ、之に同意したる事実ある以上は、原因の如何を問はず、之を変更せざるべからざる事由を生じたらば、一応其の事情を内報するは徳義上当然の事なるべし。然るに斎藤は其の事実を無視し、予をして議長の任命に驚かしめたり〉

これでは文字通り踏んだり蹴ったりである。倉富は最後に当時の苦衷を吐露している。

〈昭和九年五月三日、予、枢密院議長を罷む。同月十六日、大宮御所に参じ　皇太后陛下に拝謁し、職を宮内省に奉じたる以来の恩を謝し奉る。陛下多年の勤労を慰めたまひ、且官を辞するに当り適当の後任者なければ後事に関し憂あるべきが、一木喜徳郎が議長と為りたる由。一木が議長と為りたれば安心して官を退くことを得るならんと宣《のたま》ひたり。

予　陛下の御趣旨に従ひて安心なる旨を言上すれば、自ら欺きて心になきことを言上する咎あり。之に反し後任議長適当ならずと思ふ旨を言上すれば、位に在らずして濫《みだ》りに　大命を非議する罪あるを免れず。右し難く左し難く、奉答する言を知らず。僅に唯と云ひて止みたり。当時の苦衷は今尚之を忘るること能はず〉

まさか倉富の呪詛がきいたからだとは思えないが、因縁めくことに、倉富が憎悪した浜口雄幸、斎藤実はともに、それから間もなく非業の死を遂げている。浜口は昭和五年十一月、右翼青年の佐郷屋留雄《さごやとめお》に東京駅で狙撃され、その傷が元で昭和六年八月に死亡している。また斎藤は昭和十一年の二・二六事件で殺害された。

さらに斎藤と同じ海軍OBで、ロンドン条約問題では賛成派の立場をとり、倉富と敵対関係になった岡田啓介は、その後首相となり、二・二六事件ではやはり青年将校の狙撃対象となった。岡田は最初、死亡が伝えられたが、後に誤報とわかった。

後でも述べるが、倉富は二・二六事件に遭難して横死した要人に対してきわめて冷淡だった。「余録」でも、執筆の二年半前に起きた二・二六事件にふれているが、その記述は実にそっけない。倉富はそこでもまた、やはり青年将校から奸臣と目されて暗殺されかかった一木に対する恨みを執念深く書いている。

〈昭和十一年二月二十六日、軍人多数党を結びて乱を作《な》し、西園寺公望、牧野伸顕、斎藤実、高橋是清、岡田啓介、一木喜徳郎、鈴木貫太郎、渡辺錠太郎等を目して姦臣と為し、兵を率ひて之を襲撃し、西園寺、牧野、岡田、一木は難を免れ、斎藤、高橋、渡辺は即死し、鈴木は重傷を被りたり。一木は変を聞き、速に逃れて宮中に入り、之に因りて難なきを得たりと云ふ。一木も此の変ありたる以来、自ら安んずること能はず。同年三月十三日、官を退き平沼騏一郎之に代はり、平沼は予が官を退きた

る後、殆んど二年を経て始めて副議長より議長に進むことを得たり〉

二・二六事件で岡田同様危うく難を逃れた最後の元老の西園寺は、ロンドン軍縮条約問題では、老獪に根回しを謀って条約批准に導いた陰の黒幕だった。また二・二六事件当時侍従長だった海軍出身の鈴木貫太郎は、ロンドン条約批准反対の直訴をするため昭和天皇への上奏を企てた海軍軍令部長の加藤寛治の動きを事前に察知し、侍従長としてこれを事実上阻止して条約締結に大きく道を開いた最大の功労者だった。

ロンドン条約批准を裏で画策した要人たちへの倉富の怨みはすさまじく、岡田も西園寺も鈴木も二・二六事件で残念ながら死をまぬがれたといわんばかりである。

倉富の故郷久留米での田園生活は、表面的には俗界を離れて仙境に入ったかにみえる。だが、その心中は晩節を汚してしまった自分への呵責と、自分の憂国の赤心を抹殺した男たちへの怨念が、激しく渦巻いていた。

終章　倉富、故郷に帰る

二・二六事件をラジオで知る

二・二六事件が起きた昭和十一年二月二十六日は、久留米も雪だった。

この日の日記は、最初に「二月二十六日水曜　午前六時前より雪一たび歇《や》み、八時頃より復た降る。夜明頃二寸許積み居りその後少しく解けたり」と記している。

倉富が二・二六事件の発生を知ったのはラジオだった。

〈午前九時頃なりしか、時刻不明。ラヂオを聴き居りたるに、東京にて株式の立会を停止したる旨を報ず。内子は「株式のことは入用なし」とてラヂオ線を切る。予、立会を止めたる事由あるべきに付、ラヂオを接続することを命ず。之を接続したるも、只立会を停止したりと云ふのみにて、其事由を云はず。乃ちラヂオを切り、十時後より藤子に贈る書を作る〉

藤子は長男鈞の嫁で、農商務相、枢密院副議長などを歴任した荒井賢太郎の長女である。

倉富が藤子に送る手紙を書いている途中、同居している息子の隆に知り合いの銀行員から連絡があった。東京で事変が起こり、岡田啓介、高橋是清、斎藤実、鈴木貫太郎、牧野伸顕などの重臣たちが殺されたようだという。

他から入った隆への通報では、西園寺公望も襲撃され、鈴木喜三郎の家や朝日新聞の建物も焼かれ、警視庁は暴徒に占拠されたという。司法官僚から政界に転じて政友会の総裁も務めた鈴木喜三郎は、鈞の長女・寛子の岳父にあたり、倉富とも縁つづきである。

ラジオが正式に〝東京事変〟の概要を発表したのは、夜の八時過ぎだった。倉富はその趣旨を日記に書きとめている。

〈一　首相官邸〔岡田啓介即死〕
一　斎藤内大臣私邸〔内大臣即死〕
一　渡辺教育総監私邸〔教育総監即死〕
一　牧野前内大臣宿舎〔湯河原伊東屋旅館〕牧野伯爵不明
一　鈴木侍従長官邸〔侍従長負傷〕〔重傷と云ひたる様なり〕
一　高橋大蔵大臣私邸〔大蔵大臣負傷〕
一　東京朝日新聞社
尚陸軍省より、襲撃の趣旨は将校等が携へたる書類の辞に、重臣軍閥財閥等の弊を除き国体を保護せんと欲するに在る趣旨なることを報ぜり〉

かつて宮内省という情報の坩堝《るつぼ》の中心にいた倉富が、国家を揺るがす一大事変を一聴取者としてラジオで知る。隔世の感を禁じえない。

倉富はすぐに、宮内大臣の湯浅倉平、皇后宮大夫の広幡忠隆、皇太后大夫の入江為守の三人に宛ててお見舞いの電報を打った。湯浅に対しては「謹テ　天機ヲ伺ヒ奉ル　倉富勇三郎」、広幡と入江に対しては「慎テ　御機嫌ヲ伺ヒ奉ル　倉富勇三郎」という電文だった。

岡田啓介の死せざるを聞く

翌日、近所に住む弟の倉富強五郎が来た。強五郎は、倉富が東京で書生がわりに使っていた安の父親である。強五郎は昨日の事変にふれて「総理大臣たる者ははじめから命を捨てる覚悟が必要だ」と言った。倉富はこれに「それはやむをえないだろう」と同意している。

この日の日記には、珍しく倉富と内子夫人の会話が書きとめられている。二人の会話が交わされるのは、倉富が強五郎の意見を内子夫人に伝えたあとである。

〈内子「正当の事を為したるならば、必しも命まで捨つるにも及ばざるならん」

予「夫れは一概に云ひ難し。一方の好む所は他方が之を嫌ふ故、正当と思ふを為したることにても危害を招くことなしとせざる」旨を語る〉

東京を遠く離れ、緑たたなずく山紫水明の地で老夫婦が交わす短い会話は、小津安二郎の「東京物語」のワンシーンのようである。

「東京物語」は、東京に出た子どものところを訪ね歩いた老夫婦が、故郷の尾道に帰るまでの物語である。笠智衆扮する夫の平山周吉と東山千栄子演じる妻のとみは防波堤に座ってこんな会話をかわす。

とみ「お父さん、もう帰りたいんじゃないですか？」

周吉「いやァ、お前じゃよ。お前が帰りたいんじゃろ」

倉富役を笠智衆、内子夫人役を東山千栄子にして、二・二六事件について語る二人の会話シーンを私なりに再現すれば、台詞はさしずめこうなる。

内子「正しいことをなすったのなら、なにも命までお捨てになることはないでしょうに……」

倉富（ひときわかん高い声で、手で自分の頭頂をポンと叩いて）「いやあ、これは一本とられた。だが、それがそうともいえんのだよ……」

翌二十八日、律儀な倉富は、ラジオで死を伝えられた岡田啓介、高橋是清、斎藤実の三人の遺族宛に、「大臣閣下ノ御薨去哀悼ニ堪ヘズ　慎ミテ弔詞ヲ呈ス　倉富勇三郎」という弔電を打った。

ところが翌二十九日、総理大臣の岡田啓介は難を逃れ、殺害されたのは義弟の松尾伝蔵予備役大佐だということが、ラジオを通じて発表された。このため、倉富は岡田の遺族宛の弔電を急遽取り消すことになった。

岡田が押し入れに隠れて危うく難を逃れ、総理大臣を引き続き務めることを知ったときの倉富の怒りはすさまじかった。倉富はこの日の日記に、「此の如きことを為し、上下を欺き、自己の生命の危険を免かるることを図りたる岡田の陋《ろう》は実に唾棄すべく、閣僚中一人も之に反対せざりしは無恥亦甚し」と、怒りそのままの感情を書きつけている。

また三月一日には、訪ねてきた強五郎が「岡田啓介が死ななかったことは当人のためには喜ぶべきだが、面白いことではない」と言ったのに対し、「面白からざる位のことに非ず。言語道断なり」と答えている。

それでもまだ倉富の怒りはおさまらなかった。「聞岡田啓介不死」(岡田啓介の死せざるを聞く)という五言絶句まで作っている。海軍出身の岡田に対する怒りは、「乞骸始末」に記されたロンドン条約の一件にまつわる屈辱と無縁ではない。

引退したとはいえ、倉富は宮中序列第四位まで登りつめた最高級官僚である。やはり新聞記者たちの問い合わせが相次いだ。彼らに見せるのは、「聞岡田啓介不死」の五言絶句を作る怒りの顔ではなく、いつもの飄々とした表情だった。

「後継内閣は誰になるでしょうか」という問いに「西園寺に問え」と答え、悠々自適の暮らしぶりを指摘されると、「悠々自適には非ず。この家は三男（隆のこと）の所有で、自分は寄宿者だ」と答えている。

前述の通り、「乞骸始末」を書き始めたのはこの翌年のことである。確かに倉富の心境は「悠々自適」とはほど遠いものだった。

内子夫人の死

日本が太平洋戦争に突入し、一時の戦勝気分に沸き立った昭和十七年、倉富夫妻は結婚六十周年を迎えた。結婚記念日の三月十五日、倉富は六十年間苦楽を共にしてくれた内子夫人に感謝を込めて次のような漢詩を作った。

〈初任官卑少俸銭　　初任官卑しくして俸銭少なし
妙齢嫁我亦前縁　　妙齢我に嫁す亦前縁
貧時謝汝甘辛苦　　貧時汝に謝す辛苦に甘んずるを
内助持貞六十年　　内助貞を持す六十年〉

内子夫人が鬼籍に入ったのは、それから約三年半後の昭和二十年八月十九日である。享年七十九だった。倉富は内子夫人の死のもようを、隆の嫁の道子に口述筆記させている。

〈（昭和）二十年八月十九日午後零時四十分、妻ノブ子逝く。ノブ子は昨年七八月頃より倦怠感を訴へ、横臥を好みたるも、強ひて之を起し、昨年暮に至り、漫性腎臓炎にて蛋白の排泄あることを発見し、適応薬を連用し、蛋白量は漸次減少したるも、健忘症は依然たり。今年に入りても、強ひて臥床を止め置きたるが、倦怠は継続せり。
今年八月十二三日頃、防空壕内にて顛倒し、左側頭部に微傷を負ひ、其疵も殆んど癒えたるが、爪にて之を搔き、十四日に至り、其の疵より丹毒侵入したることを発見し、排毒の手当なしたるも其効を奏せず十七八日頃より発熱し、終に起たず〉

以下にあげるのは、倉富が内子夫人の臨終に臨んで作った「悼亡」という漢詩である。

〈而立初笄生後先　而立《じりつ》初笄《ういこうがい》後先を生ず
婚姻結契又因縁　婚姻契りを結ぶ又因縁
呼醒六十五年夢　呼び醒す六十五年の夢
髣髴帯羞紅頰妙　髣髴羞を帯ぶ紅頰の妙〉

翌昭和二十一年三月一日、東京の中央連絡部総務局長名で倉富を召喚する急電がきた。電文には、「レンゴウコク　コクサイケンジブ　ヨリ　カッカニタイシメンカイイタシタキムネ　ヨウキュウアリ　デキルダケハヤクゴジョウキョウノウエ　トウホウニ　ゴレンラクネガイタシ」と認《したた》められていた。

倉富と親しい政府の要人たちが次々と巣鴨プリズンに収監されている時期だっただけに、倉富の家族も慌てた。とりあえず「ロウスイニテ　ジョウキョウデキズ」と返電すると、折り返し「ゴジョウキョウニハオヨバズ」という連絡があり、家族もようやく愁眉を開いた。

倉富の孫の英郎氏によれば、倉富は田舎に引きこもってからも文字に対する情熱はまったく衰えていなかったという。

「曾孫が生まれると、その子に命名するのが、晩年の爺さんの一番の楽しみでした。これから生まれる倉富家子々孫々に付ける名前まで決めていた（笑）」

――孫の英郎さんから見て、お祖父さんはなぜこんな長大な日記を残したと思いますか？　家族でもやはりあきれますか？

「あきれるね（笑）」

絶筆

先に紹介した道子の手記によると、倉富は九十五歳になった昭和二十二年の秋頃までは冷水摩擦を欠かさず、長さ十七間（約三十メートル）あまりの廊下を毎日五往復歩いて足を鍛えていたが、その年の年末になると、急に体力の衰えが見えてきたという。

〈(昭和)二十三年の元旦には、かねて病床について居られたにもかかわらず、起きられ、紋付の羽織を召され、神様と御祖先の霊牌にお参されました。そしてお雑煮もお餅四個位、召し上がったように覚えています(中略)。

(一月)二十五日の夕刻にはいよいよ危篤に陥られ、カンフル注射を絶えず致しました。その結果か、気分は非常にハッキリされ、その夜は遅くまで、遺言と思われるお言葉を、懇々と長時間され、私にも、世話申上げた事につき、お礼を述べられました。

翌二十六日朝までお眠りになり、お目覚めの後、正午過ぎ十八分頃、最後のお別れとなりましたが、最後まで少しのお苦しみもありませんでした。此の朝は雪が降って居ました〉

現存する倉富の最後の日記は、死の四年前の昭和十九年に書かれたものである。最晩年の倉富日記には、「常便大量」「硬便常量」「便通ぜず」など、便通に関する短い記述が一日に何度も出てくる。

字は細かく極めて難読である。書いた倉富自身、正確には読み返せたと思えないが、それでも一日平均五百字以上きっちりと書き綴っている。

内子が午前六時に目覚めた。この日は一日床に伏したままだった。隆が福岡に出かけた。午後七時帰宅。

駐在巡査が茶を届けてくれた。国分三亥から来翰。鈞に手紙を書き、道子に投函させた。漢詩七篇を草稿帳に筆写。晩餐のとき、昨日配給された日本酒を飲んだ……。

頭の中にあることは書かず、自分の目と耳で確認したことのみ淡々と記述する。往年の執筆スタイルはいささかも崩れていない。

書くべきことが家の中の細々とした事柄に限定されたのはやや残念だったろうが、倉富にとって、最後まで書くべきことに軽重もなければ、貴賤もなかった。

昭和十九年大晦日の夜、倉富は身辺雑記を記したあと、ノートに最後の一行を書きつけた。

「午後五時〔十七時〕三十分頃、硬便中量」

これが、世界一長い日記を残した倉富勇三郎の絶筆だった。

あとがき

本書の成立事情は序章で述べた通りなので、ここでは別のことを書きたい。

これはパソコンを使って書いた私の最初の本である。本文でも述べたように、大正十年、十一年を中心にして読み込んだ倉富日記は、四百字詰め原稿用紙に換算して約五千枚にも及んだ。

執筆はそれをプリントアウトしたものを横に置き、それをにらみながら行った。だが、日記の原文を実際に引用する際には、パソコンに入れた五千枚分のテキストデータをその都度パソコンの画面上に呼び出し、それを原稿の中に貼りつけて適宜挿入するのが主な作業となった。

もしパソコンのこうした機能を使わなければ、この本はたぶん完成しなかっただろう。

とはいえ、パソコンはほとんどビギナー同然の私にとって、この機器をどうにか使いこなせるようになるまでは苦労の連続だった。

せっかく書いた原稿がパソコンの操作ミスで消えてしまったこともあったし、メールで送ったものが、なぜか届いていないこともあった。パソコンの検索機能はこのひどく手間のかかる日記の整理作業に圧倒的な効力を発揮したが、同時にパソコンによるストレスは想像以上の負荷となった。

しかし、それ以上の負荷となったのは、倉富日記に登場する人物のおびただしさだった。率直に告白すれば、名前も聞いたことがない宮内省の官僚が次々と登場する日記を前にして、私は見知らぬ生物がひそむ未知の海に飛び込むような恐怖心にかられた。せっかく目の前のパソコンに厖大なテキストデータを入力しておきながら、なかなか書く作業に着手できなかったのはそのためである。

パソコンの画面を見ては怖じ気づき、逡巡する思いを断ち切って後押ししてくれたのは、いまにして思えば年齢だった。

私はことしの一月で還暦を迎えた。倉富日記の解読という気の遠くなるような作業は、還暦という節目に最もふさわしい仕事になるのではないか。この解読作業は、いままでの仕事を一回ご破算にするいい機会ではないか。

そう思い定めて、六十歳の誕生日に初めてこの原稿を書きだした。

これを脱稿したいま、長い旅を終えたような虚脱感と、それ以上の不思議な充実感に包まれている。倉富ワールドという未体験ゾーンは、それほど新鮮な驚きを私に与えてくれた。

それもさることながら、日記に生涯を捧げた倉富勇三郎という男に、還暦以降の〝正しい老後のあり方〟と、これからの仕事の方向性を教えられるような気がした。本文でも述べたが、倉富日記は一点一画たりとも創作のない究極のノンフィクションである。

読者には、おそらく世界一長大で、私心のなさでも古今無類なこの日記を書いた倉富のえもいわれぬ人間的おかしみを味わってもらいながら、いままでほとんど語られてこなかった大正期の宮内官僚や皇族華族の人間模様をじっくりと読みとっていただきたい。これまで大正という時代に思い描いていた歴史観や皇室観が必ずや覆るものと確信している。

本書の成立には多くの協力者が関わっている。まず、倉富日記の解読をすすめられ、折にふれて的確なレクチャーをしてもらった上、解説まで書いていただいた駿河台大学教授の広瀬順晧氏に感謝したい。

校了まぎわに対談する機会があった明治学院大学教授の原武史氏からも、貴重なご教示を受けた。併せてお礼申し上げる。

また、枢密会と名づけた秘密の読書会に参加し、倉富日記の解読に約五年間つきあってくれた有志諸氏には感謝の言葉もない。ここで枢密会に参加してくれた武蔵野北高校教諭の吉澤秀明氏はじめ、講談社の大石一夫、大畑修、鈴木崇之、矢吹俊吉各氏の名前を列記することで、謝意の言葉にかえたい。
最後になったが、新書としては異例な大部の本にまとめあげてくれた講談社現代新書出版部の川治豊成氏の努力に感謝する。

二〇〇七年十月一日

佐野眞一

主要参考文献

『元枢密院議長倉富勇三郎博士』古賀益城編（一九七六年一月・非売品）
『牧野伸顕日記』伊藤隆・広瀬順晧編（一九九〇年十一月・中央公論社）
『原敬日記』原奎一郎編（二〇〇〇年六月・福村出版）
『政党政治と天皇』伊藤之雄（二〇〇二年九月・講談社）
『青年君主昭和天皇と元老西園寺』永井和（二〇〇三年七月・京都大学学術出版会）
『闘う皇族』浅見雅男（二〇〇五年十月・角川選書）
『宮中某重大事件』大野芳（一九九三年六月・講談社）
『華族』小田部雄次（二〇〇六年三月・中公新書）
『ミカドと女官』小田部雄次（二〇〇五年一月・扶桑社文庫）
『大正天皇』原武史（二〇〇〇年十一月・朝日選書）
『明治・大正・昭和華族事件録』千田稔（二〇〇五年十一月・新潮文庫）
『横から見た華族物語』山口愛川（一九三二年六月・一心社出版部）
『動乱の中の王妃』李方子（一九六八年十一月・講談社）
『三代の天皇と私』梨本伊都子（一九七五年十一月・講談社）
『閔妃暗殺』角田房子（一九九三年七月・新潮文庫）

『恋の華・白蓮事件』永畑道子（一九九〇年四月・文春文庫）
『有馬頼寧日記2』尚友倶楽部・伊藤隆編（一九九九年十一月・山川出版社）
『七十年の回想』有馬頼寧（一九五三年十二月・創元社）
『評伝廣津和郎』坂本育雄（二〇〇一年九月・翰林書房）
『摘録　断腸亭日乗（上・下）』永井荷風、磯田光一編（一九八七年七、八月・岩波文庫）
『狂気と王権』井上章一（一九九五年五月・紀伊国屋書店）
『西園寺公と政局（第二巻）』原田熊雄（一九五〇年十一月・岩波書店）
『昭和天皇独白録』寺崎英成他編（一九九一年三月・文藝春秋）
『昭和史の謎を追う（上）』秦郁彦（一九九三年三月・文藝春秋）
『二・二六事件（第三巻）』松本清張（一九八六年二月・文藝春秋）
『明治維新人名辞典』（一九八一年九月・吉川弘文館）
『久留米人物誌』久留米人物誌刊行委員会（一九八一年十月・菊竹金文堂）

解説　「倉富勇三郎日記」によせて

広瀬順皓

一

本書の基礎となった「倉富勇三郎日記」と倉富勇三郎本人については、本文に詳しいからここでは贅言《ぜいげん》しないが、最初にこの日記を見たときの衝撃は大きかった。

当時筆者は国立国会図書館憲政資料室で、日本近代史に登場する政治家や官僚、軍人の個人文書の収集・整理の仕事をしていた。伊藤博文が残した「伊藤博文関係文書」や「山県有朋関係文書」など、収集した史料を家別に整理し目録を作るというのが仕事であった。その中で昭和四十八（一九七三）年に憲政資料室に寄贈されたのが「倉富勇三郎関係文書」である。総数三百七十八点ととりわけ大きな文書ではないが、その大部分がこの「倉富勇三郎日記」であった。二百九十七冊という膨大な日記を手にしてはじめて目を通したとき、内容の精密さ、記述の詳細さにまず驚いた。大学ノートに記された日記は、一日の記述が十数ページにわたって記されている。しかも判読困難なほどの小さな字で延々と続くのである。帝室会計審査局長官、枢密顧問官としての倉富は、毎日交わしたさまざまな会話をまるで国会の議事録のようにすべて逐一記録していたのである。

さて「倉富勇三郎日記」について語るまえに、枢密院について少し述べておこう。

枢密院は明治二十一（一八八八）年四月、帝国憲法草案を審議するための機関として設立され、大日本帝国憲法第五十六条に、「天皇の諮詢に応へ重要の国務を審議」する機関として規定された。さらに明治憲法の起草者である伊藤博文が著わした『憲法義解』によれば、枢密院は内閣と並ぶ「憲法上至高の輔翼」機関であり、「為政の慎重を加ふる」ことを任務とした。そして諮詢事項は憲法とその付属法、皇室典範に関する事項、緊急勅令、条約など国政の重要事項とされた。こうした広範な権限を有する機関でありながら構成メンバーは十八人、それも内閣総理大臣が任命することになっていたが、実際は伊藤博文や山県有朋ら元老の推薦によることが多かったという。また審議内容は非公開とされ、『枢密院会議筆記』という「議事録」が少部数印刷されただけで、きわめて密室性の高いものであった。

大正初めごろからその密室性に世論の疑問が起こり、いわゆる「枢密院問題」が新聞や雑誌で取り上げられるようになる。この傾向は政党政治が確立されるにつれて、内閣と枢密院が対立するようになると一段と激しくなる。たとえば昭和二（一九二七）年の台湾銀行救済問題では、枢密院の反対によって第一次若槻内閣が総辞職するという事態になった。その後もこうした内閣と枢密院の対立が起こるたびに、「枢密院問題」は政治問題の一つの焦点として論議を引き起こしたのである。

こうした文脈の中で「倉富勇三郎日記」を見るとその重要性が理解されるだろう。今まで『枢密院会議筆記』でしか分からなかった枢密院内部の審議過程が、枢密顧問官の日記によってより詳しく分かるようになるだろうという期待が、はじめて日記を見たときの衝撃であった。

従来、いわゆる枢密院に関する史料は二つあった。一つは公的記録であって、枢密院本会議の議事録である『枢密院会議筆記』であり、委員会録や枢密顧問官の履歴などである。これらは現在国立公文書館に所蔵され公開されている。もう一つは個人文書であって、伊藤博文、山県有朋、伊東巳代治、井上毅《こわし》、原敬、田《でん》健治郎、深井英五といった枢密院に関係し、政治の中枢にいて枢密院と交渉を持った人々の日記や書簡、書類といった断片的史料である。枢密院研究はこれらの史料に頼らざるを得なかった。とはいえこうした個人文書は会議録に現われない内部の情報を伝えるものであるにしても、断片的であることはいうまでもない。ところが「倉富勇三郎日記」の登場によって大きく情勢は変わったのである。

しかし現在までのところこの日記を縦横に使った枢密院研究は、数えるほどしか発表されていない。その原因は日記の膨大さと解読の艱難さによるものであろう。筆者もこの日記を読もうと志し日記の翻刻を始めたが、全く進まないのである。一日分の日記を解読するのに一週間かかるという具合である。全文解読は諦めて拾い読みをしてみたが、それでも遅々として進まない。さらに日記の内容は当然事項別に整理されているわけでもないから、関係箇所を網羅して読むというわけにもいかない。結局一年ほど続けたが諦めてしまった。

それでも収穫がなかったわけではない。例えば治安維持法改正問題における昭和天皇のリーダーシップの問題である。昭和三（一九二八）年二月の第一回普通選挙で苦杯をなめた田中義一内閣は治安維持法を改正しようとしたが、内務大臣鈴木喜三郎が選挙敗北の責任を取って辞職してしまった。これで鈴木が推進していた治安維持法改正問題は宙に浮いてしまったが、内閣は緊急勅令で治安維持法を改正する方針を採った。このとき倉富は枢密院議長であったが、緊急勅令による治安維持法改正をめぐって枢密院の審議は紛糾した。内閣としても緊急勅令は議会の事後承諾を受けないと成立せず、もし議会が緊急勅令に反対すれば、治安維持法自体が無効になるという危険があったのである。

このとき倉富は議長として会議の指揮を取ったが、枢密院会議としては珍しく委員会でも本会議でも論戦が続いた。こうした議事の遅延の背後には、昭和天皇が再三にわたって倉富に「十分審議を尽く」すよう命じたということがあった。昭和天皇のリーダーシップの一例である。

こうしてみると倉富の枢密院議長時代の日記は、政党内閣と枢密院という「枢密院問題」を読み解くための材料を提供しているといえるであろうし、大正後半から昭和初期にかけての政治史研究に必須の史料であると思われる。

二

次に本書の対象となっている大正十年、十一年はどんな時代であったのであろうか。宮中某重大事件に始まり昭和天皇の摂政就任に至るこの時期は、天皇制をめぐる一つの転換期であった。

このときに主役となったのは元老山県有朋と政友会総裁原敬である。日露戦争後から官僚閥を率いて勃興する政党勢力に対抗しようとした山県有朋、政党政治の実現を目指して山県に肉薄した原敬。二人の間には長年にわたって蓄積された敵意と反目があったが、その二人が手を結ばざるを得なくなる。それが寺内正毅内閣倒壊の引き金となった米騒動である。富山県魚津《うおづ》で起こった米騒動はたちまち全国に波及し、各地で米騒動が頻発した。このとき寺内内閣の後継として元老西園寺が推薦したのが原敬である。山県は米騒動に代表される社会不安を処理できる政治家として原敬を認めざるを得なかった。原敬もまた、社会不安に対する危機感は山県と同じであった。

米騒動ばかりでなく、第一次世界大戦以降勃興し始めた労働運動や社会主義運動や思想問題は、山県にとってだけでなく原敬にとっても大きな問題であった。彼らは政治体制の揺らぎをそこに見たのである。しかも最大の危機は体制の頂点においても迫っていた。大正天皇の病気である。

明治国家は英明な天皇と天皇に対する忠誠と献身を持つ人々の存在を前提にしていた。そして明治天皇はまさに英邁《えいまい》な君主であった。維新の志士で軍人であった三浦梧楼は、自叙伝『観樹将軍回顧録』で、明治二十二年、学習院院長時代に明治天皇に拝謁したときの様子を次のように書いている。

陛下は固《もと》より学習院の事と思召されて在らせらる。我輩は謹んで「甚だ相済みませぬ儀で御座りまするが、今日拝謁を御願ひ申上げまするは、学習院の事では御座りませぬ」と言上すると、「さうすると何か国事のことかナ」と仰せられた。「左様で御座ります」と申上げると、「皆彼方《あちら》へ行け」。侍従などをお払ひになつた。我輩は粛然として起立してゐる。御手を挙げさせられて、「ソレへ」と仰せられた儘《まま》。御免蒙つて椅子へ腰を掛けた。……（条約改正問題について）一通り言上すると、「左様か」と仰せられて竜顔誠に御麗《うるわ》しく「何か書付でもあるか」と仰せらるる。御顔にはニコヤカの御笑みが漂うて居る。ハッと答へて懐中の上奏文を捧呈すると、右の方の抽斗《ひきだし》へ入れてピチンと錠を下ろさせられ、「能《よ》く見て置く」と仰せられた。我輩は椅子を離れて直立し、「国家重大の事とは申しながら、お上を欺き奉りました大罪、万死に当りまする。如何なる御処分にても甘んじて受けまする覚悟、謹んで大命を待ち奉ります」と言上すると、唯《た》だ「ウン」と仰せられたきりであつた。

これは老人になってからの回想であるから正確ではないにせよ雰囲気は分かる。見事な君主ぶりである。聡明で威厳があり人間的な明治天皇、硬直して恐縮する三浦梧楼。これが山県有朋の理想とした君臣の関係であった。もちろん原敬もそうだとは断定できないが、天皇制の下で政党政治を確立しようとしていたことは疑い得ない。原の首相当時の日記を見ると、参謀本部が統帥権を振り回すのは皇室に累を及ぼすものだと書いている。このことからみても、原敬もまた君主制と政党政治が両立すると考えていたのである。

こうした英明な君主は、しかし、非政治的にならなければならない。なぜならいくら英明な君主であっても親政を続ける限り政治的失敗は起こりうるからである。したがって明治憲法は「万世一系の天皇」が統治することを定めても、用心深く天皇を輔弼《ほひつ》する大臣からなる内閣を設けて天皇を非政治化したのである。

さらに王位継承の制度が確立されていなければならない。これが定まらないと王位継承が政治的紛争の原因になることは、いくつも例がある。確立した制度の下での王位継承が君主制の基本である。とはいっても君主が凡庸でいいというわけでもない。一国の元首として国民の前に現われねばならないし、外国使臣とも応対しなければならない。立憲君主制において、君主は儀式的用具でありそれ以下でもそれ以上でもない。逆に言えば君主は儀式的用具以外の立場に立たされたとき、それを拒否する必要がある。

こう考えてみると、明治国家は英明な君主と彼に忠誠をつくし献身する臣下から成立していたことが分かる。それが大正十年ごろからにわかに揺らぎ始めたのである。

もちろん大正天皇の病気については、限られた側近の間では知られていた。三浦梧楼は明治天皇の死去にあたって「申すも畏《かしこ》けれど今上陛下は未だ万機の御経験に富ませられず、且つや陛下御幼少の砌《みぎり》、予が親しく御輔導の任に与《あずか》りて杞憂せし所は、今目の当たりの御有様を見奉るに及び必ずしも杞憂に終らざりしものあり」（山本四郎『三浦梧楼関係文書』）と述べている。

原敬が明確に大正天皇の病気を知ったのは、日記で見る限り、大正八年二月のことである。宮内大臣詰所で石原健三宮内次官との会話で、「聖上御病気の御様子」をきいたところ、葉山で静養している大正天皇は、風呂にも入らず庭にも出ないので、侍医が散歩を勧めたという話を聞いている。続いて次のような記述がある。

別に是と云ふ御病症あらざれども何分少々御熱などのある事もあり、御脳の方に何か御病気あるにあらずやと云ふ事なりと。甚だ恐懼《きょうく》に耐へざる次第なり（『原敬日記』大正八年二月十五日）

この後『原敬日記』には大正天皇の病状についての記事がしばしば現われるようになる。特に原が問題としたのは、もちろん山県もそうであるが、帝国議会開院式への大正天皇の出席問題である。天皇は議会の開院式において勅語を読むことになっているが、無事それができるかである。つまり国民の前で天皇としての儀礼的役割が果たせるのか疑問になってきた。元老の松方正義は「誠に遺憾の次第ながら数日来御練習になっているが、何分にも御朗読は困難なようだ。開院式御出席は難しいであろう」と原に報告している。

これが本書の背景にある大正天皇の状況である。こうした状況の中で宮中某重大事件が起こり、皇太子の洋行問題が起こり、摂政問題が起こるのである。宮中某重大事件で山県有朋は純血論を唱えて結婚に反対した。反対の根拠は色盲であるが、以上のような文脈でこの問題を考えると、山県の反対がよりよく理解できるであろう。山県は健康な天皇を何より望んでいたのである。健康な皇太子に相応しい君主になってほしい、という希望から山県は洋行にも賛成し、摂政問題にも積極的に動いたのである。

三

最後に倉富勇三郎が枢密院議長を辞職するきっかけとなったロンドン軍縮問題について簡単に触れておこう。この部分は本書の最後に詳細に紹介されているから、ここではロンドン軍縮問題の経緯を簡単に述べておきたい。

当時の内閣は浜口雄幸内閣であったが、浜口内閣は金解禁を中心とする財政政策と、協調外交といわれる対中国宥和・対欧米協調外交を政策として掲げていた。田中義一前内閣時代の海軍補助艦制限に関するジュネーブ会議の失敗を受けて行われたロンドン軍縮会議に対して、財政的な立場および日本の中国進出に対する欧米の疑惑を払拭するため、浜口内閣は積極的な姿勢を取っていた。ロンドン軍縮会議において浜口内閣は次の三原則、すなわち（一）交渉に際して現有量は昭和六年段階の時点を標準とし、総括的に対米七割を確保する、（二）大型巡洋艦は特に対米七割を保有する、（三）潜水艦も同時点の現有量を確保する、ということで合意していた。

しかし会議においてこうした要求が受け入れられるかどうかは危ぶまれていた。実際に会議が始まると日本の要求実現は無理であることが分かった。全権団は昭和五年三月、総括七割の線で妥協する以外にないと判断、本国政府に請訓電報を送った。この請訓にどう対応するのか、海軍部内の強硬派と穏健派とで意見が対立した。政府は穏健派に協力を求め、天皇の裁可を得て、請訓通りという回訓を全権団に送った。四月一日のことである。加藤寛治海軍軍令部長は翌四月二日、内心の反対を押し隠して内閣の意思に沿った上奏を行い、四月二十二日条約は調印された。

この事件を機にロンドン軍縮問題は政治問題化する。それは、浜口内閣が統帥権の輔翼機関である軍令部長の合意を得ないまま回訓を発したのは統帥権干犯ではないか、という海軍強硬派を中心とする攻撃であった。四月二十一日に始まった第五十八回帝国議会は与党の民政党が絶対多数を占めており、内閣は統帥権干犯問題に高姿勢で臨んだ。

一方、海軍強硬派は、対抗上奏に頼らず軍縮条約を阻止する手段を模索し始めた。はじめ彼らは統帥大権の範囲を確定せよという要求を出したが、これは失敗に終わり、海軍省と海軍軍令部で兵力量決定のルール作りをするための軍事参議官会議を開いた。しかしこれもうまくいかず加藤寛治軍令部長は、別件の上奏中に突然辞表を提出、内閣弾劾をはじめた。加藤が退出すると天皇は直ちに財部彪海軍大臣を呼び、「話の筋が違う。加藤の進退は大臣に一任する」と上奏書を下げ渡した。加藤は犬死したわけである。

しかし加藤のこの行動は、かえって海軍大臣の横暴を許すなという声になり、陸海軍軍事参議官会議が開かれることになった。そこで合意されたのは「海軍兵力に関しては海軍大臣海軍軍令部長間に意見一致しあるべきこと」であり、これは天皇の裁可を受けた。これは軍部大臣を拘束するとともに、軍令部長が兵力量決定の主導権を握る可能性を秘めていた。

こうした軍部の動きに対して枢密院はどのような態度をとっていたのであろうか。倉富を始めとする枢密院議長団（倉富議長・平沼副議長・二上書記官長）らは、回訓の根拠が不当であると考えていた。冒頭に挙げた三原則は軍事参議官会議の議を経たものであり、回訓は正しい手続きを踏んでいないから法的に無効であるというのである。いかにも枢密院らしい言い方である。もちろん倉富らにも言い分がある。軍事に関係のない枢密院としては、軍事参議院に頼らざるを得ないのである。したがって条約批准の最終決定をする枢密院にとって軍事参議院、ひいては軍部の判断は決定的影響力を持っていた。「乞骸始末」

において、倉富が軍事参議院の奉答書にこだわった理由はまさにここにある。

この奉答書の決定をめぐっても、強硬派と穏健派の激しいやり取りが続けられたが、結局兵力量に欠陥が生じることを認めた上で補充兵力予算の獲得を内閣側に求める形で決着した。「全会一致で可決された」奉答書の内容には「今次条約の成文を見るに至らばその欠陥を最小限に留めるため昭和十一年以降左記対策を講ぜざるべからず」として政府の軍事費増額を暗示するものとなった。

こうして軍事参議官の奉答書は天皇に上奏され、舞台は軍事参議官会議から枢密院に移ることになった。しかし倉富ら枢密院顧問団は奉答書の内容が批准反対に近いものと考えていた。七月二十四日に内閣から諮詢が奏請されてから委員会が審査を始めるまでの三週間、枢密院は奉答書の提出を内閣に求め、内閣はこれを拒否するという攻防が行われた。枢密院は内閣からしか資料を受け取ることができず、資料が不十分であれば審議を中止することもできた。浜口内閣は条約批准を最優先課題としたため、揚げ足を取られないように資料の提出を拒んだのである。

八月六日、内閣は正式に奉答書の提出を拒否した。内閣に奉答書の謄本がなく軍が謄本を持っているというのが理由であった。倉富議長は早速浜口総理と交渉を始めるが、その詳細および枢密院における審議の経過は、本書で佐野眞一氏が書いているとおりである。

さて、本書の最後に紹介されている「乞骸始末」は、倉富の側から見たロンドン軍縮の記録であり、その基礎となったのは「倉富勇三郎日記」である。倉富日記の原本を見ると、表紙一面にその巻の索引が書かれており、本文中にも読み直しをして確認したと思われる朱点や圏点がおびただしく見える。「乞骸始末」は倉富のそうした執念の証でもある。

以上枢密院、大正天皇の健康問題、ロンドン軍縮会議について簡単に紹介してきたが、それはあくまでも本書の理解を助けるためのものであって、佐野氏の真骨頂は別のところにある。ちなみにここでは触れられなかった話題の幾つかを上げてみよう。曰く、柳原白蓮事件、曰く、朝鮮皇帝の嗣子である李王家問題、曰く、苦学少年大奥侵入事件などなど、関係者でなければ知ることのできない宮廷周辺の実相に佐野氏の筆は及んでいる。大正中期という一つの転換期の断面を、宮中にあった倉富勇三郎の眼を通して鮮やかに描き出しているのである。

政治史の史料として「倉富勇三郎日記」に接してきた筆者にとって、これは大いに刺激的な経験であった。こういう読み方もできるのかという驚きとともに、そこに現われるこれら一つ一つの事件が見事に大正中期の世相と響きあっていることを強く感じた。柳原白蓮事件は「新しい女」と、李王家に起こった悲劇は植民地韓国の悲劇と、苦学少年の大奥侵入事件は明治国家が作り出した国母としての皇后のイメージと緊密に結びついている。大正中期の宮廷に起きたこれらの事件は決して孤立した事件ではなかったのである。この意味で本書は、大正世相史あるいは大正文化史の新たな地平を拓くものである。

（ひろせ・よしひろ　駿河台大学教授）

〈倉富家略系図〉

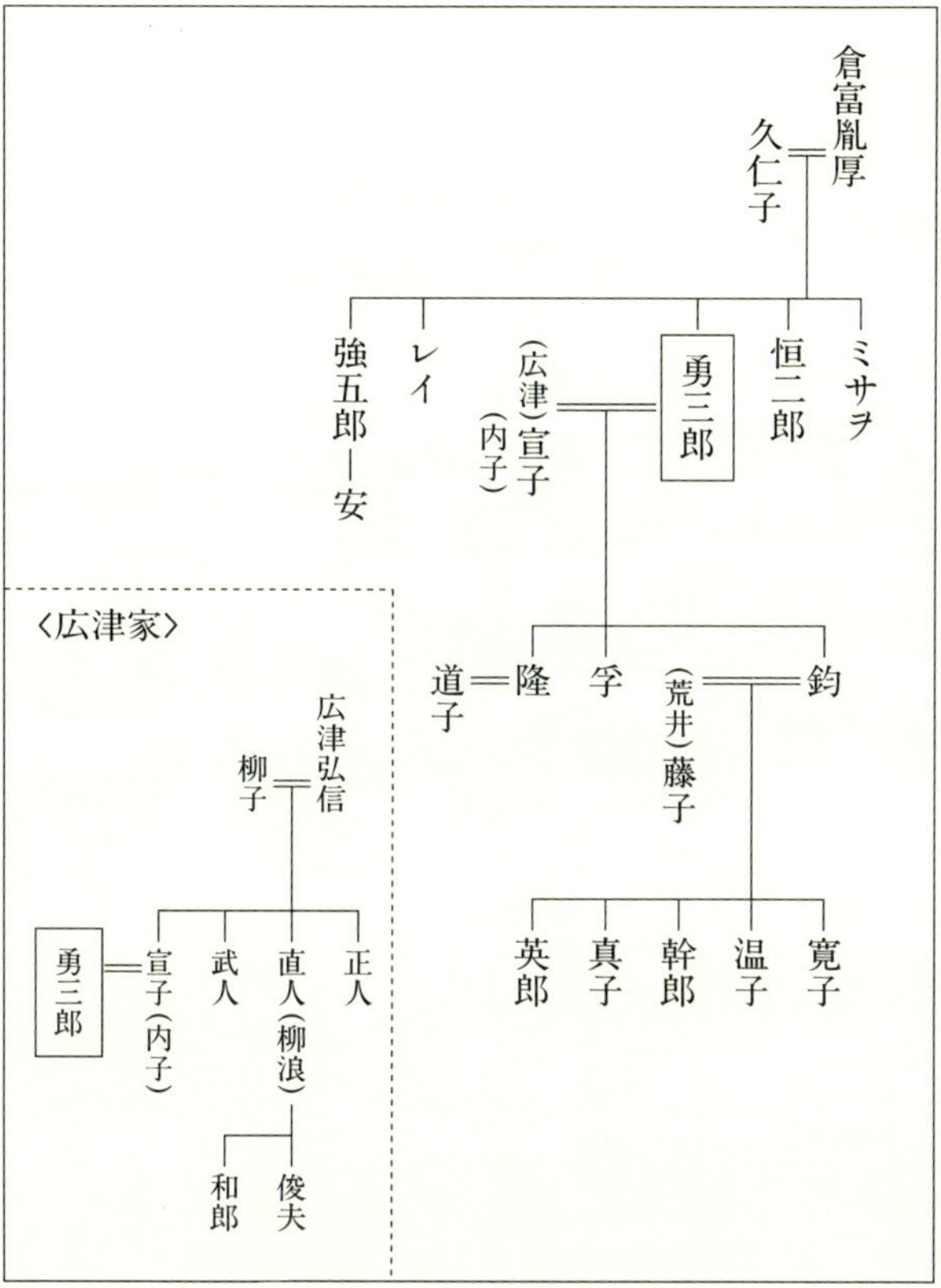
倉富胤厚
久仁子
ミサヲ
恒二郎
勇三郎
(広津)宣子(内子)
レイ
強五郎
安
鈞
(荒井)藤子
孚
隆
道子
寛子
温子
幹郎
真子
英郎
〈広津家〉
広津弘信
柳子
正人
直人(柳浪)
武人
宣子(内子)
勇三郎
俊夫
和郎

〈倉富勇三郎年譜〉

年	倉富勇三郎関係（年齢は数え年）	国内外の動き
一八五三年（嘉永6）	7月16日、久留米藩に生まれる（1歳）	一八五三　ペリー来航
一八六〇年（万延元）	はじめて父に書字を学ぶ（8歳）	六七　大政奉還
一八六八年（慶応4）	弘道館に入り漢書を学ぶ（16歳）	六八　戊辰戦争
一八七〇年（明治3）	藩校明善堂に入り漢書を学ぶ（18歳）	
一八七二年（明治5）	草場船山のもとで漢書を学ぶ（20歳）	七一　廃藩置県
一八七三年（明治6）	長崎にて英書を学ぶ（21歳）	七三　地租改正
一八七四年（明治7）	上京（22歳）	七四　台湾出兵
一八七五年（明治8）	東京英語学校にて漢書を教える（23歳）	
一八七七年（明治10）	司法省出仕生徒（25歳）	七七　西南の役
一八七九年（明治12）	司法省十六等出仕（27歳）	
一八八一年（明治14）	判事（29歳）	八一　明治14年の政変
一八八二年（明治15）	内子と結婚（30歳）	
一八八五年（明治18）	長男・鈞誕生（33歳）	
一八八六年（明治19）	次男・孚誕生、早世（34歳）	八八　枢密院設置
一八九〇年（明治23）	三男・隆誕生（38歳）	八九　大日本帝国憲法発布
一八九一年（明治24）	大津事件を担当（39歳）	九〇　第一回帝国議会
一八九八年（明治31）	法典調査会委員、司法省民刑局長（46歳）	九四　日清戦争始まる
一九〇二年（明治35）	大審院検事・次席検事（50歳）	

一九〇三年	（明治36）	大阪控訴院検事長（51歳）
一九〇四年	（明治37）	東京控訴院検事長（52歳）
一九〇七年	（明治40）	韓国法部次官、統監府参与官（55歳）
一九〇九年	（明治42）	韓国統監府司法庁長官を兼ねる（57歳）
一九一〇年	（明治43）	朝鮮総督府司法部長官（58歳）
一九一三年	（大正2）	法制局長官（61歳）
一九一四年	（大正3）	貴族院勅選議員（62歳）
一九一六年	（大正5）	帝室会計審査局長官（64歳）
一九二〇年	（大正9）	宗秩寮御用掛、李王世子顧問 枢密顧問官兼任、宗秩寮総裁代理（68歳）
一九二一年	（大正10）	宗秩寮総裁事務取扱（69歳）
一九二二年	（大正11）	宮内省御用掛（70歳）
一九二三年	（大正12）	枢密顧問官兼帝室会計審査局長官（71歳）
一九二五年	（大正14）	枢密院副議長（73歳）
一九二六年	（大正15）	枢密院議長に就任、男爵を授けられる（74歳）
一九二八年	（昭和3）	王公族審議会総裁（76歳）
一九三四年	（昭和9）	枢密院議長を辞任、郷里へ帰る（82歳）
一九三六年	（昭和11）	家督を長男・鈞に譲る（84歳）
一九四五年	（昭和20）	内子死去（93歳）
一九四八年	（昭和23）	1月26日、死去（享年96）

一九〇四	日露戦争始まる
一〇	韓国併合
一二	明治天皇崩御
一四	第一次世界大戦始まる
一九	パリ講和会議
二一	皇太子裕仁、摂政となる
二三	関東大震災・虎ノ門事件
二六	大正天皇崩御
三〇	ロンドン海軍軍縮会議
三一	満州事変
三二	五・一五事件
三六	二・二六事件
四一	太平洋戦争始まる
四五	終戦

た

な

か

さ

人名索引

あ

講談社現代新書　1911

枢《すう》密《みつ》院《いん》議《ぎ》長《ちょう》の日記《にっき》

二〇〇七年一〇月二〇日第一刷発行

著　者　佐《さ》野《の》眞《しん》一《いち》　

発行者　野間佐和子

発行所　株式会社講談社

東京都文京区音羽二丁目一二—二一　郵便番号一一二—八〇〇一

電　話　出版部　〇三—五三九五—三五二一
　　　　販売部　〇三—五三九五—五八一七
　　　　業務部　〇三—五三九五—三六一五

装幀者　中島英樹

印刷所　大日本印刷株式会社

製本所　株式会社大進堂

定価はカバーに表示してあります　Printed in Japan

N.D.C.210　430p　18cm
ISBN978-4-06-287911-8

「講談社現代新書」の刊行にあたって

教養は万人が身をもって養い創造すべきものであって、一部の専門家の占有物として、ただ一方的に人々の手もとに配布され伝達されうるものではありません。

しかし、不幸にしてわが国の現状では、教養の重要な養いとなるべき書物は、ほとんど講壇からの天下りや単なる解説に終始し、知識技術を真剣に希求する青少年・学生・一般民衆の根本的な疑問や興味は、けっして十分に答えられ、解きほぐされ、手引きされることがありません。万人の内奥から発した真正の教養への芽ばえが、こうして放置され、むなしく滅びさる運命にゆだねられているのです。

このことは、中・高校だけで教育をおわる人々の成長をはばんでいるだけでなく、大学に進んだり、インテリと目されたりする人々の精神力の健康さえもむしばみ、わが国の文化の実質をまことに脆弱なものにしています。単なる博識以上の根強い思索力・判断力、および確かな技術にささえられた教養を必要とする日本の将来にとって、これは真剣に憂慮されなければならない事態であるといわなければなりません。

わたしたちの「講談社現代新書」は、この事態の克服を意図して計画されたものです。これによってわたしたちは、講壇からの天下りでもなく、単なる解説書でもない、もっぱら万人の魂に生ずる初発的かつ根本的な問題をとらえ、掘り起こし、手引きし、しかも最新の知識への展望を万人に確立させる書物を、新しく世の中に送り出したいと念願しています。

わたしたちは、創業以来民衆を対象とする啓蒙の仕事に専心してきた講談社にとって、これこそもっともふさわしい課題であり、伝統ある出版社としての義務でもあると考えているのです。

一九六四年四月　野間省一

ズボラでも血圧がみるみる下がる49の方法

発行日　2014年4月24日　第1刷
発行日　2018年3月5日　第16刷

著者　渡辺尚彦

本書プロジェクトチーム
編集統括　柿内尚文
編集担当　小林英史、辺土名悟
デザイン　間野 成
イラスト　中村純司
編集協力　山守麻衣
校正　中山祐子
営業統括　丸山敏生
営業担当　熊切絵理
プロモーション　山田美恵、浦野稚加
営業　増尾友裕、池田孝一郎、石井耕平、戸田友里恵、大原桂子、綱脇愛、川西花苗、寺内未来子、櫻井恵子、吉村寿美子、田邊曜子、矢橋寛子、大村かおり、高垣真美、高垣知子、柏原由美、菊山清佳

編集　舘瑞恵、栗田亘、村上芳子、加藤紳一郎、中村悟志、堀田孝之、大住兼正
編集総務　千田真由、髙山紗耶子、髙橋美幸
講演・マネジメント事業　斎藤和佳、高間裕子
メディア開発　池田剛、中山景
マネジメント　坂下毅
発行人　高橋克佳

発行所　株式会社アスコム

〒105-0003
東京都港区西新橋2-23-1　3東洋海事ビル
編集部　TEL：03-5425-6627
営業部　TEL：03-5425-6626　FAX：03-5425-6770

印刷・製本　中央精版印刷株式会社

Printed in Japan ISBN 978-4-7762-0827-3

渡辺尚彦

（わたなべ・よしひこ）

医学博士。東京女子医科大学東医療センター内科教授。1952年千葉県生まれ。1978年聖マリアンナ医科大学医学部卒業、1984年同大学院博士課程修了。1995年ミネソタ大学時間生物学研究所客員助教授として渡米。専門は高血圧を中心とした循環器病。1987年8月から、連続携帯型血圧計を装着し、以来、365日24時間血圧を測定。現在も引き続き連続装着記録更新中。高血圧改善のための生活上のポイントを「渡辺式血圧を低下10カ条」にまとめ、「渡辺式　血圧を低下音頭」を作詞作曲。楽しく、わかりやすい指導には定評がある。